大展好書　好書大展
品嘗好書　冠群可期

大展好書　好書大展
品嘗好書　冠群可期

◀ 演練趙堡太極拳

▼ 演練趙堡太極雙刀

▲ 演練趙堡太極劍

演練趙堡太極棍

▼ 演練趙堡春秋大刀

全家人共練
趙堡太極拳

與女兒王翠霞練太極推手

兒子王長青屢獲太極拳賽金牌

夫人王愛梅
在邯鄲授拳

▲ 與武術名宿張文廣先生合影

▲ 與著名武術家劉玉華合影

▲ 與太極名家楊振鐸（中）、楊振國（左一）、馮自強
（右二）、姚繼祖（右一）在邯鄲國際太極拳聯誼會上

▲ 在少林寺與萬恆大師敘舊

▲ 與前中國武協副主席劉哲、
游玄德道長在撫順

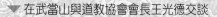

▼ 在武當山與道教協會會長王光德交談

清晨練功

▼ 輔導武警、特警學員

在撫順太極拳大會上演示散手

▲ 指導廣西武警特勤大隊長
吳小軍技擊法

◀ 與兒子王長青清晨練習太極推手

①與趙堡太極拳總會負責人拜訪
　武當山（左一為劉耀森、左二
　為侯魏邦、右一為吳金增）

②與各路太極拳名宿聚會撫順

③與嚴翰秀先生拜訪少林寺

④在武當之巔——金頂

⑤在長城上

各派太極拳名師
匯聚香港

與霍震寰先生
演練太極推手

在香港表演趙堡太極拳

香港特別行政區官員向作者授獎　　　霍震寰先生向作者贈旗

	1
	2
4	3

①各地學員珠海團聚

②認真輔導學員

③又一所太極拳學校開學

④給武警戰士上太極拳技擊理論課

1	2
3	
4	

①日本友人松田隆智（右
　一）拜訪趙堡太極拳總
　會

②美國朋友慕名參加溫縣
　太極拳年會

③韓國學員認真學習趙堡
　太極拳

④與臺灣的學員合影

中國當代太極名家名著 5

王海洲
趙堡太極拳詮真

王海洲
嚴翰秀 著

大展出版社有限公司

出版前言

　　21世紀，是人類追求更高生存質量的世紀。儘管醫學工程、生物工程和生命工程的研究越來越深入和發展，但人們依然在努力尋找著更佳的提高生命質量的方法和手段。在這個階段，無論是國內還是國外，無論是生命科學家還是普通百姓大眾，正在趨於一個共同的感知：源於中國的太極拳運動，是當今世界健身強體、提升生命質量的最佳選擇之一。

　　太極拳，源於中國古老文化的底蘊之上。作為中國武術的一支奇葩，經歷了漫長的發展過程，在不斷發展的理論和實踐的各個方面，給人類留下了一份珍貴的文化遺產。當今六大太極拳門派的爭奇鬥艷，充分展示了太極拳運動的無限魅力，諸多太極拳的名家大師，奉獻自己畢生心血，不僅系統完整地繼承了太極拳的精髓，在推廣普及方面做出了卓越的貢獻，而且敢於突破傳統觀念的約束，透過自己辛勤的筆耕，結合自身習練的感受和心得體會，以書刊的形式，將中國武術的精華，尤其是太極拳在理論和實踐諸多方面的經驗加以總結，系統地展現給廣大的愛好者和武術工作者。正是由於他們的不懈努力，當今世界的人們才能領略到武術圖書繁花似錦的大好局面，才能盡情地吮吸中國古老的傳統文化的汁液，並從中體驗到無窮的魅力。

作為體育專業出版工作者，承前啓後、繼往開來，把中國武術文化的精華介紹給國內外廣大讀者，使太極拳運動發揚光大，是我們在社會發展的大潮中應盡的歷史責任。在太極拳運動蓬勃發展的今天，出版一套代表當今太極拳主流的叢書，是我們長久以來的願望。在諸多當代太極拳名師的熱情支持下，《中國當代太極拳名家名著叢書》終於問世，我們的這一願望得以實現，甚感欣慰。

這套叢書，囊括了國家規定太極拳和中國六大太極拳流派主要代表的著作，其內容包括各大流派的主要拳理拳論、風格特點、主要的拳術套路、器械套路、太極推手、打手，基本上反映了該流派的風貌。在這套叢書中，有的內容已經陸續散見於一些其他出版物，有的內容則是最新完成的力作。這套叢書的面世，相信對於太極拳運動的不斷發展，會產生新的促進和推動，對於廣大太極拳愛好者、學習者，以及從事中國武術文化繼承工作的研究者們，也會帶來新的感受和新的認知。

作者的話

太極拳是我國的瑰寶，它具有強身、健身、養生和技擊等多種功能。全國太極拳種類很多，本書敘述的是大眾久聞而很少知詳情的趙堡太極拳。趙堡太極拳以明朝山西王宗岳為師尊，在河南趙堡村內單傳七代，由陳清平老師傳於世人。而以趙堡村傳人和兆元老師武藝最精。

由於趙堡村規嚴，世代祖訓不外傳，所以至今外人對趙堡太極拳知道不多。

我從小習武，但未得其法。在 22 歲那年得一怪病，皮膚如常，但骨節疼痛不止，病發作時人昏迷不省人事，臥床一年有餘後，得鄭伯英老師之徒、我的老師張鴻道傳授趙堡和式太極拳，我朝夕練拳不輟，練出了抗病能力。大約練了 6 個月的時間，我已除去病魔，成了身壯之漢。由此，我與太極拳結下了不解之緣。以後，我不管遇到多大艱難和困苦，都沒有動搖過練拳之心。

我深知趙堡太極拳對人的養生、健身、強身和技擊方面有奇效，同時有感於改革、開放的政策，因此，我心中有了把此拳法公布於社會、奉獻於國家的思想。這時我結識了一家省級雜誌社的總編輯、作家嚴翰秀先生。嚴翰秀先生對各家太極拳有一定的了解，我倆一見如故，決定由我演練、口述，由他進行

整理，將趙堡太極拳公布於世。

　　雖然我經過二十多年的自練、外訪、內集，但我認為自己對太極拳還是只知皮毛，並且有些東西只能從身上表現出來，而說不出來，萬望武術界老前輩，同道之士多給指教。

王海洲　於趙堡

作者的話

　　我是個太極拳業餘愛好者，經過多年練習太極拳，我逐漸體會到太極拳有提高人的身體素質、延長生命、提升工作效率及技擊水準等多方面的功能。太極拳發明者的偉大，不亞於那些叱咤風雲的為人類文明進步而獻身的偉大的政治家。基於這種認識，我利用業餘時間採訪過各家太極拳的主要傳人。

　　在一次採訪中，我認識了王海洲先生，深為他對太極拳追求的矢志不渝精神和過人的毅力、意志所感動。根據他的意願，我與他合作整理趙堡太極拳。

　　過去，我對趙堡太極拳只限於從一些報刊上了解，只覺得趙堡太極拳是一個謎。我心裡長時間思考著這樣一個問題：為什麼中國現在流行較廣的楊、陳、吳、武、孫五式太極拳中有兩式（武式、孫式）源於趙堡太極拳，而趙堡太極拳本身卻鮮為人知呢？為什麼趙堡太極拳有如此頑強的生命力而沒有消亡或被其他流派同化？

　　由與王海洲先生的合作，從他手上掌握的資料和他表現出來的功夫看，我看到了一個古老的太極拳種的奧秘，知道了趙堡太極拳確實存在著豐富的內容，有著其他太極拳所不能替代的價值。我為自己的國家在民間存在這一優秀拳種而激動，同時，也為這一優秀拳種至今還未比較完整地讓世人知道、廣泛推廣、

造福人民而感到惋惜。我自問，以自己的認識和功力能協助王海洲先生完成整理趙堡太極拳這一項有意義的工作嗎？經過認真的思考，我們才進行了這獨特的合作。

在合作中，王海洲先生口述身為，我力求準確地把他的本意描述出來。同時，我努力抓住趙堡太極拳的特點進行整理，而對那些與其他太極拳相同的即略帶而過，並盡量探求其學術價值，讓此書有一定的學術性。

王海洲先生說：「經過這麼多年的練習，我揭去了太極拳神秘的面紗。」他不願意把太極拳說得神乎其神，玄而又玄，高妙難捉，可望而不可及。他認為只要得到正宗的傳授和訓練，就能把趙堡太極拳學好，收到健身和提升技擊水準的效果。我在整理時嚴格注意體現這一思想，並努力地使之條理化、系統化，讓人有一個完整的概貌認識。

這本書在社會上產生的效應如何，我們靜待行家和讀者的評判。此書編寫肯定有不足之處，一旦發現，我們會利用一切機會予以改正，使它更完整。在此，敬請海內外方家多多指教。

對於爭論紛紜的誰是太極拳鼻祖的問題，因涉及許多社會問題和哲學問題，故不作本書的重點，特此說明。

嚴翰秀　於南寧

趙堡太極拳詮真

目　錄

趙堡太極拳詮真

趙堡太極拳詮真

王海洲先生小傳

嚴翰秀

小　引

　　王海洲先生是河南省溫縣趙堡鄉趙堡村人。他世居趙堡，現在是溫縣拳師、溫縣武術協會常務理事、趙堡鄉太極拳總教練。

　　趙堡太極拳，在中國武術界是個謎。中國目前流行最廣的楊、陳、吳、武、孫式太極拳，有兩式即武式和孫式都源於趙堡太極拳。

　　1852 年，河北永年人武禹襄到趙堡向近代著名太極拳家陳清平學趙堡太極拳，據說只學了一個多月，回家後，根據老師的傳授，創編了武式太極拳。武禹襄的外甥李亦畬把武式太極拳傳給了同鄉郝為真，郝為真再傳給孫祿堂，孫祿堂結合形意、八卦拳創編了孫式太極拳。以後，武式和孫式太極拳在國內外流行甚廣，但由於各種原因，趙堡太極拳在社會上未能廣泛流傳，致使人們知道得不多。

　　雖然時至今天，各種宣傳媒體對趙堡太極拳的介紹和宣傳不少，但對趙堡太極拳內部秘傳的功架、練法、推手、器械、氣功、點穴等，人們還是沒有系統的了解和認識，這成了中國太極拳史上的一個空白。

　　王海洲先生是趙堡的一位傳奇式人物，他得到趙堡太極拳的正宗傳授，幾十年苦練不輟，功力深厚，是趙堡太極拳

的一位代表人物。多年來，他渴望讓世人了解趙堡太極拳，產生了編著有關趙堡太極拳知識的書、讓它流傳到社會上去的想法，由此契機，筆者與他有了交往，同時對他的人生經歷也有所了解。

年輕時，他患病癱在床上，張鴻道說：「你練太極拳吧，它能使你由弱變壯。」

趙堡人有尚武的習慣。在舊中國，趙堡一帶常有山東「響馬」來襲，官兵與農民起義軍也在此時有爭戰，當地的強人惡徒也常常欺弱凌小。趙堡人為防身衛家保村，形成了練武的風氣，產生過一代又一代的太極拳名師。名師傳徒都是口授身傳，這種遺風一直保存至今。

王海洲小時即與村人一起練過太極拳，但只是一般地練練，沒有很明確的目的。22歲那年，不知什麼原因，他患了坐骨神經痛，千方百計求醫吃藥，均無療效．後來病情加重，臥床不起，他對生活幾乎失去了信心。

王海洲有個遠房姑父叫張鴻道，張鴻道原是趙堡人，解放前逃難遷居西安市居住。解放後，他每年都回趙堡老家探親幾次。

張鴻道是位奇人。他從小嗜武。7歲那年，他一天上學經過西安市解放路口，看見一位道士在賣藝，不由自主地停下腳步，鑽進人堆裡看道士耍弄十八般武藝、表演氣功、賣藥什麼的。他對這位道士很崇拜，認為他的武功不得了，被迷住了。以後他不上學了，天天跟在道士身旁，幫道士做點事，並將家中的一些衣物偷偷拿出來送給道士。道士也很喜歡這個小孩，留他在身邊。張鴻道家裡人還以為他每天都去

讀書呢。

道士要離開西安市回山了，他把張鴻道送給他的東西送還張家，對張鴻道父母說，他愛這小孩，想把張鴻道帶走，傳他武功。家裡人對張鴻道近來的一些表現才恍然大悟。

張鴻道的情況被他的親姑父鄭伯英知道了。鄭伯英是趙堡和式太極拳第三代傳人和慶喜的高徒，武功獨步一時。在舊中國，曾在多次擂臺賽中奪魁。他對道士說：「我出一個手，你能推動我，你可以把這小孩帶去。」那道士暗暗稱奇，但也不相信對方有如此功力，向前便用勁向鄭伯英一手按去。一剎那間，那道士向後飛出丈餘。

就這樣，張鴻道留在姑父身邊，鄭伯英開始傳他太極功法。由於得到真傳，張鴻道日練拳近百遍，掌握了趙堡太極拳的真諦。據說，他伸出一個食指，讓人拿，無人拿得住他。在他居住的西安市有「一指鎮西安」之說。

張鴻道回趙堡，聽人說王海洲病了，就來看他。張鴻道見王海洲可憐巴巴地躺在床上，人瘦得不成樣，沉吟了一會兒，對王海洲說：「你就練太極拳吧，太極拳能使你由弱變壯。」王海洲小時就與張鴻道相熟。知道他的太極功夫十分厲害，對他非常敬重。但自己已病成這樣子，練太極拳能治得好嗎？便半信半疑地點了點頭。

張鴻道把他從床上扶起來，叫他扎個馬步，用兩手扶著他的兩手，嘴裡說：「下蹲、下蹲……」蹲到一定低度，不能蹲了，滿頭大汗。張鴻道用腳向裡一踩他的膝蓋，他撲通一聲整個人摔倒在地上，昏死了過去。張鴻道點了點頭。

原來，張鴻道看他兩腳能不能練拳，練太極拳有沒有前途。

經過測試後，王海洲就跟張鴻道學起趙堡太極拳來。

很奇怪，王海洲練了一個月太極拳，坐骨神經痛病明顯好轉，兩個月後，病好了大半，6個月後，他的病全好了。王海洲心裡高興極了。

練拳受到各種因素的制約。有時他停一兩天不練，身體就感到渾身不舒服，好像生命受到威脅一樣，他不能不練拳，拳已成了他生活的主要內容，太極拳成了他的生命。

他養成子時和五更練拳的習慣，功夫長得快

王海洲得到趙堡太極拳的正宗傳授，功夫很快練到了身上，但意想不到的社會變化和家庭磨難，使他有幾次產生了不再練拳的念頭。

十年浩劫，太極拳領地也受波及。他親眼看到趙堡一些老拳師被殘酷地批鬥，太極拳被稱為「反動拳術」。趙堡當時不準傳授太極拳，也不準練太極拳。他自己有點動搖了。

他問自己，怎麼辦？是繼續練下去，還是半途而廢？不練，過去練出的功夫、花的心血白費了，身體說不定又會變壞。練嘛，又有一定的風險。經過反覆的權衡思考，他認為，太極拳這一國家的優秀拳種不能丟，趙堡人練拳的傳統不能丟，不能讓太極拳這一中國瑰寶在自己這一代人手中失去。於是，他想出了一個辦法，改變練拳時間，在夜深人靜時偷偷練，不讓人看見他練拳。

他選擇子時即晚上11時至凌晨1時和凌晨4時半到天蒙蒙亮這段時間練拳。農村的晚上，人們往往走家串門聊天。他一落黑就睡覺了。到了11時就起床，在房裡或門前的空地上練拳。到凌晨1時又睡覺，4時半又準時起床，天

拂曉有人走動就停練了。

從「文革」期間開始，他20多年如一日堅持苦練，從未停過，雖然這兩段時間練拳有時對工作、對生活有一定的影響，但這段時間練拳功夫長得快。

在這段時間練拳，要吃很多苦，家庭也要為此做出很大的犧牲。但他不顧這些了，他要追求一種藝術，像許許多多成功者一樣，此盈彼虛，此得彼失。他以超人的毅力和意志繼續尋覓太極拳的真諦。

但災難又一次降臨到他頭上，他的太太一病就是10年。10年來為治病幾乎花完了他家全部的積蓄。俗話說，窮文富武。練武的人要有一定經濟收入作後盾，而這些年，他家已一貧如洗。但貧賤不能移其志。他除了拼命幹活養活全家六口人，仍堅持自練，訪友探師。一切困難都難不倒他，都阻止不了他學拳練拳。他照樣夜夜苦練不輟。

據說，趙堡太極拳有獨特的效果，只要得到正宗的傳授，按正規的練法去練拳，功夫會自然而然地達到身上。經過長時間的練拳，王海洲身體變得異常壯實，一個人拉一千斤煤車跑數百里不知苦和累，裝滿糧食的二百多斤麻包一提即上肩。過去那種病懨懨的樣子已影蹤全無，內外功已達到一定的水準。但是，趙堡人還不知道他是一個懂太極拳功夫的人，更不知道他已經具有很深功力了。

一次意外的事故，讓人們知道了他的功夫。還是在「文革」期間，他與隊裡一位好朋友一起負責鍘玉米杆漚肥。這位朋友在村裡人稱「大力士」，在軍隊裡呆過多年，體重一百七八十斤，村裡不少人摔跤都摔不過他。

他倆鍘玉米杆時互相輪換掌刀。那是在雪天勞動，開始是王海洲掌刀，「大力士」送玉米杆。天太冷，「大力士」

手抓玉米杆凍得手青一片紫一片，「大力士」提出，讓他掌刀，王海洲同意了。為了護手，王海洲用塑料膠包住手送杆，有時往刀下送杆多了一些，「大力士」鍘不動，他又提出來讓他送杆，王海洲掌刀。

王海洲見他掌刀時間不長，不同意換。「大力士」自恃力大，用手擰住王海洲的耳朵，開玩笑地說：「你換不換？」王海洲還是不同意換，說：「快放手！」大力士說：「你換不換？」王海洲說：「你不放手我動手了。」「大力士」以為王海洲無招，繼續擰住王海洲的耳朵不放。王海洲出手如電，一把拿住「大力士」的手腕一擰，「大力士」的手腕「咔嚓」一聲就斷了。王海洲為此受到了領導的批評。他自己並不知自己有如此功力，更不料會產生這樣不好的後果，當時無非想使對方鬆開手而已。

訪師友，廣泛搜集散落各地的趙堡太極拳秘技

趙堡太極拳從陳清平開始，各代傳人授徒不少，這些傳人有的已離開趙堡居留全國各地。世上武術是最難得全面傳授的一種技術。老師傳授時，常常因人而異，將一部分技藝傳授給他認為能接受的人，一部分技藝傳給另外的人，因而往往雖正宗傳授，也難得全面。

王海洲清醒地認識到這點，他立志要把從趙堡傳出的太極拳技藝進行收集整理，把從趙堡散出去的東西再收回趙堡來，讓趙堡太極拳重現一個完整的面貌。

進行這一工作是何其艱難。他藉由勞力，積累經費，先後到了陝西、山西、四川、河南各地，凡是有趙堡傳人的地

方他都去訪問，不恥下問，聽他們說藝，與他們切磋技藝。就這樣他花了 10 年時間，訪遍了各地趙堡傳人。

西安，是趙堡太極拳傳人較多的地方。他先後 4 次到西安，每次到西安都住上一個月左右。特別是老師張鴻道去世後，在西安他訪問了不少師叔師兄，誠心求教，同時也將自己學到的東西與他們交流。

師兄師叔見他待人真誠，為人正派，武德好，又是趙堡人，都樂於將趙堡各種秘訣、秘技告訴他。一些趙堡太極前輩將秘藏多年的手抄拳論、歌訣出示他看，交給他帶走。他陸續收集了太極前輩傳到各地的諸種秘訣數十種。如《比手訣》《手法五要及步法》《七疾》《八字訣》《七要訣》《十法》《交手法》《較手三十六》等，加上張鴻道老師傳給他的《九要論》等各種秘訣、氣功、點穴法等，他收集了大量趙堡太極拳拳論、歌訣。

同時，透過與各地傳人切磋，掌握了各地傳人的各種實際練法和應用技巧。這些使他舉一反三，觸類旁通，加深了對老師過去口授身傳的拳理拳法的理解，並在實際中得心應手地運用，他身上的功夫產生了質的變化。他對趙堡太極拳的手眼身法步及對敵的奧妙有較全面的理解，加上他刻苦練拳，功力提升得更快。

山鄉老道妙語使他頓悟許多

王海洲有一顆強烈追求武術真諦的心，凡聽說何處有高人，他都想方設法去訪問求教。

一次在西安，一位姓任的朋友對他說，西安市郊山村有一位武功很好的老道士。他聽了立即拉那位朋友一起去訪

問。

老道把他們迎進屋後，雙膝盤坐在床上。王海洲見老道有七十多歲，臉色紅潤，慈眉善目，白鬚冉冉垂至胸前，油然而產生一種敬意。王海洲在房間裡把一套太極拳打給老道看，要求老道指教。老道眼半睜半閉，慢條斯理地說：

「你打的這套太極拳很好，練下去能練出一種非常的防身功夫來。但你目前還存在不足之處，你手上缺乏使自己得心應手的勁力，與人交手時難以表現自己的功夫，只有發怒時身上的功夫才突然爆發出來，那時出手可能傷人。你最好練一種掌指的功，久練掌指功能使你隨時隨地自如地應用身上的功力。」

王海洲聞言大喜，老道的話的確道出了他的缺點，長時間以來，他與人交手，手上常常發不出勁來。有時雖不被人制，但也發不出人。他虛心向老道請教了練法。

老道見他誠心如是，坐在床上詳細地傳了他一種練掌指的功法。

王海洲心滿意足地走了。老道不起，不送，依然正襟危坐。

老道傳授的功法，符合太極拳走圈的道理。王海洲經過一年的練習，掌指功力大增，與人見面、告別握手，無意用力，輕輕一抓，別人的手即見青紫一片。與人交手，有時輕輕一帶，別人會踉蹌而跌。至今他還懷念這位不知名的老道。據說老道是位某道觀的武林異人。十年浩劫時被遣返至山鄉。

王海洲小時住西安 7 年，後數次上西安，西安古蹟聞名中外，但他不知道秦始皇陵、武則天墓、華清池，他的心思都用在訪武上了。

他在少林寺住了兩年，
對少林武功有了深入的了解

對武術的追求，家庭的磨難，他萌生了到少林寺出家的念頭。1984 年，他獨身一人上了少林寺。

少林寺是外家拳的發源地之一，千百年來，那裡曾產生了不少武林高人。王海洲對太極拳有了精闊的了解，但對外家拳了解不多，他想在少林寺見識一下少林武術，達到內外兼修，豐富自己。

在少林寺，他與少林武僧有了交往，常看他們練武。為了深入了解少林武術，在數九隆冬，他每天凌晨 1 時起來，一個人跳上寶殿凌空翹起的飛檐上，用大衣裹住自己，看少林武僧練拳，一坐就是 4 個小時。就這樣他看著看著學會了大洪拳、小洪拳、通臂拳等拳種套路及其他器械。

在少林寺，經過與武僧交流，他的武功引起了注意。少林寺周圍各種武館、武術學校林立，全國各地有很多人都來少林寺或少林寺外的武館、武術學校學武。當然，他們和當地的教練大都是正派人士，但也有個別是狹隘者。他們見到王海洲在少林寺受到尊重，想方設法要攆走他。

一天晚上子夜時分，他從初祖庵練拳回來，獨自一人走在山路上，四周黑洞洞的，杳無人影。15 里的山路才走了一半，突然從路旁跳出 3 個人攔住路。只聽一人說：「你明天就離開少林寺，否則要你的命。」王海洲藝高膽大，不予搭理，照樣闖路。兩個人衝向前，出拳向他打來，他一閃身，這兩人從一旁跌出，三個人很快合攏，要對他攻擊。王海洲隨即抽出纏在腰上的九節鋼鞭，舞得呼呼作響，三個人

見勢不妙倉皇逃走。他的九節鋼鞭法是老師張鴻道傳授的，這條鞭朝夕不離身，好幾次都是這條鋼鞭幫了他的忙。

又有一次，他午夜起來練拳，在路上，他看見黑暗中有個人影一閃，「呼」的一棍向他的腹部掃來，他緊急中一個魚躍，還是被棍碰上了腳趾，他忍痛抽出九節鋼鞭，一鞭擊中對方，對方拖棍旋即逃去。

他對這種暗算、偷襲嗤之以鼻，繼續與少林和尚探討內外家武術，虛心向少林寺和尚學習。在少林寺，他對少林腿法、拳法、器械、實戰法都仔細加以研究，融會貫通，從而對少林武術有了新的認識。透過與和尚們切磋技藝，他與高僧德禪、素喜、妙慶、萬恆大師，以及少林武僧總教練永安、僧兵隊隊長勝祥等建立了友誼。一些武僧敬佩他的太極功夫，提出向他學習趙堡太極拳，他將趙堡太極拳和器械分別傳給了他們。

他在少林寺教學相長，一晃就度過了兩年，這兩年使他對內外家功夫的認識達到了新的高度，同時也對自己的人生進行了反思。由於各種原因，他告別了少林寺，返回了故鄉趙堡。

他多次與人交手，對方均拜服而去

趙堡太極拳聞名遐邇，又與拳鄉陳家溝相鄰，很多人都慕名而來，一是想見識一下趙堡人的功夫，二是想試試自己的功力。王海洲是趙堡太極拳的總教練，凡到趙堡探訪的，一般都找到他。來訪者有全國各地的太極拳教練和武術愛好者。

1987年麥收季節，一天中午，來了四個人，聲稱是向

他求教的，提出與他推手。王海洲見客人遠道而來，便與他們切磋技藝。王海洲說：「我先不攻，你們可以從各個方位打我，我只走化。」一個大個子，體重約190斤，用各種手法按打，王海洲均以小圈化解，對方找不到著力處，無計可施，又抓又擰。王海洲說，這回我摔你了。一下子把對方按翻，跌出丈餘。對方爬起來，用一手卡王海洲的手，一手扯王海洲的衣服，王海洲隨即要發放，對方說：「你不打了，我明白了。」四個人最後心悅誠服，拜謝而去。

王海洲不但在家鄉碰到交手者，探師訪友時也常與人談武討教推手。有一次在鄭悟清家，王海洲虛心求教。鄭悟清是趙堡太極傳人，已近80歲，在國內外享有一定的聲譽。求教過後，鄭悟清說：「海洲，你可以在全國走走了。」

他遵照趙堡前輩的教導，與人交手時都先讓人三分，從不主動打人。他常說：「我不打你，你用你認為最好的手法打我，我只化不打。」

時代不同了，當今學武的人大多數都能以武德為先，但也有少數人脾氣暴烈，動輒出手傷人的，有時為了教訓這樣的人，王海洲也略施手段予以儆戒。有一次在河南某地，一位拳師找他推手，這人一搭手就折他的手指，第二來回，王海洲「叭」地一聲折了對方一個手指，說：「我給你這一下子，是為讓你今後與人友誼推手時，改掉自己的脾性。」那人經過這次教訓，以後不再隨便傷人了。

他深切了解太極拳的功能，他要把得到的真傳公布於社會

他從開始練習太極拳到現在，幾十年如一日，從不間

斷。師傅口授，默識揣摩，他對趙堡太極拳有全面的了解。

王海洲能把趙堡太極拳高、中、低三種架式、各種技法及器械完美地表現出來，他的領落架（高架）柔和似行雲流水、勢勢均勻、滔滔不絕、一動百動、一靜百靜，處處虛實分明，依規矩又能化規矩。意氣力筋骨、手肘肩腳胯膝處處做到內外三合。他的盤功架低、快、敏捷。動作快而井然有條，架子低而三合俱齊。身手敏捷，縱蹦跳踢，起落轉合，給人一種美的享受。

他的推手堅持以靜待動，以柔克剛，處處舍己從人，全身合為一體。上步即渾身俱進，退則周身俱退，黏連沾隨，不丟不頂，遇力即走，化發給人一種渾身是手的感覺。他的拿法精妙，以拿還拿，以拿解拿，處處得心應手，別人防不勝防。與他推過手的人都對他的功力和技藝表示敬佩。

1986 年，他以趙堡鄉太極拳總教練的身份帶隊參加溫縣太極拳擂臺賽。溫縣是太極拳之鄉，這裡有聞名的陳式太極拳、趙堡太極拳和其他流派的太極拳，從某種意義上說，溫縣太極拳擂臺賽在全國有一定的代表性。參加比賽有溫縣各鄉、村的武術好手。在比賽中，王海洲所帶的學生奪得一枚金牌、一枚銀牌、兩枚銅牌。以後，河南省電視臺為王海洲的架子和器械表演錄了影，在省內播放。一些在太極拳比賽中獲得獎牌的運動員也登門向王海洲求教。

長年累月的練習太極拳，使王海洲對人生、社會與太極拳的關係有了新的認識。

他認為，太極拳是提升人的身體素質、增強體魄的最好的體育運動。同時練太極拳也能改變人的思想，使人走正道，變為一個高尚的人。

他認為，只要一個人真正精心練習太極拳，其中的奧妙

使人一生感到有樂趣，會選擇一條受人尊敬的人生道路。自己不會懶、饞、占、貪，不會做違法亂紀的事。

河南省和全國各地都有不少人前來向他學趙堡太極拳。他教人拳，首先使人身體健壯。為了讓趙堡太極拳得到更廣泛的推廣，讓更多的人得到練太極拳的好處，他想將自己得到的趙堡太極拳的真傳編著成書公布於世。

筆者在一次赴陳家溝、趙堡採訪中認識了他，他提出要求，讓筆者與他配合，整理趙堡太極拳架式、器械和各種技法。我們一南一北就這樣走到一起，開始了對趙堡太極拳的整理工作。

經過一段時間的總結，寫作，王海洲先生感到中國武術博大精深，太極拳是中國武術中的一朵奇葩，就是窮畢生精力也難得其全貌，難窮其盡頭。

他感到天外有天，山外有山，他認為趙堡太極拳要發揚自己的長處，保持自己的風格，同時也從自己的圈子中走出來，認識各派太極拳的長處，豐富自己，從而把趙堡太極拳提升到一個更新的水準。

推廣趙堡太極拳不遺餘力

1991年，由他演述的《秘傳趙堡太極拳》出版後，他受到了趙堡鎮一些傳統意識較強的人的批評，認為他將趙堡太極拳帶出村、帶出鎮了，違反了趙堡太極拳不出村的規定。他陷入了苦惱。未來的太極拳路怎麼走？趙堡太極拳如何發展？如何使世人進一步認識趙堡太極拳，讓趙堡太極拳更好地造福人類？他感到趙堡太極拳還有很多工作要做，自己還做不做？這時，王海洲一面在學校裡任太極拳老師，協

助趙堡太極拳總會領導處理各種各樣的事務，一面利用休閑時間在鎮裡對趙堡太極拳歷代傳人的後代一個一個地進行拜訪，儘可能地將祖先傳下的趙堡太極拳再一次進行匯集。

同時，他由對外的交往，看到了國家對太極拳的重視，看到了全國太極拳發展的大好形勢，他再也沉不住氣了。而這時，趙堡太極拳總會的領導也同樣思考著趙堡太極拳的發展問題。

王海洲找到總會會長、趙堡村的黨支書吳金增，將自己的想法一股腦兒地說了出來：「趙堡太極拳在這種形勢下，不能再堅持不出村的村規了。在歷史上趙堡太極拳也有廣傳的要求。」王海洲表示要繼續走出趙堡，往外傳拳。支書很同意他的意見，並且認為趙堡太極拳總會對此要有明確的表態。為了趙堡太極拳的發展，總會採取了一些有力措施，鼓勵趙堡太極拳拳師外出推廣太極拳，給達到一定水準的傳人頒發拳師資格證書，支持他們外出傳拳。

王海洲首先應邀到了福建省廈門市杏林區，在那裡成立了「王海洲趙堡太極拳培訓中心」，第一期學員有 100 多人。他在廈門一面傳授太極拳，也一面繼續認真仔細地研究和總結趙堡太極拳技擊的奧秘，並透過與自己的兒子、弟子們實踐來印證。他在廈門繼續傳拳 4 年，也對太極拳的技擊潛心實踐、總結了 4 年，使他在原來的基礎上對趙堡太極拳有了新的認識。

1996 年，王海洲受武漢太極拳愛好者的邀請，到武漢授拳。武漢是中國武術發展的搖籃之一，那裡有著名體育學院，各派武術在這裡都有傳人。

王海洲到武漢後，逐漸在武漢傳開了，很多人慕名而至，要求學習趙堡太極拳。他與當地的弟子在政府部門的支

趙堡太極拳詮真

持下成立了武漢市趙堡太極拳研究會，並在武漢三鎮設點傳播趙堡太極拳。在解放公園、中山公園等處，開始有一批一批的學員在練習趙堡太極拳。

兩年後，武漢青山區又成立了趙堡太極拳研究分會。在武漢市趙堡太極拳研究會成立一周年大會上，孝感市一家大型國有廠的一位領導認識了王海洲，他後來親自到趙堡鎮王海洲家，盛情邀請王海洲到孝感市傳授趙堡太極拳。王海洲於 1999 年到孝感市授拳。市領導知道有一位太極拳名師來市裡授拳，指示市體委與王海洲聯繫，組織培訓市、縣的太極拳輔導員。以後，在孝感設了堡太極拳教學點。

在澳門回歸時，在孝感市體育場組織了「趙堡太極拳萬人迎澳門回歸表演賽」，在當地產生了很大的影響。在武漢市、孝感市，王海洲所教的學生，在各個層次的比賽中均獲得了好成績。

1996 年，王海洲應河北邯鄲永年國際太極拳學院的邀請，前往教授太極拳，並被聘任為學院太極拳總教練。他和武式太極拳的名家姚繼祖一起，對來自各地的學員分別傳授趙堡太極拳和武式太極拳。教拳任務完成後，他在邯鄲市成立了趙堡太極拳研究會。他在這次所教授的學員，有的已經在自己家鄉開了太極拳學校或武館。

2000 年 8 月，他與弟子在深圳與寶安區的有關單位一起舉辦了趙堡太極拳培訓班。並在浙江、四川、廣西等地也進行趙堡太極拳傳播。王海洲要求自己，無論在哪裡，都認真地將趙堡太極拳的真實功夫傳授給當地的太極拳愛好者，他的認真授拳的態度受到了當地太極拳愛好者的好評。

現在，跟王海洲學拳的有教授、博士、研究生，有各個學歷層次和不同年齡層次的人。《中國青年報》《中華武

王海洲先生小傳

術》《河北日報》《武當》《少林與太極》《精武》等報刊雜誌和王海洲傳拳地方的當地報紙,對王海洲傳拳的事蹟作了熱情的報導。

參加國內、國際太極拳會議,熱情宣傳趙堡太極拳

從 1995 年起,他先後多次應邀參加了中國永年國際太極拳聯誼會、武當山拳法研究會、武當山武術節、遼寧撫順太極拳聯誼會,參加了一年一度的溫縣國際太極拳年會等,他在這些會議上總是熱情地宣傳趙堡太極拳。他在會上表演趙堡太極拳,表演趙堡的兵器,普遍受到專家和太極拳愛好者的高度評價。

1991 年,他首次參加了河北永年國際太極拳聯誼會,他在大會上表演了趙堡太極拳。在大會組織的學術討論會上,年過 9 旬的吳式太極拳傳人、太極拳名家馬岳梁說:「我在這次看到了蔣發先師所傳的趙堡太極拳,它包含有很豐富的技擊內容。」參加會議的國內外的太極拳愛好者,在會議的間歇,很多人到王海洲的住處進行拜訪,並就太極拳的技擊、推手等問題進行請教。王海洲總是熱情地接待,並詳細地介紹趙堡太極拳。有時他們提出推手的要求,王海洲總是來者不拒。當對方與王海洲推手後,都對王海洲的太極拳功夫表示敬佩。

中國武術至今仍保留有舊時的遺風,一些真正學武的人,聽到說某某有功夫,先是不相信,接著往往要找某人比比看看。

有一年溫縣國際太極拳年會後,一個臺灣的拳師和一個

日本的武師先後兩次找王海洲，要求見識王海洲的太極拳功夫。他們在年會上看了王海洲的太極拳表演，也在其他場合聽到了趙堡鎮有一個叫王海洲的人，功夫很高，他們半信半疑。但是，兩次王海洲都不見他們。

一天，日本人和臺灣人坐了一部出租車，逕自來到王海洲家的門口，並堵住了門口的出處。那位日本武師對王海洲說了一句話，但是王海洲聽不懂，那臺灣人翻譯說：「他（日本人）說，你是不是有真的功夫。」王海洲感到自己的門口被堵住了，來人也找過他兩次，不給點顏色看恐怕不行了。王海洲對那日本人說：「來吧，你想怎麼玩就怎麼玩。」對方也憋著一口氣，一上來就一個直拳，王海洲一接，一個「白鶴亮翅」將對方打到了牆壁上。對方不服氣，正了正身，又上前與王海洲黏住手，對方想套步將王海洲摔倒，王海洲順勢一個「倒撞猴」將對方打了一個跟斗，但在對方要往地上栽倒時拉了他一把。

對方馬上跪在王海洲的面前，口中咕嚕咕嚕說了一大通話。這個臺灣翻譯說：「他說王老師是真的有功夫，他要拜師學習。」接著，臺灣人也請教了王海洲推手的技術。王海洲向他們介紹了趙堡太極拳的一些精要，他們兩人高高興興地離開了王海洲的家。

像這種事情，在王海洲的授拳經歷中數不勝數。中國武林界有一句古話：「人在江湖，身不由己。」1997年的一天，一位韓國法師遠道從韓國來到王海洲家，據他後來自己介紹說，他在韓國是跆拳道高段位拳手。他是由一個朋友知道王海洲在趙堡鎮的，就自己一個人來找王海洲。

見到王海洲時，他說，他的跆拳道是用腳來搏擊的，認為太極拳比不上跆拳道厲害。王海洲見他光著頭，長得結

實，是練過功夫的人。說：「你用你的跆拳道，你的腳儘管怎樣用都可以，我就用我們的趙堡太極拳，我們試試看。」那位法師也不客氣，一上來就踢出幾腳。王海洲經過觀察，在他起腳時閃電般上步進身，一按，將他擊倒在地。接著連續幾次將他打倒，最後一次他倒地上說：「還是太極拳厲害。」他要求拜師，在總會會長和秘書長的見證下，王海洲在家舉行了古老的拜師儀式，將他收為弟子。他在拜師後學了趙堡太極拳，並表示回國後認真練習和適當的時候在韓國教授趙堡太極拳。

近年來，已有美國、德國、韓國、日本、新加坡、馬來西亞等國家和香港、臺灣地區的太極拳愛好者親自到趙堡鎮，找到王海洲家要求學拳。

趙堡太極拳近年來在全國十分活躍，一批趙堡太極拳傳人在各地傳授太極拳，為趙堡太極拳發展作出了貢獻。王海洲一有機會就把他們介紹給一些國內、國際太極拳會議的組織者，由大會組織者邀請他們參加會議，讓趙堡太極拳傳人有更多的機會來宣傳趙堡太極拳。

寫太極拳書和出版趙堡太極拳教學光碟

1990 年，王海洲到我家，與我一起完成了《秘傳趙堡太極拳》的寫作並於 1991 年出版。書出版後他說，寫書和出版書太難，今後不再做這種事情了。

1995 年，他和兒子王長青來到我家，我建議說：「一個門派太極拳的正宗傳人，要有系統的拳和兵器的體系，過去已經寫了拳架，但是還不夠，要將你所傳授的兵器系統地整理出來，這樣才能構成一個完整的趙堡太極拳的體系。」

他經過認真的思考，同意了我的意見，再寫一本關於趙堡太極拳兵器的書。這樣我們開始了趙堡太極拳兵器的整理和寫作，到 1996 年寫完。

在寫作期間，他根據我的建議，閱讀了數十本太極拳著作，精讀了一些經典的太極拳理論論著，對太極拳的文化源頭和演變以及趙堡太極拳的發展前途有了較為深刻的認識，他自我感覺自己比以前進步了。

趙堡鎮太極拳器械的書寫完並在印刷廠得到校對稿後，他拿著書稿風塵僕僕地奔赴北京，到中國武術院找到時任中國武術協會主席的張耀庭先生，請他題詞。張主席看了書稿，欣然命筆寫下了「趙堡太極拳出版，淵源有序，拳理明晰。張耀庭，1996 年夏。」時任中國武術協會副主席的張山、劉哲和太極拳名家孫劍雲、馮志強也為書的出版題了詞。張耀庭主席等的題詞，給了他極大的鼓舞，使他進一步認識到自己這麼多年對太極拳的艱難的追求得到了肯定。他要求自己一定不辜負中國武術協會領導的期望，一定更加努力，將中國的太極拳發揚光大。由王海洲演述的《趙堡太極拳、太極劍、太極棍、太極單刀、太極春秋大刀、太極散手合編》一書於 1996 年 7 月出版了。

在寫作趙堡太極拳兵器這本書期間，我們一起研究了趙堡太極拳傳人杜元化的《太極拳正宗》一書。

我說：「你們趙堡太極拳有《太極拳正宗》這樣的高水準的太極拳的書，但是，至今在趙堡太極拳傳人中研究這本書而有成果的還沒有見到。趙堡太極拳傳人太不重視自己祖宗的絕學了。」他說：「這本書一是傳世少，二是裡面的內容很難看得懂。」我說：「是不是我們一起研究，將它揣摩破譯出來。」他說試試看吧。這樣我們先分別各自研究，找

機會再見面探討。

1997 年，他到廣西桂林授拳，我前往桂林與他相會。我們一起以他對趙堡太極拳和趙堡太極拳推手的實踐認識為基礎來破譯《太極拳正宗》。他經過近 30 年對趙堡太極拳的研習，也綜合了趙堡太極拳傳人技術，文字障礙我來掃除，技術障礙主要由他來說明。這樣，我們經過兩年的時間，對《太極拳正宗》的研究、破譯有了基本的認識。以後，由我將文字整理出來。

1998 年，他拿著《太極拳正宗》考析的書稿到北京，找到了人民體育出版社。人民體育出版社決定出版這本書，並且不要作者承擔任何費用。同時決定，要出版由王海洲演練的趙堡太極拳和兵器系列的教學光碟。1999 年 10 月，《杜元化〈太極拳正宗〉考析》一書出版。這本書出版後，據香港實用書局的龍先生從深圳得到的信息給我來信說：「這本書在深圳一上市就銷售一空。」他寫信給我，要求我給他找這本書，以便滿足香港太極拳愛好者的需要。

1999 年，人民體育出版社音像部的導演和攝製組人員開車從北京來到趙堡鎮找到王海洲，與他一起詳細地策劃王海洲趙堡太極拳教學光碟的拍攝。接著在中央電視臺的攝影棚裡，強烈的燈光照射著他，幾臺攝影機對準著他，作為民間太極拳家的王海洲開始還有點不適應。但是他想，在這酷熱的攝影世界裡，他不但是在展現自己，他是趙堡太極拳的一個代表在向導演、向攝影人員，也向中國和世界展示趙堡太極拳，他以太極拳的狀態來對待這一生中從來沒有經歷過的場面和考驗。

他的行雲流水般的演練，他和兒子王長青的精彩的推手、散手表演，獲得了導演和攝影人員的贊賞。

作為中華武術展現工程的王海洲趙堡太極拳、器械共 6
個項目 8 片教學光碟於 1999 年出版，這是趙堡太極拳這一
拳種第一次由國家級權威出版社出版的教學片，太極拳愛好
者也就有機會系統地領略和欣賞到了趙堡太極拳這一古老拳
種的概貌。

　　2002 年，王海洲接受人民體育出版社的要求，將過去
出版過的太極拳書整體匯編成《王海洲·趙堡太極拳詮真》
一書，並協助趙堡太極拳總會編寫和表演趙堡太極拳十三
式。為此，他又來到南寧，我們一起對《王海洲·趙堡太極
拳詮真》的內容進行整理、補充。

　　此時，我感到王海洲已經不是十年前的王海洲了，他名
片上有：中國武當山拳法研究會顧問、中國武式太極拳社顧
問、河北省邯鄲市太極拳研究會顧問、中國永年國際太極拳
學院總教練、中國溫縣太極拳年會副秘書長、中國臺灣趙堡
太極拳研究協會技術顧問、中國溫縣趙堡太極拳總會副會長
兼總教練等頭銜。但是，我覺得他還是一個普通太極拳練習
者，還是那樣愛抬槓，有時發點兒脾氣，像牛一樣倔強。談
起太極拳總是那麼熱情奔放，不知疲倦。

趙堡太極拳詮真

第一章　趙堡太極拳概述

一、先師蔣發將太極拳傳入趙堡鎮

溫縣趙堡鎮，北依巍巍太行山，南傍滔滔黃河水，至今已經有 2500 多年的悠久歷史。在春秋時期，晉昭公封大卿趙公食邑於溫縣，在溫縣東 15 里的地方挖地築堡居住，因此稱趙堡。古趙堡有宏偉的城池，有眾多的古建築等豐富的人文資源。公元 1723 年，雍正皇帝曾經題寫過「乾坤正氣」的匾額懸掛於關帝廟的門楣。但是在 20 世紀，由於戰火和動亂，這些雄姿勝景逐漸毀滅消失。

趙堡鎮由於地處要塞，是兵家必爭之地。自古以來，人們為了保家衛國，尚武之風甚盛，出現過一批批將軍、武舉、俠客義士，這種尚武的風俗延續至今。

在趙堡鎮，歷代有一個口耳相傳的故事：明朝萬曆年間，在趙堡鎮小留村（現在這個村的名字是小劉村）有一個名叫蔣發的人，他生於萬曆二年，是個十分熱愛武術的青年。一天，山西人王宗岳和鄭州的一位客商從山西過黃河到鄭州經商，路經趙堡小劉村，前往黃河氾水渡口。

在小劉村東的一棵大柏樹下歇腳時，看見有一群青年在練拳，隨行的客商問王宗岳：「你看這群練拳的青年哪一個根底好一些？」王宗岳說：「那個穿紫花布衫的人還可以，如果有好的老師指點的話，可能會練出高功夫來。」說完他們兩人就起程了。

這些話被旁邊一個逗小孩玩的老太婆聽到了，她把王宗岳和客商的話告訴了蔣發。蔣發就是王宗岳說的穿紫花布衫的人。蔣發聽了，二話不說，抄小路就去追趕王宗岳和客商。追上王宗岳後，搶過王宗岳肩上的錢搭背在自己的身上，送王宗岳到氾水渡口。蔣發跪在地上，要求王宗岳收他為徒。王宗岳開始說：「我不會武，你找別人吧。」蔣發長跪不起。客商見了這種情景，說：「王先生，您就收下這個徒弟吧。」王宗岳說：「這樣吧，今年冬至時，你再到這裡等我。」王宗岳說完就上了渡船。

當王宗岳和客商從鄭州回山西又到氾水渡口時，已是大雪紛飛的冬天。由於雪大、天黑，王宗岳就在河邊店鋪投宿。客商對王宗岳說：「你收的小徒弟不是說冬至到渡口來接你嗎？」王宗岳說：「也許那孩子早已忘了。這樣的大雪天他會來？」他們的話被店家聽到了，說：「今天，我在這裡遠遠地看見一個青年人在對岸牽著一頭毛驢站了一天，可能是等你們的吧。」

第二天，蔣發在渡口北岸將王宗岳接往自己的家。在路上，王宗岳看見麥地裡有個牛犢啃青，對客商說：「這樣的小牛肉最鮮美。」在蔣發家，王宗岳對蔣發的母親說，他要把蔣發帶到山西老家，教他武藝。吃飯時，蔣發端上一瓦盆牛肉，王宗岳吃起來贊不絕口。蔣發說：「你在路上看見的那頭小牛是我家的，我已經將它殺了。」王宗岳聽了十分感動也自感失言。

蔣發在王宗岳家學拳7年，他敬師如父，深得王宗岳的喜愛，傳授給他太極拳和多種功法、要訣。王宗岳只有一個女兒，因他經常外出，蔣發長時間與王宗岳的女兒，也就是他的師姐一起練拳，很多動作是模仿師姐的。因此，在趙堡

鎮，也有人說趙堡太極拳是「大姑娘拳」。在拳譜中，也有一些與女性有關的名稱，如「玉女穿梭」「單擺蓮」「雙擺蓮」「束手解帶」等等。

以上雖然是趙堡歷代相傳的故事，但是，它真實地反映了趙堡太極拳的來源是蔣發學於山西王宗岳後，而傳入趙堡鎮的。

關於王宗岳，在趙堡，歷代是這樣相傳的：王宗岳，宗岳是他的道號，他的名字叫王林楨。他家在山西太谷縣小王莊。王宗岳學拳於雲遊道人。有《太極拳論》等著作傳世。

據趙堡太極拳傳人杜元化 1935 年出版的《太極拳正宗》記載，王宗岳學拳時，雲遊道人告訴王宗岳說，太極拳來歷已經很久了，太極拳的來處有一首歌可以為證：「太極之先，天地根源，老君設教，宓子真傳，玉皇上帝，正坐當筵，帝君真武，列在兩邊，三界內外，億萬神仙，傳與拳術，教成神仙。」

從這首歌和《太極拳正宗》中的說明來看，趙堡太極拳是中國歷史上著名的道人張三豐傳下來的，拳的真源是老子。至今，在趙堡，主流的認識認為，趙堡太極拳奉張三豐為祖師，奉蔣發為先師，老子是太極拳的真源。

二、蔣發的太極拳在趙堡鎮的七代傳遞

1. 蔣發傳邢喜槐

蔣發學成回家後，與當地的拳師較藝，無人能敵過他，他的太極拳藝遠近聞名。他牢記王宗岳的囑咐。王宗岳在他離開山西時對他說，對他所教的太極拳，不可隨便傳授，但不是不傳人。如果你不得到可傳的人就不傳，如果得到可傳

的人一定要盡心盡力傳授。如果得到可傳的人不傳授，就如同絕了後代一樣。如果能廣泛傳授更好。

蔣發曾經應鄉鄰的邀請，外出教太極拳，白天給別人當把式（長工），晚上教東家的一些子侄練太極拳。由於疲勞，他便教學生一套起勢面南，收勢朝北的太極拳，而他在學生練拳的南面可以趁機多休息一會兒。蔣發的報酬是每年一擔麥子，他母親在家做一些紡織品。

趙堡鎮是溫縣一個繁華的集市，蔣發經常拿一些紡織品到趙堡鎮上擺賣。趙堡鎮上有一個叫邢喜槐的，是一個大戶人家，十分仰慕蔣發的拳藝，千方百計想接近蔣發。每當蔣發擺賣時，他就高價將蔣發所賣的東西買過來，過後低價賣出去。並從各方面周到地照顧蔣發，以實現他學拳的目的。蔣發經過長時間的考察，感到邢喜槐為人忠厚，在趙堡鎮口碑很好。不久，邢喜槐就親自登門請蔣發到趙堡鎮他家教拳，並給他安排一個院落，雇請一個丫環侍候他的母親，每年給報酬三擔小麥。蔣發不用幹其他活，只專心練拳教拳。

蔣發被邢喜槐的真誠所感動，將自己所學對邢喜槐傾囊相授，除了將太極拳的絕藝教給邢喜槐外，還將王宗岳所傳太極拳秘訣、論著等也傳給了邢喜槐。邢喜槐拳技達神明境界。他一生擅長太極春秋大刀，他所用的大刀刀頭重 30 斤，刀柄是桑木做的。邢喜槐的後代在趙堡鎮繁衍到現在已經是 19 代。

2. 邢喜槐傳張楚臣

張楚臣，山西人。從山西到趙堡鎮經商，開始是開鮮菜鋪，後來，生意有所發展，改為開糧行。由於他品行端正，在趙堡鎮備受尊敬。他和邢喜槐接觸後，兩人結拜為異性兄

弟。邢喜槐將趙堡太極拳全部傳授給他。張楚臣的後代現在還居住在趙堡。

3. 張楚臣傳陳敬柏

陳敬柏的家族從陳敬柏的祖父陳文舉開始在趙堡鎮落戶,他的父親陳來朝出生在趙堡。陳敬柏的名字叫陳基,敬柏是他的字。張楚臣見陳敬柏人品端正,辦事可靠,就收他為徒,傳他趙堡太極拳。陳敬柏武功高強,將趙堡太極拳推到了鼎盛時期。他廣傳了趙堡太極拳,跟他學拳的有 800 多人,其中他傳給一技之長的有 16 人,得到他基本傳授的有 8 人,能全面繼承他拳藝的只有一人。

陳敬柏神奇的太極拳功夫,到晚年還保持爐火純青的狀態。在趙堡,至今還流傳有他年過八旬還與人比武的故事。

山東有個武士外號叫「黑狸虎」,勇猛異常,曾經在一次切磋技藝時敗給陳敬柏。10 年後,他又來到趙堡鎮,要找陳敬柏討回面子。這時,陳敬柏已經 80 多歲,並且還有病纏身。兩人在孫神廟柏樹林中交手,「黑狸虎」仗著自己身強力壯,步步逼緊,招招致命。陳敬柏步步相讓,圈圈連環,將「黑狸虎」的凶猛進攻一一化解,並且戰且退,退到一棵大柏樹前,「黑狸虎」以為陳敬柏年老力衰,沒有還手之力了。他緊追上前,用出他的殺手絕招「黑虎掏心」,左手出其不意地往陳敬柏面前一晃,右手如迅雷般直奔陳敬柏胸口。陳敬柏應以趙堡太極拳中的「伏虎」招法,不理「黑狸虎」左手的虛招,身體稍微向左引化,左手往下一摟「黑狸虎」的右拳,右拳佯攻「黑狸虎」的胸前。「黑狸虎」急忙用左手格開陳敬柏的右手,陳敬柏乘勢以右肩一個「迎門靠」把「黑狸虎」靠飛出去,「黑狸虎」的頭正好撞在大柏

樹上，當場斃命。陳敬柏此時背靠柏樹，精疲力竭，奄奄一息，回家不久也去世了。後來，趙堡就流傳了「打死山東客，累死陳敬柏」的故事。

陳敬柏去世後，安葬在趙堡村西北。陳敬柏的孫子陳鵬是趙堡鎮太極拳名家。陳敬柏現在在趙堡鎮還有兩支傳人。現任趙堡太極拳總會副會長的陳學忠是陳敬柏的後人。

近年來，在陝西銅川發現了張楚臣的另一位傳人王柏青保存和傳下的趙堡太極拳歷代先師王宗岳、蔣發、邢喜槐、張楚臣等人和他自己所寫的關於太極拳的論著《太極秘術》。王柏青在雍正六年（1728年）所寫的序言中說，他跟張楚臣學趙堡太極拳40多年。王柏青的太極拳論文中，有趙堡太極拳「以神打人」「以氣打人」「以形打人」的絕妙論述，可以看出王柏青是一個武功非常高深的太極拳專家。從《太極秘術》看，在張楚臣年代，王宗岳《太極拳論》等著作已經在趙堡太極拳門人中流傳。現在無法考證王柏青是哪裡人，如果不是趙堡鎮人，那麼，趙堡太極拳在蔣發所傳的第二代就已經打破了趙堡太極拳不出村的規矩。

4. 陳敬柏傳張宗禹

張宗禹，趙堡鎮人。關於他的記載留下來的不多。除了歷代相傳他是陳敬柏的傳人之外，在杜元化《太極拳正宗》中有記載：「陳（敬柏）先生欲擴張此術……能統其道者惟張宗禹先生一人。」張宗禹後裔現在還生活在趙堡鎮，他們對自己先人的情況很熟悉。

5. 張宗禹傳張彥

張彥從小跟爺爺張宗禹習拳。在趙堡，人們稱他為「神

手」「神掌」。張宗禹在臨終前將太極拳的拳譜和絕藝傳給了張彥，張彥下苦功練拳，太極拳功夫達到了登峰造極的地步。張彥一生行俠仗義，好抱打不平，流傳於世的故事很多。著名的有在山東曹縣為民「除三害」，當地人奉他為神來供奉。張彥的後人現在仍居住在趙堡。

6. 張彥傳陳清平和張應昌

張彥傳陳清平。據陳敬柏的後人陳學忠家傳資料記載，張彥與陳敬柏的孫子陳鵬是朋友，陳鵬介紹陳清平給張彥，說陳清平為人正直，年輕好學，並且十分喜愛太極拳藝，請張彥收他為徒。張彥聽從了好朋友的建議，將太極拳傳給了陳清平。

陳清平的祖上從山西遷入溫縣，就落戶於趙堡鎮小劉村。到了13世，陳萬拔、陳萬選兄弟兩人從小劉村遷入王圪擋村，陳萬拔是陳清平的爺爺。陳萬拔有兩個兒子陳錫輅和陳錫章。陳錫輅又從小劉村再遷入趙堡鎮。陳錫輅是陳清平的父親。陳清平的叔叔陳錫章仍住王圪擋村。陳清平的父親在趙堡鎮上開糧行、棉花店、酒作坊，並於道光25年冬（1845年）病逝。

陳清平1795年生於趙堡，他父親去世後，由他繼承家業至1868年去世。關於陳清平，現在太極拳界眾說紛紜。對此，陳清平的第五代孫陳忠森，於2000年1月19日書面對自己的先祖的生平經歷作出了說明：

「我從小聽我祖母陳李氏和父親陳乃芳說，我祖上是陳氏家族人，從13世陳萬拔、陳萬選開始由溫縣小劉村遷入王圪擋村。在乾隆末葉，14世祖陳錫輅也就是我的直系祖由王圪擋村遷入趙堡鎮，置門面店房，開糧行、棉花店、酒

作坊等。14 世叔祖仍留王圪擋村。在道光 25 年冬，陳錫輅在趙堡鎮病故後，由 15 世祖陳清平，也就是我的直系祖繼承家業。陳清平生於乾隆 60 年，卒於同治 7 年，享年 74 歲。陳清平在趙堡取妻三房朱氏、侯氏、王氏，有兩個兒子陳河陽、陳漢陽。陳清平在趙堡鎮關帝廟西鄰建造房屋數十間，圍村田地數百畝。16 世祖漢陽有一子，也就是我的爺爺陳墊。我爺爺是個啞巴，所以，執掌家業全由我祖母一個。我祖母從小就到我家做童養媳，我曾祖父請教書先生教我祖母讀四書五經，學管家本領，並將家史情況告訴她。祖母一生樂善好施，加上遭受荒年、戰禍，家境逐漸貧困。爺爺死後，祖母將房屋變賣所剩無幾，隨領全家逃荒到山西運城縣。為活命糊口，在民國年間，祖母含淚將祖上陳清平傳下的拳譜賣給本鎮張瑞南老師收藏。祖母經常說，咱祖上陳清平的武藝是經北頭（村北）神手張彥教成的。師父是張彥。那時，咱家的徒兒東頭有和兆元，南頭有牛發虎，辛莊有任長春，南張羌村有李作智，陳辛莊村有李景顏，西頭有張敬芝，還有河北武禹襄等人。叮囑我們千萬不要忘了我家的歷史，更要記住練拳。近年來，我不斷聽到社會上有人說我祖上陳清平是贅婿趙堡，經商趙堡，學拳於陳家溝。這些言語純屬對我祖上不敬，我希望以後社會上和武術界人士慎言。」

陳忠森 1939 年 11 月生於河南溫縣趙堡鎮，1956 年 3 月從溫縣入伍，1982 年 2 月轉業到河南焦作市，在市司法局工作。曾任市司法局政工科長、法律顧問處副主任、律師、勞改大隊政委等職。2000 年元月退休在家。

多少年來籠罩在陳清平生平上的歷史迷霧，應該說至此得到了驅散，還了歷史上一個真實的陳清平的面目。

陳清平是趙堡鎮歷史上一個具有改革、開拓精神的太極拳家，他把趙堡太極拳進一步發揚光大。除了將拳藝傳給兒子陳景陽、陳漢陽外，還教了很多徒弟，並且因材施教，後來形成了趙堡太極拳的代理、領落、騰挪（杈拖）、呼雷四種練功方法。這四種練功方法雖然在外形上有所不同，但是其內勁轉動、內丹修煉、拳理拳法的運用，實是一致的。

陳清平所傳的人有和兆元、牛發虎、李景顏、李作智、任長春等人。和兆元擅長代理練法，任長春精領落練法，騰挪練法李作智著，而李景顏長於呼雷架。

河北永年人武禹襄仰慕陳清平的太極拳術，親自到趙堡鎮找到陳清平要拜師學藝。恰逢陳清平面臨官司危難，武禹襄透過在舞陽縣當縣令的哥哥武澄清幫助，疏通官場關係，使陳清平倖免於難。陳清平為此十分感激武禹襄兄弟，於是將趙堡太極拳的精要練功方法教給了武禹襄，並傳他太極拳秘訣。後來，武禹襄將陳清平所教發揚光大，創編了武式太極拳。

張應昌是張彥的兒子，他生前身後被尊為「少師」。有資料記載他得到陳清平的傳授。據趙堡於道光三十年六月重修的五道將軍堂碑上記載，張應昌是當時的執事會首。據趙堡當地風俗，能當會首的必須起碼是 40 歲以上的人。道光三十年時陳清平為 55 歲，張應昌的年紀與陳清平應相差不大，他也應得到張彥的傳授。

以上是從蔣發開始在趙堡鎮的七代傳人的情況概述。

三、趙堡太極拳在現代的發展

趙堡太極拳在民間代代相傳，在 20 世紀趙堡太極拳經歷了三個歷史發展階段。

第一階段。19世紀末葉，外族入侵，社會內部震蕩，動亂不斷，趙堡太極拳的發展受到了影響，轉入了低潮。在20世紀20～30年代才得到了一次較大的發展。在這個發展階段，其主要標誌是張敬芝、和慶喜授拳和杜元化《太極拳正宗》的出版。

張敬芝是張應昌的太極拳傳人，他長期堅持在趙堡傳授太極拳，他將太極拳傳給了村人王連清和侯春秀等人，在趙堡鎮影響較大。和慶喜是和兆元的孫子，他從小得到祖父的太極拳傳授，到中年因家庭困難而棄拳經商。到他70歲左右，國家提倡武術強種救國，他在師弟陳桂林的協助下重新教授太極拳。當時向和慶喜學拳的有郝玉朝、郭雲、鄭伯英、和學敏、鄭悟清等人。鄭伯英曾參加了1931年在開封舉行的國術比賽，並勇奪冠軍。

杜元化是任長春的傳人，他青年時接觸趙堡太極拳，就被這一絕藝所折服，以後在老師的指導下刻苦練拳，終於掌握了太極拳的精髓。在他被聘任為河南省國術館教授時，他將老師所傳和自己的體會，以及在趙堡名師張敬芝的幫助下所收集的資料進行綜合，以極大的熱情整理成趙堡太極拳劃時代的著作《太極拳正宗》一書。這本書的內容有趙堡太極拳的源流、理論、練法、架式以及有關秘訣，保留了趙堡太極拳一些已經失傳的理論和秘法，是全面系統地反映趙堡太極拳全貌的太極拳著作。這本書在當時就產生了很大的影響，就是在當代太極拳界，也對太極拳運動有指導意義。他與河南省國術館館長陳泮嶺等人參與了陳鑫《陳氏太極拳圖說》一書訂補工作。

在趙堡太極拳進入較好發展時期，日本發動了對華戰爭，並占領整個河南。同時，黃河氾濫，淹沒了家園，蝗蟲

連年發生，毀滅了莊稼。趙堡太極拳傳人被迫流離失所，到處逃荒。趙堡太極拳的發展又進入了低谷。

第二階段。20世紀50～60年代，是趙堡太極拳的恢復階段。

20世紀30～40年代是中國社會動亂的年代，趙堡太極拳的各地傳人無法在較大範圍內傳授太極拳。新中國成立後，國家大力推廣和發展傳統武術，趙堡太極拳獲得了新的發展機會。在20世紀30年代末逃荒到陝西西安的趙堡太極拳傳人鄭伯英、鄭悟清、侯春秀等人在西安開始傳授趙堡太極拳，並參加了一些國家組織的比賽。

鄭伯英於1938年逃荒到古城西安後，不久被聘為趙壽山部下第四集團軍總部武術教官。新中國成立後，任西安市武術協會會員。1952年5月，他參加了西北五省武術觀摩大賽，表演了趙堡太極拳，在社會上引起了關注。以後他在西安公開傳授太極拳，並以太極拳功夫再次聞名於世。趙堡太極拳傳人鄭悟清、侯春秀也在西安廣泛傳授趙堡太極拳。居住在西安的趙堡太極拳傳人首先在西安將太極拳推向社會，並輻射到西北數省。

在這一時期，趙堡太極拳在趙堡鎮也得到了逐步恢復。趙堡太極拳名師王澤善（在縣體委工作）和另一位太極拳老師陳照丕一起在溫縣舉辦太極拳培訓班，較早地推廣了太極拳。王澤善老師在趙堡任學校武術教師，主要是教授趙堡太極拳和各種器械、太極拳對練。他曾率趙堡鎮武術隊參加了省、市舉辦的武術表演賽。時逢節假日，他帶領武術隊在趙堡鎮各鄉村表演趙堡太極拳等。著名太極名家劉士英此時也由僧人還俗，傳授村人趙堡太極拳。

在趙堡村，村民們也對自己祖先所傳的太極拳進行了回

憶和整理，出現了一批認真練武青年。在西安的趙堡太極拳傳人也紛紛回到趙堡，傳授指導趙堡太極拳的練習，特別是向趙堡的後起之秀傳授趙堡太極拳的技擊要領，對趙堡太極拳在趙堡鎮的中興起到了關鍵性作用。

正當趙堡太極拳蓬勃發展時，「文革」不期而至，太極拳不能公開練習了，大量過去傳下的太極拳資料、遺物、兵器等被當做「四舊」銷毀，太極拳名師、愛好者被批鬥，太極拳的傳播又一次遭受挫折。但是，很多趙堡人認為，太極拳是祖上留下的寶貴文化財富，他們在夜深人靜時偷偷練習，使得趙堡太極拳在趙堡得以繼承下來。

第三階段。20世紀80～90年代是趙堡太極拳獲得發展的高潮期。

改革開放以後，國家對太極拳運動非常重視，提出了挖掘整理民間武術的號召，為趙堡太極拳的發展提供了新的機遇。全國各地的趙堡太極拳傳人迎來太極拳發展的春天。20年來，趙堡太極拳在國內外得到了較為廣泛的傳播。

1. 在趙堡成立了趙堡太極拳總會，對趙堡太極拳的發展作出了整體規劃。

1980年，改革開放不久，在趙堡鄉黨委、政府的支持下，成立了趙堡太極拳總會，會長由趙堡村領導吳金增擔任，副會長有侯魏邦、王海洲、陳學忠、王慶升、鄭鈞等人，秘書長劉耀森。總會聯絡了散居在全國各地的趙堡太極拳傳人，提出了「進一步弘揚趙堡太極拳、為造福人類作出貢獻」的口號。在趙堡村設立13個太極拳授拳點，在中小學設立太極拳課程，安排專人負責收集社會上趙堡太極拳歷史上遺留下來的資料、遺物等。並對趙堡太極拳的歷史進行系統的整理，撥出經費，成立趙堡太極拳武術隊，培養趙堡

太極拳人才。

2.打破趙堡太極拳不出村的村規。

過去，趙堡鎮有「趙堡太極拳不出村」的村規，多少年來，除了特殊情況外，趙堡太極拳一般不外傳，致使趙堡太極拳得不到較大範圍的傳播，影響了趙堡太極拳的發展。90年代，趙堡太極拳總會對凡是到趙堡鎮學拳的人都熱情接待，安排拳師教授，並向居住在趙堡鎮的太極拳拳師頒發證件，鼓勵他們走出趙堡，到全國各地授拳。

3.出版太極拳的著作。

趙堡和各地的太極拳傳人在國家挖掘整理武術遺產的號召下，將各自得到傳授的趙堡太極拳的套路、理論、秘訣整理成書出版。在 1991 年出版趙堡太極拳著作的有西安侯春秀傳人劉會峙的《武當趙堡傳統三合一太極拳》、本文作者的《秘傳趙堡太極拳》、鄭悟清傳人宋蘊華的《趙堡太極拳圖譜》。據不完全統計，趙堡太極拳傳人陸續出版了近 20 本著作，其中本書作者的《趙堡太極拳、太極劍、太極棍、太極單刀、太極春秋大刀、太極散手合編》是趙堡太極拳兵器的代表著作。一些趙堡太極拳的傳人也出版了太極拳光碟，人民體育出版社出版了王海洲和他的兒子王長青的趙堡太極拳和兵器的光碟，作為中華武術系列展現工程的項目向全國推薦。這些趙堡太極拳著作和光盤教學片廣泛地傳播了趙堡太極拳，方便了廣大太極拳愛好者和專家對趙堡太極拳的研究和學習、演練。

4.在國內、國際太極拳賽場和會議上對趙堡太極拳的傳播。

近年來，全國各地舉行了各種太極拳的會議和賽事，趙堡太極拳總會組織趙堡太極拳名家和選手參加。這些名師在

各個場合宣傳了趙堡太極拳獨特的理論和技擊方法，引起了國內外太極拳人士的關注。全國有不少省市建立了趙堡太極拳的組織。美國、日本、德國、葡萄牙、韓國、泰國、新加坡、馬來西亞等國家和香港、臺灣地區的太極拳愛好者來到趙堡鎮學拳，一些國家和地區還成立趙堡太極拳研究會。

趙堡太極拳的選手在各個級別的比賽中也獲得了優異的成績。在 2000 年河北邯鄲國際太極拳聯誼會上，趙堡太極拳選手一次獲得了 15 枚金牌、24 枚銀牌、24 枚銅牌。

目前，趙堡太極拳在國內、國際上得到了前所未有的廣泛傳播。中國武術協會把趙堡太極拳列為中國太極拳的六大門派之一。

趙堡太極拳詮真

第二章 趙堡太極拳拳理精義

第一節 練法七規則

趙堡太極拳經過歷代傳人的傳授教學，總結形成了系統的練習方法，這些方法概括起來有七個：

一、動作要練成圓圈

趙堡太極拳的每一個動作在練習時，要走圓。不僅手的動作要走圓，而且腳的動作也要成圓。周身某個部位的動作運轉也要達到圓形的要求。動作不能有斷續和凹凸。從一個動作的整體看，是一個大圓圈，在這個大圓圈中也包含著很多動作的小圓圈。

趙堡太極拳的練習有圈套圈、環套環的說法。一個動作中有手圈、肘圈、頭圈、肩圈、腰圈、胯圈、膝圈、腳圈等等。在練拳的過程中，各種圈要同時轉動，轉到一動無不是圈。趙堡太極拳的動作要求以走立圓圈為標準。

二、動作要做到頭直、身直、小腿直

趙堡太極拳的頭直，用趙堡本地方言說是「懸頂」。能「懸頂」頭才能直，神能貫頂，則能領起全身。頭不直神難守天根，全身則無依無宗。身直，使尾閭中正，脊骨自然伸直。要做到身正，須鬆開脊骨、垂臀。同時，身直與頭直有

密切關係，頭直了，身直才能形成。

趙堡流傳有「三尺綾羅掛在無影樹下」的說法，是要求練拳要頭直、身直。小腿直是從膝蓋到腳踝與地面垂直。在練拳時小腿向前不能弓過，也不能不及，弓過了膝蓋會障礙氣流通而引起膝蓋痛，不及則達不到練功的效果。膝蓋的內扣和外擺也會引起膝關節的疼痛。

三、動作要順

順是趙堡太極拳的一個本質特點。順，首先是四大順：腿順、腳順、手順、身順。比如，左手向左去，身體也要向左去。腿向左去，腳也要向左去，全身都要順著向左去。全身外形順著一個方向。同時，全身神意、氣血也要隨形運轉，內外形成一個整體。

四、動作要做到內、外三合

趙堡太極拳在演練時有一個嚴格的要求是外三合、內三合，也就是「六合」。外三合是手與腳合，肘與膝合，膀與胯合。內三合是心與意合，氣與力合，筋與骨合。

手與腳合，在趙堡太極拳正宗的傳授中，手與腳運行的規律是「手逢膀角起，手逢腳尖落」。做到這樣就做到了手與腳合。

肘要與膝合，不能亮肘（別人能看見）、「賣肘」（別人能拿住），肘要藏、要垂，才能與膝相合。膀是肩膀，膀與胯合，一般是指左肩與左胯垂直相照，右肩與右胯垂直相照。有時在特殊的動作中也有左肩與右胯相合，右肩與左胯相合的。

心與意合，這是很抽象和很難說明的問題。心是指人的

思維器官,是指人的認識作用。意是指人的思維器官產生意念,從「意」字的結構看,可以意會出來。「意」是一個「立」,一個「曰」(講話),一個「心」構成的,即心指揮立即說話為意。所以,.意與心有密切的聯繫,但是又有差別。趙堡太極拳的「心與意合」是指練拳時,要一心一意、專心致志。

氣與力合,從廣義上說,「氣」是指一切客觀的具有運動性的存在,這裡氣與力合的「氣」,是指人體內能隨著人的意念而流動的精微物質,太極拳中所講的氣與中醫學所講的氣是一致的。氣與力合,是指氣到力到,當然,這與意也密切關聯。

筋與骨合,筋,是指肌肉、肌腱、韌帶等等。趙堡太極拳的筋與骨合是指肌肉、肌腱、韌帶等和骨頭連接成整體的意思。內外三合是趙堡太極拳對精神和形體的基本要求,也是最高的要求之一。外三合在外形上比較容易做到,而內三合則需要長期演練,方能體悟。

五、四大節、八小節要順隨

趙堡太極拳在傳授中,十分注重人體關節中的四大節和八小節。四大節是指兩肩、兩胯,八小節是指兩肘、兩膝、兩手、兩腳。四大節、八小節是人體的 12 個主要關節,主宰了人體的基本運動。

趙堡太極拳還將人體分為三節,而三節之中又有三節。頭、身、胯以下為人體大三節,而胯、肘、手和胯、膝、腳也為三節。胯是梢節之根節,胯是根節之根節。八小節以及周身運轉活潑全賴於四大節。八小節的運動要節節隨胯隨胯,與胯、胯合一,這樣才能全身順隨。

六、不撇不停

趙堡太極拳要求每一動作左手動，右手也要動，右手動，左手也要動。如果一手動一手不動則為「撇」，「撇」是不符合練習要求的。腳的動作也是一樣，要做到一動全身無有不動。「不停」是指每一個動作到成式前不能中途打斷，打斷以後，動作的勁路就不連貫了。

趙堡太極拳每一動作氣血運行的始和終，也是身體氣血運行的始和終，不撇不停與周身的氣血運轉密切相關，如果「撇」和「停」了，會影響氣血的流通，影響太極拳內功修煉的進程和養生的效果。

七、不流水

趙堡太極拳要求每一著到成式時要有一頓，使式與式之間尾和首能分清。如果到成式時沒有一頓，式與式之間連接一起，這就是「流水」架子，是不符合趙堡太極拳的要求的。「流水」架子會影響到太極拳的技擊發勁，因為勢無定位，到時勁發不出來，即使發出來了，也不是太極拳所需要的整勁。

第二節　背絲扣

背絲扣是趙堡太極拳練拳和技擊推手的原則要求。在練拳和推手中，在全身整體運轉的基礎上，背絲扣主要是從手的動作上表現出來。在練拳時，兩手的動作總是一個陰，一個陽，不停地互相轉換。一般來說一隻手在上，另一隻手就在下。兩手的動作有順有逆，兩手的轉換是按照陽變陰合的

規律來進行的。一隻手是六個陽，另一隻手則是六個陰，一隻手是五個陰，另一隻手是五個陽。依此類推。兩隻手的陰陽互變是緊密相扣的。這是練拳上的背絲扣。

推手的背絲扣，主要是除了自己兩手陰陽互變外，還得與對方的陰陽相合，在與對方的陰陽相合中尋找機會進擊，在與對方陰陽互變當中，我要把握住陰陽的變化，對方用實為六個陽，我用虛以六個陰相對。雙手來往的線路如同太極圖中的曲線一樣緊密相扣。

在手上的背絲扣練習達到一定的程度後，背絲扣的動作也要逐步在身體上出現，這時，在技擊上會達到隨心所欲的境界。

第三節　十三式手法

趙堡太極拳要求每一式的練習，要練夠十三個字，這十三個字是「圓、上、下、進、退、合、開、迎、抵、出、入、領、落」，也就是一圓、兩儀、四象、八卦。這是趙堡太極拳秘傳的練法。

趙堡太極拳在推手運用上，開始時，運用十三式手法都是先單字使用，以後逐步混合增加，由一個字增加到兩個字、三個字、四個字……最高境界是一動十三個字一起做到。

第四節　七層功夫

趙堡太極拳的練習是由淺入深的，功夫的進境是由低到高的。根據趙堡太極拳歷代傳人的實踐總結，趙堡太極拳的

功夫分為七層，這七層功夫在趙堡太極拳傳人杜元化的《太極拳正宗》中有明確的記載。

第一層功夫練的是纏法，用的是捆法；第二層功夫練的是波瀾法，用的是就法；第三層功夫練的是蠆法，用的是伏帖法；第四層功夫練的是抽扯法，用的是撐法；第五層功夫練的是催法，用的是回合法；第六層功夫練的是抑揚法，用的是激法；第七層功夫練的是稱法，用的是虛靈法。這七層功夫的具體內容，作者在《〈太極拳正宗〉考析》一書中有揣摩解釋，可作參考。

第三章　趙堡太極拳的特點

趙堡太極拳是一個古老的拳種，它除了具有一般太極拳的特點之外，有自己的顯著特點，它的練習要求有不同於其他太極拳的要求。弄清這些特點和要求，才能更好地理解和掌握趙堡太極拳要領，從而學好趙堡太極拳。

第一節　趙堡太極拳有適合各種人練習的三種架勢

趙堡太極拳經過歷代前輩太極拳家的長時期的傳習，總結創編出符合科學道理的拳架套路，這一架式在當時是從技擊搏鬥出發創編的。隨著身傳口授，前輩拳家在教學中因人不同，因學拳的階段不同，傳授不同的高低架子。趙堡太極拳現在傳習的架子有三種。

第一種：**中架**　趙堡太極拳中架一般教授初學者，中架動作易分清，難度適中，初學者易於掌握。

第二種：**低架**　也叫盤功架，領落架。是適合青、壯年為提升太極功夫而傳授的。低架趙堡太極拳，小腿與大腿形成的角度要成直角，手、臂、腳、腿、腰、胯等身體各部位運轉幅度較大，以健身為目的的老年人、病人難以做到，故不宜練低架拳。

第三種：**高架**　也稱代理架，內功架。這是練技擊、技巧、內功功夫的架。它的架子高，各種要求都要在架子上體

現出來。由於它架高，在某種程度上說運動量不大，也適應於以健身、養生為目的的老年人、病人練習。

　　練習這三種架子，必須做到外三合，即手與腳合、肘與膝合、肩與胯合。立身中正，一舉動手腳齊到，手腳起落的方位必須準確。低架拳要求大開大合，一切動作要走圓，手、腳、肩、肘、胯、腰、膝以及各個關節、各部位肌肉都要走圓，向前後退無不是圈，有平圈、立圈、斜圈以及各種形狀的圈，不可直來直去。高架即圈由大變小，緊小脫化，在技擊上起到小圈剋大圈的作用。在練習中架熟練的基礎上，可練盤功架，再練高架。也有的青年人一開始就學盤功的低架子，具體學習因人而異。總之，趙堡太極拳三種架勢動作基本一樣，功能不一樣，學者可以從自己的實際出發和根據老師的要求去選擇。

第二節　趙堡太極拳拳架套路是由易到難、由淺入深編排的

　　趙堡太極拳每一勢動作都要求全身的整體配合，全身協調一致，上下相隨。但從架子的順序分析，架子的編排表現出由淺到深、由易到難的練習意圖。

　　前面的約二十個式子是偏於練習手、掌、臂及腳的起落，畫圈動作較單向。從第二十式開始有拳、捶的動作、轉身連環的動作。從三十八式開始動作的難度有所增大，有踢蹬、二起拍腳、跳換腳、單腿站立手推蹬腳、單腿支撐翻身的動作，有肘的動作。從七十一式「跌岔」開始有仆步、旋轉、掃腿、金雞獨立震腳等較高難的動作，這種難度較大的動作一直延續到單擺蓮、七星下勢、雙擺蓮等式至結束。

這種由易入難、由淺入深的編排能使學拳者循序漸進，而適當地重複一些動作，難、易相交，則可使學拳者比較易於接受。這種符合學拳規律的編排體現了前輩太極拳家的苦心。

第三節　趙堡太極拳對用意的要求

「用意不用力」是前輩太極拳家總結出來最能反映太極拳特點的一個高要求。趙堡太極拳同樣重視用意不用力。趙堡太極拳用意有著特別的內容，一般太極拳要求走架練拳時必須不用拙力，用意識引導動作。

趙堡太極拳除了有這樣的內容外，開始練趙堡太極拳的人必須十分注意用心去設想各式中的用法，每打一式，要明白該式的意義，即明白自己在練拳時，對方從哪個方向、用什麼手法打來，我從哪個方向、用什麼手法去應對方，在這裡所謂意即是無論對方從哪個角度用什麼手法、腿法、身法來擊，我都能觀測到，並有相應的對付辦法，這個應付過程為意。不單純是所謂意到氣到、氣到勁自到的操作。

趙堡太極拳的用意，是由無到有，由淡到濃，熟練後，特別是到代理架練習時漸漸做到意已完全自然而至，身體隨對方突然擊來，無意識地自然接應。

這時候，意與身體的自覺反應融為一體，是一種隨心所欲應物自然的較高境界。隨著習練者功力提高，意不再像開始那樣強烈了。這是一個意由強到淡，有即有、無即無的高級層次。

總之，趙堡太極拳對用意有獨特的要求，初學者按此要求去做，久而久之會登堂入室，不難窺其奧秘。

第四節　趙堡太極拳對呼吸與
通大小周天的要求

呼吸是趙堡太極拳十分重視的。趙堡太極拳要求走架練拳時必須配合呼吸，並且無論是練架與推手都必須運用逆腹式呼吸法。即吸氣時小腹內收，呼氣時小腹微外凸，丹田要與架勢動作配合，當然這種配合不是絕對的，一般的要求是呼氣時氣由丹田轉動，把氣催到四梢，吸氣時氣由四梢落入丹田。

初學者一時難以做到，但必須按這要求慢慢體會去做。這種逆腹式呼吸法無論在技擊和健身上都有良好的效果。特別是提高技擊水準，必須嚴格掌握和運用逆腹式呼吸法進行操作。因為逆腹式呼吸法對健身的好處，不少太極拳書中都很詳細地講述到，這裡不再贅言。

趙堡太極拳要求走架練拳要通大小周天。練習的要求是，初練時由四梢帶動大小周天的循環，大小周天通了以後，由丹田代理大小周天的循環，這一要求是趙堡太極拳家世代口授身傳的秘訣。

小周天是氣由百會經身前任脈落入丹田，經尾閭進入督脈上升到百會穴。氣的一次循環為通小周天。大周天是氣由腳（湧泉）起經兩腿內側到尾閭沿督脈上升到百會穴，再經身前任脈落入丹田，下尾閭經兩腿外側下到腳（湧泉）。

練架子時四梢的運轉與丹田、呼吸的配合，帶動氣在大小周天的線路上流動。由這樣的練習，練丹田的團聚力，到功夫深時，只要丹田轉動，大小周天即通氣，氣即隨心所欲到自己所需要發放的地方。這種丹田功法必須經過長時間練

趙堡太極拳詮真

王海洲

習方能做到，但不是玄乎其玄，可望不可及的事。趙堡前輩太極拳家和現在不少趙堡太極拳家都能做到。做到了這一點，健身、技擊效果才能事半功倍。

第五節　趙堡太極拳的功能

趙堡太極拳在近代和當代有文字記載的出過不少名家，它的效果是客觀的，具體表現在技擊和健身方面。

在技擊方面，只要得到正宗傳授，按正規操作練習，認真按要求練習架子，練習者就會自然提高功力，就會逐漸掌握各種技擊本領。歷代趙堡太極拳名家的學拳經歷證明了趙堡流傳的一句話：拳練十萬八千遍，不打自轉。

在健身方面，只要按要求走架練拳，並從自身實際出發練拳，全身各部位都會得到平衡鍛鍊，全身氣血運轉自如，周身經絡暢通無阻，就不會生病。有病往往經過練拳就慢慢自然痊癒，練習趙堡太極拳所治癒的各種病例隨處可見。

趙堡太極拳有病可治病，無病可防病，是人類健康長壽的良方妙藥。

第六節　趙堡太極拳的推手及器械

趙堡太極拳是一個較完備的拳種，除了架子外，還有推手。推手包括定步推手、活步推手、大捋、亂踩花等。器械有太極劍、太極刀、太極六合刀、太極十三刀、太極棍、太極十三把棍、太極大槍、春秋大刀、錘、九節鞭等和各種兵器的對打。

趙堡太極推手和器械都有其獨特的風格，但由於歷代單

傳秘傳，至今社會上知道的不多。

第七節　學習趙堡太極拳的順序要求

趙堡太極拳是一個優秀拳種，學習它有一定規律。過去學架子必須一招一式由老師傳授，三個月學完全部架式。以提高技擊水準為目的的要求每天練架數十遍。前輩趙堡太極拳名家一天練架百餘遍，每遍拳一般用四分鐘左右，造詣深的三分鐘左右，以兩分三十秒鐘打完一趟架子為有高深功夫的人。以健身為目的人每天早晚練半小時即可，無論練拳目的怎樣，一定要連續練，不間斷。

學完架子，熟練地練上一年以後，練推手，然後學劍、刀、槍、棍等器械。

無論是以提高技擊水準或以健身為目的，都要循序漸進，不可急於求成，貪多圖快、急於求成往往欲速而不達。

練拳的其他注意事項，需各人根據自己的接受能力、體力、時間、老師的水準等多種因素，安排合乎自己實際的最佳練習方法。要依規矩，又不能教條對待。

第四章 趙堡太極拳對人體各部的要求

行功走架，練拳推手，揮刀運劍，均要運動全身，一動百動，全身無有不動。趙堡太極拳對人的身體各部都有嚴格的要求。這種要求對提高行功效果，對氣血運轉，對技擊水準的提升，對防身、健身都有實際意義。它歷來口授身傳，很少見諸文字，見諸文字也收藏於箱櫃，絕少示人，所以世人對這些知道的不多。現在，時代不一樣，適當公開這些要求，讓太極拳同好與我們共同研究，才能提升整個太極拳運動的水準。

現把趙堡太極拳對人體的各主要部分的要求分述如下，敘述的部位有：頭、頸、眼、舌、肩、臂、肘、手、指、身、胸、腰、脊、胯、臀、腿、膝、腳等。

一、頭

頭要正，下頦微內收，頭頂像有一根線提起。過去太極拳家稱之為「頂頭懸」「懸頂」。無論行功走架或推手都必須頭正，不許左右晃動，不許上仰下俯。

趙堡秘傳的口訣中有「上節不明即無依無宗」「頭要上頂，有沖天之雄。頭為周身之主，上頂則後三關易通，經玉枕達百會」「頭打起意站中央，渾身齊到人難擋」。這些口訣表明，頭正了，便於丹田氣上領，便於通大小周天。頭是人的總司令部，指揮周身的一切。頭正，精神提起，能使

保持清醒的頭腦，能冷靜地對待可能碰到的一切。如果上節（頭）不明，就不能準確判斷在行拳推手中情況的變化，及時發出信號，「命令」、指揮各部統一行動。所以，趙堡太極拳對頭的要求上升到如果不明就「無依無宗」的高度，以提醒初學者注意。

二、頸

趙堡秘傳的口訣中說「頸要挺」。頸挺，頭才能正，精神才能貫頂。頸不挺，氣不能順利通過脖子達到頭部。要做到頸挺，應做到頸後部直，頸前部放鬆，頸前部放鬆了，便於產生口中津液往肚內咽，便於呼吸。

三、眼

眼要自然鬆開，目光平視。要眼觀六路。雖目光朝前平視，但能關照到上下左右。趙堡秘傳的口訣中說：「眼為心之苗目，察敵人情勢達於心，然後才能取勝。」眼在練架推手中有重要地位。

拳論中說的手、眼、身法、步，眼是放在第二位的。眼不能閉，不能瞪，不能滯。閉即是置對方的動靜於不顧；瞪則形於色，自己的意圖易被對方察覺；滯即是呆直，均不利於走架與技擊。

四、舌

舌為趙堡太極拳運動的重要部分。舌輕頂上顎。舌頂上顎可以刺激津液的產生。津液的作用很大，可以助練拳者咽喉不乾燥，咽下可助胃消化。古人說：「練拳若得清泉水，延年益壽不老松。」舌對技擊有著重要的作用，這往往為人

所忽略，舌可以輔助骨梢儘快合攏，氣血以最快的速度運轉到梢節，能助全身之勁在一剎那間湧出。同時舌的運行動向與丹田轉動的方向一致。久練趙堡太極拳的人會體會到這一作用。趙堡秘傳的口訣「三頂訣」中「舌頂上顎」為一「頂」。

五、肩

肩要鬆，要沉、要活。趙堡秘傳的口訣中說「肩須下垂」「左肩成拗，右肩自隨」「肩打一陰反一陽」「肩扣則氣到肘」。肩鬆、沉、活、垂、扣，能夠使氣順利通過肩關節，達到肘、臂，能使氣沉到丹田。

在技擊上，肩有陰陽靠，前靠為陽，後靠為陰。趙堡太極拳對肩的運用很廣，著名的「和家靠」為一絕。肩不鬆則氣湧於胸，不利於含胸拔背。

六、臂

臂要撐圓。趙堡秘傳口訣中說：「左臂前伸，右臂在肋，似曲不曲，似直不直，過曲不圓，過直少夾。」「胳膊似弓要月圓」「兩臂彎曲如半圓則力實」。趙堡一帶還流傳有「兩臂撐圓，如懷抱斗」之說，臂圓撐能做到勁以曲蓄而有餘，能隨意滾動轉化對方的力點。臂過直則勁盡，過曲成角則易被人制，運化不靈。

七、肘

肘要垂，肘與臂緊密相連，肘不可露尖。趙堡秘傳口訣中說：「肘打如同石投井，雖有鐵網也難頂。」「面前有肘不見肘，肘落肘窩」。垂肘便於鬆肩，與鬆肩互為因果。在

技擊上肘是十三法之一。

趙堡太極拳有迎面肘、穿心肘、搬攔肘等。

八、手

手要塌，要頂。手伸為掌，著人成拳。拳論有「手、眼、身、步、法」之說，把手放在第一位。

手在趙堡太極拳中非常重要，趙堡秘傳的口訣中關於手的論述很多，「右手在肋，左手齊胸，後者微塌，前者要伸，兩手皆佇，用力宜均」「手打起意在胸膛，其勢好比虎撲羊，沾實用力須展放，兩手只在肘下藏」「手要外頂，有推山之功，則氣可自胳膊外側下來，直貫掌心和指尖」「手要疾，手如人之羽翼，防守進攻無不靠手」「手起如剪落如風，追風趕月不放鬆」「眼前有手不見手」。走架時手不能停，不能折，眼不能看見手，技擊時手要疾。要眼明手快，得機得勢，出手如風。同時手必須與腳相合。

九、指

指要自然伸直，要撐開。趙堡秘傳的口訣中說：「五指撐開，似剛似柔，力須到指，不可強求。」手指撐開、伸直，氣才能貫到指頭、指甲。指甲為筋梢，氣貫到指甲，動即能通過指梢順利完成發放。

十、身

身要中正。趙堡太極拳對身的要求非常嚴格。趙堡秘傳的口訣《九歌訣》中把身法排在第一位。該歌說：「前俯後仰，其勢不強，左歪右斜，皆身之疾。」

《五行訣》中說：「身法有八要，起落進退，反側收

縱。」對此《八要》解釋為：「起要橫，落為順，進步低，退步高，反顧身後，側顧左右，斂如伏貓，放似縱虎，以中平為宜，以直正為妙，與三節相宜。」《七疾》訣說：「任何拳術都以身法為本，身如彎弓，拳似箭。」上法必須要先進身，身體中正，便於氣血在體中正常運行，周身轉動靈活，身法中正了，練拳才能有好的效果。在推手中，身中正了，閃展騰挪才能得心應手。

俗話說：「搖身晃膀藝不高」「低頭彎腰傳授不高」。身法是所有學習太極拳的人必須認真注意的，務必在一開始練習太極拳時就要切實按要求做到立身中正，為今後提升太極拳技藝打下基礎。

十一、胸

胸要含、要圓。趙堡太極拳對胸有特別的要求。趙堡秘訣中說，「胸脯要圓」「前胸要圓，兩膊力全，心窩微收，呼吸通順」。胸含、胸圓，能使背上拔，氣能斂入脊骨。

十二、腰

腰要鬆。趙堡太極拳對腰有嚴格的要求，認為運轉的機關在腰，腰為中軸。腰、脊、胯相連，腰鬆，胯向下沉，拔脊，以腰胯相連接處為界，一部分氣向下沉，一部分氣上領，這中間必須鬆腰。腰鬆了，才能順利地完成氣上領下沉，腰鬆左右轉動靈活，推手應敵，往往能轉危為安。

有些練太極拳的人往往把鬆腰做成塌腰。塌腰是腰部的關節閉合，是緊腰，腰一緊氣血就在腰部受阻，全身關節會相應發滯，不但轉動不靈，而且還造成全身關節不能鬆開，腰部關節卡死，轉動會磨損脊骨，不但不能起到鍛鍊身體的

作用，反而損害腰部，造成腰部不適。

推手技擊要用腰來換勁。

十三、脊

脊要挺。脊挺氣才能斂入脊骨，發至四梢。趙堡秘傳的口訣中說：「脊骨要挺，則力達四梢，氣鼓全身。」這說明脊挺的重要性和作用，脊骨是由一節一節骨節串成，挺直了，骨節會自然拉開，無阻礙。心意一動氣則自然通過，這對保持腰身中正起到關鍵作用。

十四、胯

胯要鬆。胯與腰相連，鬆胯才能有助於鬆腰。兩胯鬆開，虛實分明，轉換靈活，能及時轉換方向，在推手和技擊中起到重要作用。

趙堡太極拳秘傳的《七要訣》中說：「胯打中截並相連，陰陽相合必自然，胯進好似魚打挺，得心應手敵自翻。」這說明用胯打人的凶險，順其自然而發。

在趙堡太極拳中，以胯打人的機會很多，只要進身順勢就可伺機用胯。

十五、臀

臀要垂、斂、提。臀部在趙堡太極拳中是不可忽視的一個部分。臀部在練架和推手中能助丹田氣上翻，貫到四梢。臀不可外凸，外凸不但不美觀，反而使氣滯於臀部，不能使臀氣相交於會陰。

故趙堡秘傳的口訣中說：「提起臀部，氣貫四梢，兩腿繚繞，臀氣內交。低則勢散，故宜稍高。」

十六、腿

腿要挺。腿挺下盤才穩固，氣血才能流通，腿的各個關節對正，方能使發於腳的勁向上傳遞，趙堡秘傳的口訣中說：「左腿在前，右腿後撐，似直非直，似弓非弓。」兩腿運用合理，就能在換虛實時起到重要的作用。

十七、膝

膝關節要對正，不能貪，不能歪，不能扭。膝上連大腿，下接小腿，膝在中間要上下對正，這是下盤功夫關鍵的一環。膝關節不對正，即氣血卡在膝處難以通過，膝關節不正，前貪或扭會引起髖骨損傷，出現膝痛，不能進行強度練習，甚至會導致下肢癱瘓。

不少練武術的人膝關節長期疼痛，是用膝不對。膝的用法是凶招，趙堡秘傳的口訣中說「膝打下陰能致命」「近了加膝」。

十八、腳

腳要十趾抓地，不丁不八，起落如貓行。趙堡秘傳的口訣中說：「足打踩意莫落空，消息全憑後腳蹬。」「左足直前，斜側皆病」「隨人距離，足趾扣定」。十趾扣地，氣才能往下行，如樹盤根。

正確用腳才能使勁起於腳跟，才能借地球的引力向上傳導，在觸人處柔化發放。向外發放之力，全靠腳有根，這是一個重要的理論問題和實戰問題。

趙堡太極拳詮真

第五章　趙堡太極拳動作圖解

第一節　趙堡太極拳動作名稱

王海洲

趙堡太極拳詮真

第二節　關於圖解的説明

一、圖解中的圖片為王海洲先生拳照，總共 227 幅。

二、圖像面對讀者為南，後為北，左為東，右為西。

三、趙堡太極拳要求做到手與腳合，在文字解説中有時先說手的動作，有時先說腳的動作，無論哪個在先，哪個在後，均同時起落，不可在走架時有動作不同步的現象。

四、因為圖是平面的，走架時是立體的，如果走向有不明白之處，以文字說明為準。

第三節　趙堡太極拳動作圖解

第一式　預備勢

身體自然站立，面向南方，背朝北方（圖1）。

左腳左移一步分開，與肩同寬，兩腳腳尖朝前（南）；頭頂（百會穴）輕輕上領，下頦微內收，舌頂上顎；眼睛自然平視，兩手自然下垂在兩胯旁；鬆腰，兩膝微屈（圖

圖1　　　　　圖2　　　　　圖3

2）。

　　兩腳十趾輕輕鬆鬆抓地；兩手由兩側徐徐向上、向前上提，形如抱斗，手心向下，手與肩平（圖3）。

　　兩手繼續向下按至胯根手窩處；雙腿下蹲，屈膝，膝蓋不能超過腳尖，臀部不能超過腳跟；雙腳由實變為右腳實，左腳虛（圖4）。

【用法】

　　對方雙拳同時向我正面擊來，我以雙手黏住對方，向下、向後，引對方的勁落空後，繼續黏住對方，以靜待動。

【歌訣】

　　太極起勢莫輕看，
　　左右相合人進難，
　　千斤墜功內中找，
　　逆腹呼吸轉周天。

圖4

圖5　　　　　　　　　　　　圖6

第二式　領　落

　挒：左腳向左前方（東南）邁出一步，右腳腳尖微內扣，成左實右虛的弓蹬步；同時雙手由下向上、向左前方掤起，左手在前，手尖高與眉齊，與左腳尖相對齊，肘與左膝相對齊；右手在胸前，高與鼻平，兩掌與前臂成弧形，不要在手腕處成折。眼、身依然朝南，眼神要關顧到雙手（圖5）。

　稍：兩腳以腳跟為軸，腳尖由左向右轉動，左腳尖轉向西南方，右腳尖轉向西偏北，成右實左虛弓蹬步；同時，右手向上、向右畫弧，轉到與右腳方向一致，手尖高與眉齊，與腳相對齊，肘與膝相對齊；左手弧形下按至左膝上方，手心向下。眼與身轉對西南方，眼平視，關顧到雙手（圖6）。

　擠：兩腳以腳跟為軸，腳尖向左轉動，左腳轉至腳尖朝前（南），右腳轉至腳尖向南偏西，成左弓蹬步；同時，左

<table>
<tr><td>圖7</td><td>圖8</td><td>圖9</td></tr>
</table>

圖7　　　　　　　　圖8　　　　　　　　圖9

手轉手心向右弧形上提，高與眉平；右手弧形下按至右胯根前，手心向下。眼、身轉正對南，眼神關顧雙手（圖7）。

　　按：右腳蹬地，提膝向前，前與胯平，腳掌平，腳心正對地面，腳尖向前，成左腿獨立式；同時，右手轉手心向左，弧形上提，高與頭平，右肘與右膝相對齊，左手向裡經胸前下落至左胯根前，手心斜向右下（圖8）。

　　右腳落下到左腳旁，兩腳與肩同寬，右腳實，左腳虛，腳尖點地；同時，左手手心轉向上，平置臍下，與腹部距離約1寸；右掌逐漸變拳，弧形下落置左手上方，與左掌心相距約1寸，略高於肚臍，拳眼向上，拳心向裡，與腹相距約1寸（圖9）。

　　【用法】

　　對方從左側用右拳向我擊來，我左腳向前上步，雙手掤住對方右前臂，左手沾對方右肘，右手沾對方右腕，順對方來勢轉腰往上、往後将，左手往外催，對方即跌出。以上為掤将用法。

設對方未跌出，半身下卸化開，我即順其下卸之勢以左前臂進擊，對方將我勁引空，我趁勢卸下半身用雙手按他胸部。

以上為擠按用法。

以上掤捋擠按四法在應用上千變萬化，學者必須認真細心揣摩，不宜簡單對待。

圖 10

【歌訣】

> 太極拳功十三法，
> 掤捋擠按要心明，
> 四手能化千萬招，
> 應敵妙法用不盡。

第三式　翻　掌

右手由拳變掌，弧形上提高與鼻齊，手心向左；左手轉手心向右下按至左膝上方；同時左腳微上提（圖10）。

左腳向左橫跨半步變實，右腳向左移半步，腳尖點地；同時，左手向左、向上、向右再向左、向下畫一大

圖 11

圈，落在左胯根前，手心斜向下；右手向右、向左、向下畫圓弧到小腹前，手心斜向左下方。眼向南平視，顧及雙手（圖11）。

【用法】

對方由左側以右拳向我胸部擊來，我以右手腕背沾住對

方手腕，左手上托對方右
肘，左腳管住對方雙腳，使
對方進退不能自如。

【歌訣】

　　趙堡太極十三翻，
　　左顧右盼掌畫圈，
　　手到腳到身要到，
　　撐腕壓肘敵即翻。

第四式　攬插衣

圖 12

腹下部；右掌向上經頭前向西弧形按出，手心向西南；同時
右腳向正西邁一步變實，腳尖向西南，左腳尖微內扣，腳尖
向南偏西，成右弓左蹬步；右手尖與右腳尖相對齊。身向
南，眼朝南平視，顧及雙手（圖 12）。

【用法】

　　設對方從我右側用雙拳打來，我以右上臂滾接化開，上
右腳管住對方前腳，稍向右側用力，對方即從我右側跌出。

【歌訣】

　　攬插衣對敵從容，
　　左催右發顯奇功，
　　腳腿胯腰一齊到，
　　滾壓引化敵落空。

第五式　如封似閉

　　右手內旋，收回胸前，手心向左，距胸約 1 尺；左手弧
形提至腹前，手心斜向右下，兩手直線距離約與自己的半邊

圖 13　　　　　　　　　　圖 14

身寬相等；同時，重心移到左腳，右腳向左收回半步，腳尖點地。身轉向西南，眼向西南平視（圖13）。

　　右手向下、向後、再向上纏頭過腦屈置胸前，手心向下；左手由下向上轉一小圈屈置胸前，略低於右手；同時，右膝提起與胯平，隨即向右前方（西南）跨一步變實；左腳跟上一步，腳尖點地，眼向西南平視（圖14）。

　　【用法】

　　對方在右側用雙拳向我正面擊來，我以右手黏住對方手腕，向右、向下引化，同時提膝上打。設我動為對方察覺，對方向後退走，我即進步按擊對方，對方即向後跌出。

　　【歌訣】

　　　　如封似閉退爲攻，
　　　　即化即打敵全空，
　　　　水漲船高仔細研，
　　　　前進後退隨人動。

第六式　單　鞭

雙手手心向外，由右向左、向上畫弧至正南，左手尖與肩同高，右手尖與眉同高；同時，左腳向左（東）橫跨一步，右腳隨著向左收回半步，腳尖點地。身體轉向正南，眼向南平視（圖15）。

圖15

雙手繼續向下經腹前向右畫弧，左手置右腹前，手心斜向右下方；右掌變勾手置右胯根前，與右膝相對，勾尖向下；同時右腳向右橫跨一步，左腳隨即向右收回半步，腳尖點地。眼向東南平視（圖16）。

右腳抓地，左腳向左橫跨一步，腳尖向東南踏實，成左弓右蹬步；同時，左手由下而上經頭前向左（東）畫弧按出，手尖與眉同高，右勾手弧形上提，與右腳尖相對，勾手略低於肩，勾尖

圖16

與肘平，肘與右膝相對。眼向南平視，眼神關顧雙手（圖17）

【用法】

此式為左右應敵招式。對方從我右前方用左拳打來，我雙手黏住對方腕、肘向左、向上将，對方失勢後撤，我即上

圖 17　　　　　　　　　圖 18

步按出。

這時，對方從左前方用雙拳向我頭、胸部打來，我以左臂向左前黏住對方雙手，滾轉後以掌向對方頭、胸按擊。這是連防帶打的手法，含採捌之意，右勾手有柔化點擊之用。

【歌訣】

　　　重手法單鞭對敵，

　　　卸腕骨對方自跌，

　　　左一鞭手腳齊到，

　　　右勾手掛化點穴。

第七式　領　落

右胯下沉；右勾手變掌轉手心朝外，向下、向左、向上再向下畫圈至腿側，手心轉向下；左掌隨身轉手心向東南偏東（圖18）。

其餘動作與第二式相同，方向轉向東即可（圖19、圖20、圖21、圖22）。

圖 19

圖 20

圖 21

圖 22

圖 23

第八式　白鶴亮翅

　　左膝提起，腳尖點地；同時，右拳變掌外旋，轉圈上
提，高與眉齊，手心向東；左手內旋，轉圈上提至胸前，手
心向外（圖23）。

左腳向左後方（西北）撤一步，
腳尖向東偏北；右膝提起收回，高與
胯平；同時，兩手向前、向下、向左
後方畫圈，左手在身左側，手腕高與
胯平，手心向下；右手落左腹前，手
心斜向下。眼向東平視（圖24）。

圖 24

右腳向東南方向邁一步變實，腳
尖向東南，左腳跟上一步，落在左腳
跟旁，腳尖點地；同時，雙手由下向
上經頭前向下按出，左手高與胸平，
手心向東南；右手高與眉齊，手心向
東。眼向東平視（圖25）。

【用法】

對方雙拳從我右前方向我胸前擊
來，我以雙手接其手腕，向左、向後
引進，即以右肘擊其面部，提膝上
迎，使對方胸、腹自撞自傷。

【歌訣】

　順手牽羊轉輕靈，
　提膝上打不容情，
　螺旋引空肘擊出，
　進退全憑腰換勁。

圖 25

第九式　摟膝斜行

右腳尖外撇向南，左腳跟提起，腳尖點地，身轉正南；
兩手在胸前交叉成十字手，右手在外，掌心向左，左手在
內，掌心向右，如剪刀狀；隨即雙手上掤，高與眉齊，手心

趙堡太極拳詮真

朝外，左手按在右手腕處。眼向南平視（圖26）。

雙手再交叉成十字手；右腳尖內扣朝南偏東，重心在右腳，身下蹲；十字手弧形落下在右膝前。眼向東南方向平視（圖27）。

左腳向東北方向跨出一步；同時兩手按至右膝下分開，左手心向下轉向外，畫弧至左膝前，右手由膝下外旋，上提至右膝前。眼向東南方向平視，雙腳在虛實轉換過程中（圖28）。

兩手手心向上，由膝前向上畫圈合於頭前，手尖與眉齊，兩掌相距1寸左右。眼向東南方向平視，兩腳虛實在變換過程中（圖29）。

左腳全實，成左弓蹬步；左掌變勾手，同胸前向下、向左畫弧落到左胯旁（環跳穴），勾尖朝外；右手向前推出，高與鼻平，手心朝東。身向東南偏東，眼神經右掌尖向遠看去（圖30）。

圖 29 圖 30

【用法】

對方用右手拿我右手腕，我用十字手卸開反拿對方手腕，全身下坐，對方即喪失抵抗力。

設又一人從左側用雙手向我打來，我側身進步管住對方雙足，以肩靠擊其胸前。

設另一人迎面用拳擊來，我左手向下勾化對方來拳，右手以中指前點對方困門、分水穴。

【歌訣】

> 摟膝斜行四方管，
> 對方拿我以拿還，
> 胯肩齊到插足上，
> 螺旋轉動敵跌翻。

第十式　開　合

重心移到右腳，左腳向後收回半步，腳尖點地；同時右手先外旋後內旋，收回右腹前，手心斜向左下；左勾手變

圖 31 　　　　　　　圖 32 　　　　　　　圖 33

掌，外旋上提至左胸前方。眼向東平視（圖31）。

左腳向東北方向邁出半步，右腳跟上半步，腳尖點地；同時，雙手向下、向兩側分開、向上經頭前畫一圈下按，左手在左腹前，右手在右胸前，兩手手心向下。眼睛向東平視（圖32）。

【用法】

對方雙手拿我右手腕、肘，我右手旋轉化開，兩手隨即向前用合勁把對方按出。

【歌訣】

太極奧妙開合中，
一開一合妙無窮，
三節齊聚勁要整，
猛虎撲食快如風。

第十一式　琵琶勢

左腿微下蹲，右腳提起，向西南方向退一步變實，左腳

隨著退半步，腳尖點地；左手外旋，轉手心向上、向裡上提，掌心向臉部，掌尖與眼平；右手外旋從左肘下推出轉手心向上。眼向東北平視（圖33）。

左掌變勾手，由臉、胸前向下畫圈落到左膝上，勾尖朝北；右手收回腹前，與臍平。眼向東北平視（圖34）。

【用法】

對方用拳向我迎面擊來，我以左手尺骨一側黏住對方，手變勾手，向左下圓轉勾掛開，同時，右手以指點戳對方小腹穴位。

【歌訣】

　　手揮琵琶轉活圓，
　　意勢相合氣騰然，
　　左手勾化右點擊，
　　發敵全在一瞬間。

圖34

第十二式　摟膝腰步

左腳向東北方向邁一步，腳跟先著地，未踏實；同時左勾手移向膝內側；右手由腹前轉手心向下、向外、向下、向右、向上畫圈至額前，掌心斜向上。眼向東北平視（圖35）。

左腳掌踏實，成左弓蹬步；左勾手沿膝繞至膝外側，右手弧形按至左小腹前。面對東北，眼

圖35

圖36　　　　　　圖37　　　　　　圖38

看斜下方（圖36）。

【用法】

對方以雙手擴住我左手腕、肘，我鬆肘鬆肩，腰胯下沉，上步管住對方前腳，將對方向左側靠出，此是敗中求勝法。

【歌訣】

　　對付擒拿有妙法，
　　拿哪鬆哪氣不發，
　　進步管足沉腰胯，
　　腰襠勁出敵根拔。

第十三式　上步十字手

重心移到左腿，右腳提起，由右向左擺到左膝前，擺腳時腳心向前，定勢時腳心斜向下；同時，右手上提至胸前，左勾手變掌，手心向下、向後、向上經頭前畫圈落至胸前，與右手相交成十字手，左手在內，手心向右，右手在外，手

心向左。眼向東北平視（圖37）。

【用法】

對方從東面用左拳向我左胸前擊來，我起右腳向前擺擊對方來拳，倉促間對方會仆跌而出。

設後面又有人用拳打來，我左手黏住來拳向前捋去，對方即向前撲跌。

【歌訣】

單腳抓地如山穩，

氣斂入骨襠要撐，

手腳齊發敵招空，

提膝十字防周身。

第十四式　摟膝斜行

右腳從左腳尖前落下變實，腳尖向東南，交叉手向右膝外下落，其餘動作與第九式相同（圖38、圖39、圖40、圖41）。

圖39

圖40

圖41

圖 42　　　　　　圖 43　　　　　　圖 44

第十五式　開　合

與第十式相同（圖42、圖43）。

第十六式　收回琵琶勢

右腳向西北方向撤半步變實，腳尖向西南，身由向東北轉向東南，左腳以腳跟為軸，腳尖內扣向東南方向提起腳跟，腳尖點地；手的運轉與第十一式相同（圖44）。

其餘動作與第十一式相同（圖45）。

第十七式　摟膝腰步

與第九式相同，惟方向向東南（圖46、圖47）。

第十八式　上步十字手

與第十三式相同，惟方向向東南（圖48）。

圖 45

圖 46

圖 47

圖 48

圖 49

圖 50

第十九式　摟膝高領落

　　圖 49、圖 50 與第十四式圖 39、圖 40 基本相同,惟圖 50 與圖 40 的差別是圖 40 是合雙掌,圖 50 是收右腳、合雙拳,拳心向裡,面向南。

圖 51

圖 52

右腳踏實，左腳變虛，左拳變掌，手心向上，置右拳下約 1 寸，兩手一起下落到腹前；左掌在臍下，右拳在臍上，左掌右拳距腹約 1 寸。眼向南平視（圖 51）。用法與第十四式基本相同。

第二十式　束手解帶

重心移到左腳，右腳變虛；右拳變掌，雙掌放平，手心向上轉手心向裡上提，與臉同高。眼向南平視（圖 52）。

雙掌屈腕，向臉前往下勾轉內旋，成腕背相對，下落至小腹前；左腳抓地，右腳向右（西）橫跨一步，成右弓蹬步；同時雙手在小腹前外旋，左右分開到左右兩膝內側，手心朝外。眼向南平視，眼神關顧到雙手（圖 53）。

【用法】

對方從背後用雙手將我雙臂和上身捆住，我腰襠下沉，雙臂上掤，翻掌黏住對方雙手下按，以手、肩、背、襠合一勁，把對方扔到我前方。

圖 53

圖 54

【歌訣】

> 身手被捆心莫慌，
> 纏絲換勁身俱開，
> 上下相隨合一力，
> 隨手化打如解帶。

第二十一式　伏　虎

重心移到左腳，坐左腿，右腳原地變虛；同時，左手外旋，手心向上、向左前、向上畫圈至頭頂，內旋轉手心向上撐掌；右掌變拳外旋，拳心向上，右前臂內收，肘尖貼住右肋，形成大於 90°的角，右拳在右膝上方。眼向西平視（圖54）。

重心移到右腳成右弓蹬步；同時，左掌經頭胸前畫弧落至小腹前變拳，以拳頂貼左小腹，拳心朝下，肘尖朝外；右拳變掌向後、向上畫弧至頭頂變拳，向東南方向打出，拳高於頭，拳心向外，拳眼向下，與右腳尖對齊。眼向左肘尖、

左腳尖方向看去（圖55）。

【用法】

設對方從背後抱我，我用左手黏住對方左前臂外撐，右肘向對方胸部擊出。對方身後移，我乘勢以後手抓對方襠部，用肩貼對方心窩處，拔起對方的根，向右前方擲出。

【歌訣】

採捌手，化去凶猛勢，
肘與肩，沾擊腹與胸，
剛柔濟，驚彈走螺旋，
伏虎勢，左右閃披精。

圖 55

第二十二式　擒　拿

左腳尖稍內扣向西南偏西，重心向左腿稍移；右腳收回半步，腳掌輕著地；同時，左手變掌，手心向下、向前俯貼在右腕背上；右拳轉拳心向下，畫圓弧至腹前。眼向西平視（圖56）。

圖 56

左掌右拳同時向下、向上外旋，在胸、腹前轉一立圈置右腹前，右拳心向上置左手心上。同時右腳腳尖點地，眼神關注雙手。

【用法】

對方右手拿擰我右手腕，我即用左手按住對方右手背，

圖 57

圖 58

兩手上下將對方手腕夾緊，順對方之勢反其關節，對方即仆倒。

【歌訣】

　　太極擒拿手法異，

　　順人之勢借人力，

　　任他巨力來拿我，

　　反拿關節敵倒地。

第二十三式　指因捶

右膝提起，高與胯平；左手心托起右拳，弧形上提，高與鼻平，左手心和右拳心均向內（圖 57）。

右腳向前（西）邁一步，下蹲變實，腳尖向西南，左腳跟上半步，虛觸地面；同時，右拳內旋，從鼻尖向下、向右打出，拳心向裡，拳眼向上，置右膝外側；左掌變拳內旋，置右肘彎處，拳心向北，拳眼向上。眼向南平視（圖 58）。

屈緊伸盡勁要崩，

不貪不欠步輕靈，

護中反打指下陰，

身手齊到方爲眞。

圖59

第二十四式　迎面捶

雙拳由下向上、向左畫圈至頭前，右拳心向外，拳眼向下，與額同高；左拳心向下，拳眼向裡，與鼻同高，兩拳直線相距約一拳，右拳在上在前，左拳在下在後。眼從兩拳間向南平視（圖59）。

【用法】

對方從正面用雙掌向我面部抓來，我以左拳上掤對方雙手，以右拳擊對方太陽穴。

【歌訣】

左手一拳防雙抓，

右拳迎面擊太陽，

一防一打一開合，

妙手一著一陰陽。

第二十五式　肘底看拳

右腳跟外撐變實，腳尖向東南；左腳尖外撇向東，隨即提起腳跟，腳尖點地，身轉向東；同時，雙拳隨身向左畫弧，左拳高與鼻平，拳眼與鼻尖相對，肘下沉；右拳移到左拳左側，向下畫弧至左肘下，右拳在左肘尖、左膝中間，

94

王海洲

趙堡太極拳詮真

圖 60

圖 61

拳、肘、膝成一條直線。眼向東平視（圖60）。

【用法】

　　對方從左側用右拳向我上部打來，我轉身以左後臂外掤對方來拳，用右手下按對方來手肘部，左手反掛其上部。

【歌訣】

　　　拳在肘底內藏兇，

　　　轉胯活腰閃正中，

　　　左拳橫打右卸骨，

　　　雙拳連環顯神通。

第二十六式　倒攆猴

　　重心移到左腳，右腳變虛，腳尖點地；左拳變掌，弧形下落到左腹前，手心向下；右拳變掌，弧形下落到右胯窩，手心向東。眼向東平視（圖61）。

　　左腳抓地，右腳微上提即向西南方向退一步成左弓蹬步；同時，左掌變勾手，從膝內側繞膝向左摟至左腿外側，

圖 62　　　　　　　　圖 63　　　　　　　　圖 64

勾尖向外；右手由下向右、向西南方向向上經頭頂、面前畫
圈落至小腹前，手心向下，指尖朝東北。身要中正，眼向東
平視（圖62）。

　　重心移到右腿，左腳收回，右腿內側懸起；同時，左手
變掌，外旋至左胯側，手心向下；右掌變勾手，隨身移到右
胯前，勾尖朝南。眼向東平視（圖63）。

　　左腳向西北方向退一步，成右弓蹬步；同時，右勾手繞
膝向右摟至右腿外側，勾尖向外；左手向西北方向由下向上
經頭頂、面前畫圈至小腹前，手心向下，手尖朝東南。眼向
東平視（圖64）。

【用法】

　　對方雙手向我迎面按來，我以左手黏其雙手，以右腳外
鏟其右腳，左胯後閃，右手按其背，對方即從我左膝前栽
倒。左右用法相同。

【歌訣】

　　倒攆猴以退爲進，

圖 65　　　　　　圖 66　　　　　　圖 67

　　三環發圈中套圈，
　　身騰挪機關在腰，
　　四梢動全憑丹田。

第二十七式　白鶴亮翅

圖 68

　　重心移到左腿，右膝提起；右勾手變掌，由下向右、向前畫圈到腹前，雙手即隨身向左後畫弧按去，左手在身左側，手腕高與胯平，手心向下，右手落至左胯前，手心斜向左下。眼向東南平視（圖 65）。

　　圖 66 同第八式圖 25。

第二十八式　摟膝斜行

　　動作與第九式相同，惟左腿邁步方向由第九式向東北方向改為正北方向即可（圖 67、圖 68、圖 69、圖 70、圖

圖 69

圖 70

圖 71

趙堡太極拳詮真

71）。

第二十九式　開　合

　　左腳尖內扣變實，腳尖向東南，右腳向左收回半步，身轉向南；同時，左勾手變掌內旋，手心朝外，由下向上經頭頂、面前下按至腹前，手心向下；右手外旋，向右、向下畫弧至右腿內側，手心向東。眼向南平視（圖72）。

圖 72

　　身體向東北方向轉動；右腳提起，隨身向東北方向踏出一步變實，左腳提起跟上半步；同時，右臂內旋，手掌在襠前，手心向東南，指尖向下；左手心向下，手向右推提至右肘前。眼向東北平視（圖73、圖73附圖）。

　　【用法】

　　對方雙手外搣我右腕、肘，我順勢以雙手反拿其腕、

| 圖 73 | 圖 73 附圖 | 圖 74 |

肘、以迎面靠靠擊其胸。使用要一氣呵成，不能有斷續。

【歌訣】

　　　　身帶手轉應萬變，

　　　　三節相顧記心間，

　　　　梢領中隨根節催，

　　　　反拿肘擊靠迎面。

第三十式　海底針

　　左腳變實，右腳變虛，腳尖點地；同時，左手沿右臂外側下按至襠下左腿外側，手心向下；右手外旋上提，手背微擦腹、胸至頭前，手心向下。眼視右掌（圖74）。

　　右腿變實下蹲，膝向東北，左腳虛點著地；同時，左手變勾手，弧形向西北方向提起，高與肩平，勾尖對西南，手臂微屈；右手變立掌外旋，下按至右膝內側，指尖向東北，前臂略低於膝，右肘貼在右胯根處；身體下蹲時，身須中正。眼平視東北（圖75、圖75附圖）。

圖 75　　　　　　　　　圖 75 附圖

【用法】

對方用雙手採捌我左手，並向前下按，我即變虛實，以左手下引，上抽右手迎面擊出並身體下蹲，帶動右手繼續乘勢按對方肘、臂或頭頸等部位均可。

【歌訣】

陷入困境解法妙，

垂肩滾臂坐腿腰，

抽臂擊採一氣成，

海底探針無虛招。

第三十一式　扇通背

左腿向東北方向邁一步，成左弓蹬步；同時，左勾手變掌，手心向上、向前畫圈上掤，與左腳尖對齊，高與眼平；右手內旋，手心朝外，上托至頭前，略高於眼。兩眼平視東北方向（圖76）。

左腳尖內扣向南，右腳提起腳尖點地；同時左手內旋，

圖 76

圖 77

手心朝外，上掤經頭頂畫圈到頭前，右手隨轉向右移動，兩手在頭前成環形，左手高與頭平，右手高與鼻平，兩臂與肩成斜圈。眼向南平視（圖77）。

圖 78

　右腳隨身轉向東北方向邁一步，腳尖向東北，成右弓蹬步；左腳尖內扣，腳尖向西偏北；同時，兩手環形向右、向後按去，左手在小腹前，手心向下；右手邊按邊轉手心向上，高與肩平，右手、肘與右腳尖、右膝相對。眼向東北平視（圖78）。

　左腳外撇，身轉向西南；右腳提起向西南方向邁一步，踏實，腳尖向西南；左腳跟上半步，腳尖點地；同時，右手內旋，向上經頭頂向西南方向按去，手心向南；左手隨身轉

圖79　　　　　　　　　　　圖80

到胸前，略低於右手，手心向西南。眼向西南平視（圖79）。

【用法】

對方右手迎面向我擊來，我進步用雙手黏其腕、肘，身速轉360°將對方擊出。

【歌訣】

　　太極扇通背法精，

　　擊人周身都是圈，

　　旋轉三百六十度，

　　十三法用一瞬間。

第三十二式　如封似閉

左腳變實，右腳懸起；同時，右手外旋，收回胸前，手心向左；左手外旋，收回腹前，手心向右下（圖80、圖81）。

圖 81

圖 82

圖 83

圖 84

第三十三式 單 鞭

與第六式相同（圖 82、圖 83、圖 84）。

第三十四式 雲 手

右腳尖內扣，右胯下沉，右手弧形收回右腹前，手心向下，手指向東；左手指尖上領，塌腕，手高與頭平。眼向南平視（圖85）。

圖 85

左腳內扣，腳尖向南偏西，右腳尖外撇，向西南，成右弓蹬步；同時，右手從腹、胸中線向上、向右畫圈，與右腳相對齊，高與頭平，手心向外，指尖向上；左手向下、向裡畫圓弧到腹前，手心向下。眼向南平視（圖86）。

【用法】

對方用右拳向我面、胸部擊來，我以手黏其手腕，向左右上下或捋或按或採均可，此式為防守法，任對方從前面哪一處打來都能以雙手圓轉防範。

圖 86

【歌訣】

雲手運行如兩輪，

兩輪全在一環中，

中軸隨腰任意變，

任你水潑也難進。

第三十五式　腰　步

動作與第三十四式雲手圖83基本相同，惟左手向東南方向按出時，手略高於頭，右胯下沉（圖87）。

【用法】

對方雙手從左側打來，我以左臂黏化即上步進身，以肘、胯擊打對方。

圖87

【歌訣】

腰步式簡威力大，

上步進身用腰胯，

緊接雲手意連貫，

巧勁黏走把人發。

第三十六式　高探馬

重心移向右腿，右腳尖微內扣，左腳收回半步，腳尖點地；同時，右手轉手心向外、向後、向上，經頭頂畫弧落到右胸前，手心向東北方向；左

圖88

手畫弧內旋，收回左腹前，手心向東；身轉向東，眼向東平視（圖88）

【用法】

對方從左前方用拳擊我胸部，我以左手搠住對方來手，腳勾掛對方前腳，右手擊其肩或肋，全身合成一勁，對方即

圖 89　　　　　　圖 90　　　　　　圖 90 附圖

從我左後方翻出。

【歌訣】

　　　高探馬用折疊勁，

　　　雙手上下順圈滾，

　　　腳勾進身上下隨，

　　　人倒恰似樹斷根。

第三十七式　轉　身

右腳抓地，左膝上提，高於胯，腳心朝東；雙手由掌變拳，雙拳成環形，由下向上、向西南方向再向左畫圈，右手拳眼向下，拳心朝外，與額同高；左拳置胸前，拳心向南，拳眼向西。眼向東平視（圖 89）。

左腳向前半步落下變實，腳尖向東北，右腳尖內扣，腳尖向東；同時雙拳隨轉身向左下方畫圓弧，到左大腿上方轉拳心向裡，拳頂向上，提至胸前。眼關顧雙拳移動，兩腿成交叉步（圖 90、圖 90 附圖）。

左腳抓地，右腳向東邁一步變實，腳尖向東北；左腳跟上半步，腳尖點地；同時，雙拳內旋，向東按去，兩臂屈成弧形；右拳心向外，拳眼向下，高與肩平；左拳心向外，拳眼向右肘彎處，

圖 91

圖 91 附圖

高與胸平；右拳在前，左拳在後。身朝東北，眼向東北平視（圖 91、圖 91 附圖）。

【用法】

對方用右拳向我胸部擊來，我以雙手掤捋化解，並起左腳蹬其右肋，對方閃化後，以雙手托制我右腕、肘，我即順勢左轉身採挒，進步將其擊出。

【歌訣】

雙腳盤根主在腰，
腰動四肢轉如輪，
前後左右上下管，
四面八方能發人。

第三十八式　右拍腳

左腳變實，右腳變虛，身下蹲；同時雙拳變掌，手心向下，隨身畫圈下按至膝前。眼神關顧雙掌（圖 92）。

圖 92

圖 93　　　　　圖 94　　　　　圖 95

趙堡太極拳詮真

　　身體起立，右腳向東用腳面踢出；同時，雙掌向左、向上、向頭前劃一大圈。右掌向右腳面拍出，左掌跟隨右掌向前。眼向東平視（圖 93）。

【用法】

　　對方雙手抓住我右臂向前按我，我即向左下引化，起腳踢其肋以下部位。

【歌訣】

　　　　神舒體靜身中正，
　　　　氣沉勁蓄腰胯鬆，
　　　　輕靈活潑下引淨，
　　　　肋下一腳發不空。

第三十九式　再轉身

　　右腳向前（東）邁半步落下變實，腳尖向東南，左腳內扣，腳尖向東；同時，兩掌指尖相對成環形，手心朝外（東），隨轉身向右下按至右腿上方，內旋變拳，拳心向

圖 96　　　　　　圖 97　　　　　　圖 98

裡，拳頂向上，提到胸前。眼關顧手的轉動（圖94）。

圖95與圖91動作相反，圖95面向東南。用法同第三十七式。

第四十式　左拍腳

與第三十八式動作相反，腳踢方向一致（圖96、圖97）。用法同第三十八式。

第四十一式　雙風貫耳

左腳從空中提膝收回腹前懸起；雙掌外旋變拳收回胸前，肘落肘窩，拳心向裡，面向東南。眼向東南平視（圖98）。

以右腳跟為軸，身體向左轉動至身對北面，懸腳不變；同時，以拳經胯關節左右分開向下、向上經面前劃一大圈至胸前，拳面相對。眼向北平視（圖99、圖99附圖）。

圖 99

圖 99 附圖

【用法】

對方從背後向我撲來，我急轉身，雙拳用合勁擊對方頭部穴位，同時提膝上擊對方下部。

【歌訣】

顧前盼後視六路，
分臂向上墜下身，
誰敢向前來擊我，
雙風貫耳膝打陰。

圖 100

第四十二式　旋腳蹬根

雙拳在胸前內旋，拳心向下，繼續內旋向左右分擊，臂高與肩平，拳心向南，拳眼向下；同時，左腳向西蹬去，腳心朝西，腳尖朝上，高與左拳眼平。眼向西平視（圖100）。

圖 101　　　　　　　圖 101 附圖

　　雙拳與左腳沿原路旋轉收回，復為雙風貫耳勢（圖101、圖101附圖）。

　　【用法】

　　左右兩人同時摵我左右兩臂、肘、腕，我雙拳順勢發抖勁向對方心窩處擊去，提左腳向左方的下部踢去，則左右兩人均被擊出。

　　【歌訣】

　　　　雙臂被摵心不驚，

　　　　順勢螺旋左右分，

　　　　瞅準五虛手腳發，

　　　　平打心窩下打陰。

第四十三式　三步捶

　　左腳向左（西）邁一步，腳尖向西，成左弓蹬步；同時，左拳弧形向左擺擊，拳心向上，拳眼向南，高與肩平，與左腳尖相對；右拳外旋，弧形下落到右腹前，拳心向上，

圖 102　　　　　　　　　圖 103

拳眼向東北。眼向西平視（圖 102）。

　　左腳抓地，右腳提起向左膝前踏下，落在腳尖前，腳尖向西北，左膝與右膝窩合；同時，右手由下向上、向左畫弧擺擊至胸前，拳略高於肘，拳心向上，拳眼朝北；左拳隨身弧形收至身左側，拳略低於肘，拳心向上，拳眼向東。眼向西平視（圖 103）。

　　左腳向前邁一步，成左弓蹬步，腳尖向西；同時，左拳由後向上、向前畫圓弧擺到左胸前，拳心向上，拳眼向南，拳略高於肘；右拳弧形收回右胯前。眼向西平視（圖104）。

圖 104

　　【用法】

　　此式是連續進攻法。對方以右拳向我胸前擊來，我上步

以左臂滾搖化開對方來拳，提右腳踩對方踝骨，以右拳擊其面部。對方再退，我速進步跟擊，對方在連續攻擊下被擊出。

【歌訣】

連環扣打招法兇，
搖滾擺彈一氣攻，
虛實轉換要輕靈，
身手腳到即成功。

圖 105

王海洲

第四十四式 青龍探海

右拳向上、向前畫圓弧，向左膝內側打下，低於膝，以擊到地為最好，右肩微內扣；右拳眼向南，拳心向裡；左拳內旋打向後，置左胯旁，拳心向東，拳眼向裡；上身中正，不前俯。眼向西平視（圖 105）。

【用法】

對方從背後抓住我雙腕，抱我要往左摔，我順勢轉臀上打，扣右肩，對方即被我拔跟而起，向前栽出。

【歌訣】

背後抱摔險不危，
尾閭發動周身隨，
肩胯背脊皆能打，
青龍探海顯神威。

第四十五式 黃龍轉身

左腳尖內扣，腳尖向東北，右腳尖翹起，腳心向東，胯

圖 106　　　　　　　　圖 107

右轉；同時兩拳外旋，收回胸前，拳心向下。身轉向東，眼
關顧雙拳（圖 106）。

　　右腳尖向東著地踏實，重心移到右腳，左腳跟上半步；
同時，雙拳隨身向前（東）按去，置胸前，左拳在內，雙拳
拳眼向裡，拳心向下。眼向東平視（圖 107）。

　　【用法】

　　對方從我背後用雙手將我身捆住，我力發於腳跟，傳導
到胯，以胯化開對方，以右肘擊其肋部，對方即向後翻出。

　　【歌訣】

　　　　黃龍轉身破後敵，
　　　　雙胯變換人不知，
　　　　周身圓轉合一勁，
　　　　胯滾走化起肘擊。

第四十六式　霸王敬酒

重心移到左腳，右腳提起，腳尖點地，隨即原地踏實；

圖 108

圖 109

左腳提起，腳尖點地；同時，雙拳微外旋向下、向上、向前轉一小立圓打出，雙拳平置胸前，拳眼向裡，右拳心向北，左拳心向南。眼向東平視（圖 108）。

【用法】

對方雙手抓我雙手向胸部按來，我以身引化即以雙拳向前發滾勁，對方即向前仰面跌出。

【歌訣】

　　　丹田滾動帶臂腕，

　　　一呼一吸周天轉，

　　　擎起彼身借彼力，

　　　敬酒一杯敵後翻。

第四十七式　二起拍腳

右腳抓地，身稍後坐，左腳向前、向上踢出，腳尖向上；雙拳隨身上下轉動（圖 109）。

右腳撐地，左腳收回原地，右腳向前（東）踢出，腳尖

向前；同時，雙拳變掌，右掌在前，左掌在後，右掌向右腳面拍去。眼從右腳踢出的方向看去（圖110）。

圖 110

【用法】

對方以右拳向我迎面劈來，我以雙拳掤化，起左腳向對方下部踢去，對方襠內收，身前傾，我迅速起右腳踢其胸、頭部。

【歌訣】

雙臂上掤來手封，

腳發二度如雷迅，

進圈欲變來不及，

左腳不中右腳中。

第四十八式　跳換腳

左腳撐地，躍起以腳跟向自己臀部踢去；右腳收回落在原地，屈膝，單腿站立，腳尖向東南；同時，兩手左右向後分開，略低於肩，肘與身平，手心斜向外下。眼向前平視（圖111）。

圖 111

【用法】

身後有人以腳掃我左腳，我換右腳著地，提起左腳躲過對方，以左腳向身後踢去，腳發必中。

【歌訣】

凌空欲墜防腿掃，

左右換腳擊身後，

雖是怪招卻不怪，

隨心所欲中敵頭。

第四十九式　分門樁

　　左腳向前邁出一步變實，腳
尖向前，成左弓蹬步；同時，雙
掌外旋，向下、向兩肋收回向前
交叉，以指尖向前按出，高與肩
平，與左腳尖相對齊，左手在
下，手心向右，右手在上，手心
向左。兩眼向前（東）平視（圖 112）。

圖 112

【用法】

　　對方雙拳向我胸部擊來，我雙手黏住對方雙手向兩邊化
開，繼續向內纏繞，向對方胸部以合勁擊出。

【歌訣】

　　　　雙拳擊我分手黏，

　　　　纏繞絞轉不丟頂，

　　　　合膀跟隨順勢取，

　　　　進身合勁刺中門。

第五十式　抱　膝

　　重心移到右腿變實，左腳收
回，腳尖點地；同時，兩手向左
右分開，手臂成弧形，高與肩
平，手心向外。眼向前平視（圖
113）。

圖 113

圖 114

圖 115

　　身下蹲，雙手外旋向下、向裡畫圓弧至左膝旁，手略低於膝，手心向上（圖114）。

　　身起立，雙手與左膝一起提到腹前。眼向東平視（圖115）。

【用法】

　　對方雙捶向我迎面打來，我雙手下引外撐，提膝打其胸部。

【歌訣】

　　　　應敵招術數不清，

　　　　雙手擊來採挒迎，

　　　　黏化外撐提膝打，

　　　　不處險境不亂用。

第五十一式　喜鵲登枝

　　左腳向前蹬出，腳心向前，腳尖向上；同時，雙手轉手心向裡，手與肩平，再內旋，手心向前按出。眼向前平視

圖 116

圖 117

（圖 116）。

【用法】

　　對方在我身前用雙手抱我腰部，我以雙手托其肘部上引，將其根拔起，以左腳蹬其小腹。

【歌訣】

　　　　喜鵲登枝多靈變，

　　　　展翅蹬腳發瞬間，

　　　　解其深意仿其形，

　　　　托肘蹬腿敵後翻。

第五十二式　鷂子翻身

　　左腳不變，左手弧形前伸到左腳內側，手心向南；右手手心斜向上弧形收回頭右側，略高於頭。眼向左手方向看去（圖 117）。

　　以右腳跟為軸，身體向右後轉 270°到面對正北；左腳隨身向右、向後轉落地時腳尖向北變實；右腳變虛，兩腳同肩

圖 118　　　　　　　　圖 118 附圖

寬；同時，左手向上畫弧，右手成環形，與頭同高，隨身轉圈向左、向後下按至兩膝前，低於膝。眼看雙手（圖118、圖118附圖）。

【用法】

對方右拳向我擊來，且來勢兇猛，我右腳站穩，身後仰，以右手上掤，左手制其肘，順其來勢向右後轉身，捋其臂、肩。

此勢也可作空手奪槍用。對方用大槍向我咽喉刺來，我即身後仰，右手上掤其槍頭，左手抓其槍杆，左腳踢其握槍手腕，順勢把槍奪走。

【歌訣】

　　猝然遇擊破招明，
　　右掤左捋順勢應，
　　鐵板功法腰轉旋，
　　鷂子翻身著法靈。

圖 119

圖 120

第五十三式　捭膝

　　右腳、右手同時向上、向前（東）弧形踢出、掤出，手腳同高，右腳心向東，右手心向南；左手弧形提至胯根處，身微後側。眼向右手看去。（圖 119）

　　右腳向前落下一步成弓蹬步，腳尖向東北；右手向後畫圓弧至額前，手心向外；左手在胯根處隨身移動。兩眼向東北平視（圖 120）。

【用法】

　　對方用右拳向我右側擊來，我以右手上掤後捋對方來手，起右腳側身踢對方肋部。

【歌訣】

　　　　捭膝應敵手腿進，
　　　　單腿立身根要穩，
　　　　揮手掤人手要準，
　　　　腳蹬肋部腳要狠。

第五十四式　再摟膝

右腳變實，左腳、左手動作與「摟膝」動作同，身轉向南（圖121）。

左腳向東落下一步變實，腳尖向東南；同時左手向東南按出，與左腳尖平；右手弧形落到右胯旁。兩眼視手（圖122）。

用法與「摟膝」同。

圖 121

第五十五式　研手捶

重心後移成右弓蹬步，隨即重心前移成左弓蹬步；同時，右手在右膝上方繞右膝一圈變拳，拳心向下、向東南方向打出；左手屈肘收回，手心與右拳面相對，高與肩平，右肘略低於左肘。身向東南，眼向南平視（圖123）。

【用法】

對方抓住我右手腕、肘反關節向我右前方捋去，我順其勢，右臂將他腰部纏緊，旋轉腰胯，將對方向後扔出。

圖 122

【歌訣】

　　隨屈就伸化彼力，
　　順其來勢抱其身，
　　要啥給啥趙堡訣，

王海洲

趙堡太極拳詮真

圖 123

圖 124

捨己從人化發精。

　另一用法：對方雙手向我左臂抓來，我左臂掤化，遮其目光，以右拳向對方胸部打擊。

第五十六式　迎面肘

　重心後移，成右弓蹬步；同時左手繼續輕貼右拳，右拳外旋，弧形下按到右胯根轉拳心向上；左手不離右拳心。眼向南平視（圖124）。

圖 125

　重心移到左腿，成左弓蹬步；同時右肘向上、向前畫圈打出，肘尖向東，高與肩平；左手心貼右拳頂轉動。眼向東平視（圖125）。

【用法】

　對方雙手握我右腕，我即順其力旋轉，起肘向前擊其面

圖 126

圖 127

部。

【歌訣】

梢節受制中節應，

手腕被拿肘節攻，

腰際勁發貫肘尖，

化險爲夷迎面中。

第五十七式　抱頭推山

重心移到右腳，成右弓蹬步；同時，兩手上下分開，左手內旋，上托至頭前，手心向上；右手外旋，畫弧到左膝上，手心向外。兩眼向西南方向平視（圖126）。

重心移到左腿，隨即又移到右腿成弓蹬步；同時，右手向後、向上纏頭過腦按至西南方，高與鼻平，手心向西南；左手弧形下按至胸、腹前，手心向西。眼向西南平視（圖127）。

圖 128

圖 129

【用法】

對方用雙手拿住我右腕、肘，我順勢走化，即以右肘臂反拿其前臂，左手按其肩，合一勁向右後推去。

【歌訣】

沉腰活胯身圓轉，

左右反背採捌彈，

以臂拿臂解還打，

對方仆跌如塌山。

圖 130

第五十八式 如封似閉

與第三十二式如封似閉同（圖128、圖129）。

第五十九式 單 鞭

與第六式單鞭相同（圖130、圖131、圖132）。

圖 131   圖 132

王海洲

第六十式　前　招

　　右胯根內收；右勾手變掌，向左、向下按至腹前。眼向西南平視（圖133）。

【用法】

　　對方雙手按我右臂，我右臂向左鬆下，右胯下沉，以肩靠擊其胸部。

【歌訣】

　　　　一臂能化雙按手，
　　　　鬆胯滾臂身前引，
　　　　含胸拔背意貫肩，
　　　　對方自撞自傷身。

第六十一式　後　招

　　右腳尖外撇向西，重心移到右腿，成右弓蹬步；同時，左手向下、向右畫圓弧至右手下，兩手成交叉手，雙手弧形

圖 133

圖 134

向前（西）掤出，手高與鼻齊，左手心向右，右手心向左。
眼向西平視（圖134）。

【用法】

我右臂被對方按至身前，我轉腰以雙手掤住對方雙手，
由下向上把對方掤出。周身要合成一勁，轉接處不留空隙。

【歌訣】

　　　氣蓄丹田屈臂轉，

　　　引掤勁出走螺旋，

　　　螺旋全憑腰腿功，

　　　腰腿催手敵前翻。

第六十二式　勒馬式

重心後移，左腳變實，右腳收回半步，腳尖點地；同
時，雙手外旋，手心向裡，再內旋上下分開；左手轉手心朝
外；畫圓弧向左前按出，高與頭平；右手轉掌心向下、向右
下畫圓弧，按至右腿外側，手心向外。眼向西平視（圖

135）。

圖 135

【用法】

對方雙手抓住我雙手，向我胸前按來，我含胸兩手上下分化來力，提膝擊其腹部。

【歌訣】

雙手被按莫慌張，

旋轉即化柔克剛，

左右反封背變順，

恰似烈馬勒繩繮。

第六十三式　野馬分鬃

右腳向右前方（西北）邁出一步，成右弓蹬步；同時，右手經腹前向上、向右前方畫圈按出，手心向西北，高與鼻平；左手畫圓弧，按至左胯根處，手心向下。眼向西北平視（圖 136）。

左腳收回即向左前方（西南）邁出一步，成左弓蹬步；同時，左手由下經腹前向上、向左前方畫圈按出，手心向西南，高與鼻平；右手畫圓弧，下按到右胯根處，手心向下。眼向西南平視（圖137）。

圖 136

圖 138 與圖 136 相同。

【用法】

對方用右拳向我擊來，我以右臂向上、向外捌去，進步

圖 137　　　　　圖 138　　　　　圖 139

以左掌按其肋部。

【歌訣】

右手領肘左手催，
外掤腿蹬身勁整，
丹田內轉四梢應，
內外合一發不空。

第六十四式　右高探馬

重心移到左腿，右腳向左勾後收回，腳跟著地，腳尖上翹；同時，右手逐漸轉手，向下、向左、向上、向下畫圈至胸前，手心向上；左手向左、向上、向前畫圓弧合於右前臂上，手心向下。眼向西平視（圖 139）。

【用法】

對方雙手按我右臂，我向左、向下走化，同時以右腳勾對方右腳，兩手翻轉向側按出，對方即向我右側跌倒。

歌訣同第三十六式。

圖 140　　　　　　　　　　圖 141

第六十五式　白蛇吐信

右腳向西邁一步，腳尖向前（西）成右弓蹬步；同時，兩手向前、向上以右掌指刺出，高與鼻平，右掌移至右肘上方。眼看右掌（圖140）。

【用法】

對方雙手按我右臂，我滾肘即進，以手指刺其咽喉，左手貼右前臂以助勁。

【歌訣】

　　沉肘小圈滾化進，

　　反制雙臂刺喉咽，

　　丹田催勁貫筋梢，

　　白蛇吐信巧取勝。

第六十六式　玉女穿梭

左腳向前（西）邁一步踏實，腳尖朝西北偏西，成左弓

圖 141 附圖

圖 142

蹬步；同時，兩手前後分開，右手置右腹前，左手前伸與左
腳相對，高與鼻平，手心斜向前下。眼向右手方向平視（圖
141、圖 141 附圖）。

【用法】

對方雙手捋我右臂，我順勢上步，以左掌迎面擊去。

【歌訣】

　　掌發全憑身帶勁，

　　穿梭招發快如風，

　　神意氣勁貫左掌，

　　足落指到取雙瞳。

第六十七式　轉身攬插衣

左腳盡量內扣，右腳向右後、向西邁出一步，踏實腳
尖，向西南成右弓蹬步，身由朝北轉朝南；同時，左手弧形
下按至左小腹，右手向上、向後、向西畫圈按出。與右腳相
對，定勢與第四式攬插衣相同（圖 142）。

圖 143

圖 144

第六十八式　如封似閉

與第五式相同（圖 143、圖 144）。

第六十九式　單　鞭

與第六式相同（圖 145、
圖 146、圖 147）。

第七十式　雲　手

與第三十四式相同（圖
148、圖 149）。

圖 145

第七十一式　跌　岔

重心移到左腿，隨即移到
右腿；同時，右手向右下經胯
旁向右前（西南）轉一斜圈置

趙堡太極拳詮真

王海洲

圖 146

圖 147

圖 148

圖 149

面前，手心向南偏東；左手向外、向後再經胯前向上轉一圈置右手下，與右手交叉，手心向西北，指尖略高於鼻。眼看西南方向（圖150）。

　　重心移到左腳，右腳收回半步，腳尖點地，身轉向南，身體下蹲；同時，雙手左右分開，手心朝外，向上、向外、

圖 150

圖 151

向下畫圓弧至右膝上轉手心向下，兩手變勾手，勾尖與左膝相觸（圖151）。

身起立，提右膝與胯平，勾手隨膝上提到胸前。眼向南平視（圖152）。

右腳落地變實，左腳提起向東前伸，腳心向東，腳尖朝上，成仆步；同時，兩勾手變掌轉手心向上，經頭前向上、向左右分開，再向

圖 152

兩側畫圓弧，左手落在左小腿上，右手落在身右側，高與胯平。眼向東南平視（圖153）。

【用法】

這是應四方之敵的招數。以雙手合勁搠前面之敵，以腳彈後敵之襠部，以雙手螺旋分擊左右來人。

趙堡太極拳詮真

圖 153 　　　　　　圖 154

【歌訣】

　　跌岔分打四方勢，
　　左顧右盼前後擊，
　　身發螺旋彈抖勁，
　　觸轉即放八面跌。

第七十二式　掃　腿

　　重心移到左腿，左腳掌向前踏實，右腳裡側著地，成右仆步；同時，左手前伸，手心向南，高與頭平；右手轉手心向下畫圓弧按至右小腿上。眼看東南方向（圖154）。

　　以左腳跟為圓心，右腳、右手為半徑，向左畫圓弧約270°，右腳尖向西，左腳掌轉180°，腳尖向西，身轉向西北；同時，左手內旋提至頭前。眼向西北平視（圖155、圖155附圖）。

　　這是一個高難度的動作，要求動作連貫，一氣呵成，不要有斷續，才能表現出圓活、完整。

圖 155

圖 155 附圖

【用法】

　　對方用雙掌向我正面抓來，我以左掌上掤左領，以右腿掃其腳，對方即仆跌。

【歌訣】

　　　太極掃腿少人知，
　　　鐵腿一發敵斷根，
　　　上領下掃仆步擊，
　　　長山之蛇首尾應。

圖 156

第七十三式　轉　身

　　身起立，左腳實，以腳跟為軸，腳掌向右轉至東偏北，右腳向右勾轉，落在左腳旁，腳尖點地，略出左腳半腳；同時，右手隨轉身向頭上經右耳後畫圓弧按到右膝上方，左手隨身向前、向下畫弧按至左膝上方。眼向東平視（圖 156）。

【用法】

對方從身後用右拳擊來，我手腳同時向身後出動，以右腳勾其背，以右手挒捋其手，對方即向我右側仆倒。

【歌訣】

太極不怕身後攻，
挒捋其手來勁空，
腳勾其背仆地倒，
一切都在旋轉中。

圖157

第七十四式　右金雞獨立

左腳抓地，右膝提起與胯平；右手弧形上提至胸前到耳後，逐漸轉手心向上、向前按出，略高於頭，手心斜向上；左手弧形移到左胯旁，手心向下。眼向東平視（圖157）。

【用法】

對方從正面用拳擊來，我以手托其腕或肘，上挒前推，提膝擊其下部。此式用法凶險，不可亂用。

【歌訣】

金雞獨立濟陰陽，
蓄發相變柔而剛，
轉換虛實人不知，
掌擊易化膝難防。

第七十五式　左金雞獨立

右腳落下變實，左腳提膝與胯平；同時，右手經頭前耳後下按，逐漸轉手心向下落到右胯旁；左手經胸前弧形上提

圖 158

圖 159

到耳後轉手心向上、向前按出，略高於頭，手心斜向前。眼向東平視（圖 158）。

用法同上式右金雞獨立。

第七十六式　雙震腳

右腳撐地，身體上躍，右腳離地數寸即下踏；左腳在右腳踏地後下踏，略出右腳變實；右腳提起，腳尖點地；同時，左手隨身弧形下按至左胸前，手心朝外（東）；右手隨身轉動。眼向東平視（圖 159）。

【用法】

對方以腳掃我右腿，我上躍躲過，即以右腳踏其腳腕，左腳跺其小腿。

【歌訣】

太極攻防變化多，

走黏有走也有躲，

對付掃腿身上躍，

圖 160

圖 161

圖 162

圖 163

雙腳連發腿難過。

第七十七式　倒攆猴

與第二十六式同（圖 160、圖 161、圖 162、圖 163）。

圖 164

圖 165

圖 166

圖 167

趙堡太極拳詮真

第七十八式　白鶴亮翅

與第二十七式同（圖 164、圖 165）。

第七十九式　摟膝斜行

與第二十八式同（圖 166、圖 167、圖 168、圖 169、圖

圖 168

圖 169

圖 170

圖 171

170）。

第八十式　開　合

與第二十九式同（圖 171、圖 172）。

圖 172

圖 173

第八十一式　海底針

圖 173 與第三十式圖 74 同。

右腿變實，左腳向後、向西南退一步變實成仆步；右腳腳尖翹起；左手向左、向上畫圓弧到左額前；右手變立掌，下按至右膝內側。眼看右腳尖方向（圖 174）。

圖 174

第八十二式　扇通背

重心移到右腳，左腳向左前（東北）一步，手的運轉及其餘動作同第三十一式（圖 175、圖 176、圖 177、圖 178）。

圖 175

圖 176

圖 177

圖 178

第八十三式　如封似閉

與第三十二式相同（圖 179、圖 180）。

圖 179

圖 180

圖 181

圖 182

第八十四式　單　鞭

與第六式相同（圖181、圖182、圖183）。

圖 183

圖 184

圖 185

圖 186

第八十五式　雲　手

與第三十四式相同（圖 184、圖 185）。

第八十六式　腰　步

與第三十五式相同（圖 186）。

圖 187　　　　　　　　　　圖 188

第八十七式　高探馬

重心移到右腳，左腳收回半步，腳尖點地；同時，左手向下、向腹前畫圓弧至右腋下，手心向下；右手向右下、向上經頭頂向下畫圈按至小腹前。眼向南平視（圖 187）。

用法同前。

第八十八式　十字手

左腳由左前向右勾擺，向東南方向踏出一步，腳尖內扣向西；右腳尖扣向南，兩腳跟與肩同寬；同時，兩手手心向下，手腕相交於腹前，左手外旋，托右手與肩平，雙手順時針方向旋轉一小圈，右手在下，手心向上，左手在上，手心向下，按至小腹前。兩眼向西南平視（圖 188）。

【用法】

對方右手從我左前方打來，我即以右手黏其手腕，左手托其肘，圓轉採拿，以左腳上勾對方的腳，手腳合一勁，對

方即倒栽在地。

【歌訣】

> 趙堡太極十三翻，
> 十字翻手凶又險，
> 手腳一圈一太極，
> 圈圈合勁敵倒翻。

第八十九式　單擺蓮

左腳向左前（東南）邁出一步，腳尖向南，成左弓蹬步；同時，兩手分開，左手在前，手心向下，右手在後，手心向上，兩手相距寸許（圖189）。

圖189

右腳以外側向我左肘下外擺；同時，左手拍右腳面，右手向下、向後、向上經頭頂變拳向左前打擊，與右腳、左手平，拳心向裡。眼向南平視（圖190）。

圖190

【用法】

對方拿住我左手腕，我起右腳擊其手腕，右拳擊其面部。

【歌訣】

> 手腕被擒莫失捌，
> 肘下踢腳彈腿用，
> 一招多途人莫識，

也作白手奪刃功。

第九十式　指襠捶

右腳向後（西北）退一步，腳尖
向西南，成右弓蹬步，身轉向西南；
同時，右拳內旋，向下、向西南畫圈
到右膝上方與胸同高，再向下、向內
按至襠前，拳眼向上，拳心向內，肘
尖朝西；左手握拳貼左胯根處。眼向
西南平視（圖191）。

圖 191

【用法】

對方從我後面抱我，我以右肩由
下向上滾靠其胸，用肘擊其襠部。

【歌訣】

　　瞻前顧後要謹記，

　　明瞭三節變化奇，

　　湧泉力發肩胯出，

　　襠挨一肘真魂失。

另一用法：對方雙手拿我腕、
肘，我腕、肘走化後，以另一手變拳
擊其襠部。

圖 192

第九十一式　領　落

重心移到左腿成左弓蹬步；同時，右拳變掌，手心向東
南，由下向胸前掤出，高與鼻平；左拳變掌，由腹部向襠部
按下，手心向下。眼向南平視（圖192）。

圖 193

圖 194

圖 195

圖 196

圖 197

圖 198

其餘同第二式（圖193、圖194、圖195、圖196）。

第九十二式　翻　掌

與第三式相同（圖197、圖198）。

圖 199

圖 200

第九十三式　攬插衣

與第四式相同（圖 199）。

第九十四式　右七星下勢

左腳尖外撇向南偏東，重心移到左腳蹲下，兩腿成仆步；右腳心向西，腳尖翹起向上；同時，雙手向下、向左、向上畫圓弧至頭前，左手心向東南，右手畫弧落至右膝內側，手心斜向下。眼向右腳尖方向看去（圖 200）。

【用法】

對方雙手按我左臂，我反黏其手臂坐胯蹲身，引他落空，式中還藏有七星靠。

【歌訣】

　　仆步下引千斤勢，

　　七星下勢靠法兇，

　　瞄準七星往上打，

靠勁一發人騰空。

第九十五式　擒　拿

重心前移，右腳掌向前
（西）踏實；同時，右手隨身
上提外旋，收回胸前，拳心向
裡；左手稍外旋轉，手心向前
弧形向右肘伸出（圖201）。

重心左移，隨即前移，右
腳尖內扣，向西南踏實，左腳
跟上半步；同時，左手手心向
上沿右前臂外側上掤，漸漸變
拳轉拳心向下，按至腹前；右
拳內旋，拳心向下按，與左拳
同高。眼向西南平視（圖
202）。

【用法】

對方雙手拿我右前臂，用
力前推，我滾右臂，左手從右
肘下上拿其雙手，右手轉擊其
頭、腹部。

【歌訣】

　　解拿還拿妙手法，
　　滾臂採挒一剎那，
　　含胸扣襠腰勁發，
　　渾身都能把人拿。

圖201

圖202

第九十六式　回頭看畫

左腳提起向左（東）擺一步落下變實，腳尖向東；右腳尖內扣向東南；同時，左拳外旋，拳心向上，向上、向左、向下打出，高與肘平，與左腳相對齊；右拳隨身移到右胯前。眼向東平視（圖203）

圖 203

【用法】

對方從後面用右拳擊來，我轉身以左拳搖滾其前臂，以右拳沖擊其胸部。

【歌訣】

以臂沾臂搖滾化，
膝提足蹬防帶打，
氣斂入骨鬆腰胯，
回頭看畫上下發。

第九十七式　進步指襠捶

右腳向右前（南）跨一步，身轉向東；左腳外撇，腳尖向東北，成左弓蹬步；同時，右手外旋，向

圖 204

後、向上經胸前打下置襠前，拳眼向裡，拳心向南，拳頂向下；左拳弧形收回左膝上方，拳心向上。眼向東北平視（圖204）。

【用法】

對方從我正面用右手擊來，我以左臂採捌其來手，進步

圖 205

圖 206

以右拳擊其襠部。

【歌訣】

　　　順化前臂近敵前，

　　　進步進身絕招現，

　　　看準五虛險處用，

　　　周身合力捶以鑽。

第九十八式　黃龍絞水

　　重心移到右腿；同時，雙拳變掌，手心向下，沿右膝向順時針方向繞膝到外側，左手略高於右手。眼向東南平視（圖205）。

　　左腳變實，右腳向東北方向邁一步；左腳跟上半步，腳尖點地；同時，雙掌變拳，右手轉拳心向上、向左前（東北）畫圈打出，高與鼻平；左拳心向下，跟隨右拳弧形打出，置右前臂內側。眼向東北平視（圖206）。

圖 207　　　　　圖 207 附圖　　　　　圖 208

【用法】

對方雙手拿我右臂肘，向後採挒，我順其勢配合身法抱其下部，將其絞起。

【歌訣】

擒臂雖凶走化精，
捨己從人卸無形，
應物自然給肩肘，
如龍絞水拔其身。

圖 208 附圖

第九十九式　如封似閉

雙拳變掌，其餘動作與第五式同（圖 207、圖 207 附圖、圖 208、圖 208 附圖）。

第一○○式　單　鞭

與第六式相同，惟方向相反（圖 209、圖 209 附圖、圖

圖 209　　　　　　　圖 209 附圖　　　　　　　圖 210

圖 211　　　　　　　　　圖 212

210、圖 211）。

第一○一式　左七星下勢

　　右勾手變掌，其餘動作同第九十四勢，惟左右相反（圖212）。

圖213 圖214

用法同前。

第一○二式　擒　拿

圖213與第九十五式圖201相同，惟左右相反。

右腳變實，腳尖向西北，左腳收回半步；同時，右手沿左臂上掤漸變拳，手心向下，按置右胯旁，拳心轉向東北；左拳拳心向下，按置左胯旁，轉拳心向東南。身向正西，眼向西平視（圖214）。

用法同第九十五式。

第一○三式　進步砸七星

左膝提起到腹前；同時，雙臂向胸前交叉，右拳在左肘下，拳心向裡；左拳在右肘尖外，拳心朝外。眼向西平視（圖215）。

左腳向前（西）邁一步，蹲下踏實；右腳跟上落在左腳內側，腳尖點地；同時，雙臂左右分開，雙拳交叉，左拳在

圖 215　　　　　　　　圖 216

上外旋由上向下按至雙膝下，外旋變掌。眼向西平視（圖216）。

【用法】

對方雙手抓住我雙手前按，我含胸雙手滾動反拿其雙手，身下蹲，對方即在我面前跪倒。

【歌訣】

　　雙手被封知轉換，

　　手肘胸腹皆是圈，

　　提膝護中退即進，

　　對方跪我七星前。

第一〇四式　退步跨虎

右腳向後退一步，腳尖向北偏東；左腳隨即收回，腳尖點地，兩腳距離同肩寬，身轉向北；同時，雙手外旋分開轉手心向外，向上畫圈合於胸前。眼向北平視（圖217）。

身體稍下坐；兩手內旋，上下分開，右手畫圓弧上掤至

圖 217

圖 218

趙堡太極拳詮真

頭前，手心向上；左手變勾手，畫弧至右臀旁，勾尖向南。
眼向北平視（圖 218）。

【用法】

　　對方用雙拳向我右側兇猛擊來，我退步以雙手左勾右掤
卸其來勢，以靜待動，視其變化發著。

【歌訣】

　　　　如虎撲來樣兇猛，

　　　　卸其來勢退法應，

　　　　左勾右掤散其力，

　　　　以柔克剛不丟頂。

第一〇五式　轉　身

　　以右腳跟為軸，左腳提起，腳尖向上，隨轉身左腳向東
南方向邁一步，腳尖向東南，成左弓蹬步；同時，左勾手變
掌，弧形上提至頭前與右手成環形，隨身向右、向後（東
南）按去，兩臂成一斜圓，左手略高於右手，手心朝外，手

指相對，兩手指相距一拳略高於胸。身向南，眼向南平視（圖219）。

【用法】

對方從我身後用拳擊來，我急轉身，雙手以掤挶擠按四勁連續發出，對方即應手跌出。

【歌訣】

轉身妙勢抱太極，

身圈帶動數圈至，

掤挶擠按瞬間發，

引化千斤不為奇。

圖219

第一〇六式　雙擺蓮

右腳提起往左肘尖下畫圈弧形外擺，提膝置腹前；同時兩手在右腳擺至東南方向時先後拍右腳面，雙手拍腳後仍保持環形。眼向南平視（圖220）。

圖220

【用法】

對方抓住我雙腕，我向右一引後，以右腳擺踢其雙腕。

【歌訣】

趙堡太極架獨特，

勢勢相連步步深，

雙擺蓮擊破雙腕，

功夫不純難應心。

第一〇七式　搬弓射虎

右腳往後（西北）落下一步變實，腳尖向西南成右弓蹬步；雙臂環形，後移到右膝上方轉手心向上，上提手心向裡，高與鼻平，變拳內旋轉一圈向外打出。兩拳眼向裡，左手在外，高與頭平，右手在內，高與頦平。眼向西南平視（圖221）。

圖 221

【用法】

對方從背後用雙臂鎖我喉部，我順其勢用雙手採捯其雙手，並前撐，將對方扔到我右前方來。

【歌訣】

　　搬弓射虎應後人，
　　雙手採捯臂撐圓，
　　手臂肩胯合整動，
　　發人猶如箭離弦。

第一〇八式　領　落

重心移到左腿，成左弓蹬步；同時，雙拳變掌，右掌內旋上掤至頭前，手心向外；右掌前按與胸平，手心向外。眼向南平視（圖222）。

圖 222

趙堡太極拳詮真

圖 223

圖 224

圖 225

圖 226

　　其餘動作與第二式同（圖 223、圖 224、圖 225、圖 226）。

　　收勢兩手分開自然下垂即可活動（圖 227）。

圖 227

趙堡太極拳詮真

【歌訣】

太極圖圓無始終，

全在陰陽變化中，

開中有合合中開，

循環往復轉無窮。

第六章 趙堡太極拳十三式動作圖解

第一節 趙堡太極拳十三式說明

1.為了表述清楚，圖像和文字對動作作了分解說明，打拳時應力求連貫銜接。

2.在文字說明中，除特殊註明外，不論先寫或後寫身體的某一部分，各運動部位都要同時協調活動，不要先後割裂。

3.方向轉變以人體為準，標明前、後、左、右。有時也假設以面向南起勢，註明東、南、西、北。

4.圖上的線條是，代表從這一動作到下一動作經過的路線和部位。右手右腳為虛線（--------►），左手左腳為實線（————►）。個別動作的線條受角度、方向等限制，可能不夠詳盡，應以文字說明為準。

5.某些背向、側向動作，增加了附圖，以便對照。

第二節 趙堡太極拳十三式動作名稱

第一式　金剛三大對

第二式　懶擦衣

第三式　單鞭

第四式　雲手

第五式　轉身拍腳

第六式　摟膝拗步

第七式　倒卷肱

第八式　摟膝斜行

第三節　趙堡太極拳十三式動作圖解

起　勢

動作一

身體自然站立，面向南方，背朝北方（圖1）。

動作二

左腳左移一步分開與肩同寬，兩腳腳尖朝前（南），頭頂（百會穴）輕輕上領，下頦微內收，舌頂上顎，眼睛自然平視，兩手自然下垂在兩胯旁，鬆腰，兩膝微屈（圖2）。

動作三

兩腳十趾輕輕抓地，兩手從兩側徐徐向上、向前上提，

圖1　　　　　　　　　　　圖2

164

趙堡太極拳詮真

圖3

圖4

形如抱斗，手心向下，手與肩平（圖3）。

動作四

兩手向下按至胯根；同時，雙腿下蹲，屈膝，膝蓋不能
超過腳尖，臀部不能超過腳跟。兩眼向南平視（圖4）。

第一式　金剛三大對

動作一

雙腳由實變為右腳實，左
腳虛，雙手手腕下按，手指向
上。兩眼向南偏西平視（圖
5）。

動作二

左腳向左前方（東南）邁
出一步，右腳腳尖微內扣，成
左實右虛的弓蹬步；同時，雙
手由下向上、向左前方抻起，

圖5

王海洲

左手在前，指尖高與眉齊，與左腳尖相對齊，肘與左膝相對齊；右手在胸前，高與鼻平；兩手掌與前臂成弧形，不要在手腕處成折。眼、身體依然朝南，眼神要關顧到雙手（圖6）。

圖6

動作三

兩腳以腳跟為軸，腳尖由左向右轉動，左腳尖轉向西南方，右腳尖轉向西，成右實左虛弓蹬步；同時，右手向上、向右畫弧轉到與右腳方向一致，指尖高與眉齊，與腳相對齊，肘與膝相對齊；左手弧形下按至左膝上方，手心向右；眼與身體轉向西南方。眼平視，眼神關顧到右手（圖7）。

圖7

動作四

兩腳以腳跟為軸，腳尖向左轉動，左腳尖轉向前（南），右腳尖轉向南偏西，成左弓蹬步；同時，左手轉手心朝前向右弧形上提，高與肩平；右手弧形下按至右胯根前，手心向下。身轉向正南，眼神關顧左手（圖8）。

動作五

右腳蹬地，提膝向前高與胯平，腳掌平，腳心正對地

趙堡太極拳詮真

圖8

圖9

面，腳尖向前，成左獨立式；
左腳趾抓地，腳尖向南不變；
同時，右手轉手心向左，弧形
上提，高與頭平，右肘與右膝
相對齊；左手向裡經胸前下落
至左胯根前，手心斜向右下。
眼向南平視（圖9）。

動作六

右腳落下，與肩同寬，右
腳實；左腳虛，腳尖點地；同
時，左手手心轉向上，平置臍

圖10

下與腹部距離約1寸；右掌逐漸變拳弧形下落置於左手上
方，與左掌心相距約1寸，略高於肚臍，拳眼向上，拳心向
裡，與腹相距約1寸。眼向南平視（圖10）。

第二式　懶擦衣

動作一

身體左轉向東南，右手由拳變掌弧形上提，高與鼻齊，手心向左；左手變立掌在腹前，手心向右；同時左腳微上提，腳尖點地（圖11）。

圖11

動作二

左腳向左橫跨半步變實，右腳向左移半步腳尖點地；同時，左手向左、向上、向右、再向左下畫一大圈，落在左胯根前，手心斜向下；右手向右、向左、向下畫弧到小腹前，手心斜向左下方。眼向東南平視，顧及雙手（圖12）。

動作三

左掌外旋，輕按在左小腹下部；右掌向上，經頭前向西方向弧形按出，手心向西南；同時，右腳向正西方向邁一步

圖12

變實，腳尖向西南；左腳尖微內扣，腳尖向南，成右弓左蹬步；右指尖與右腳尖相對齊。身向南，眼朝南平視，顧及右手（圖13）。

圖13

圖14

第三式　單　鞭

動作一

右手向下、向後、再向上，纏頭過腦屈置右肩前，手心向南；左手上提置於胸前，手心斜向下，低於右手；同時，重心移到左腳；右膝提起收回，腳尖點地。眼向西南平視（圖14）。

圖15

動作二

右腳向右橫跨一步；左腳隨即向右收回半步，腳尖點地；同時，右手隨身體下蹲向右下按變勾手，高與腰平；左手按至右勾手旁。眼向西南平視（圖15）。

動作三

右腳抓地，左腳向左橫跨一步，腳尖向東南踏實，成左

弓右蹬步；同時，左手由下而
上經頭前向左（東）畫弧按
出，指尖與眉同高；右勾手弧
形上提與右腳尖相照，勾手略
低於肩，勾尖與肘平，肘與右
膝相對。眼向南平視（圖
16）。

圖 16

第四式　雲　手

動作一

右腳尖內扣，右胯下沉。
同時，右勾手變掌弧形收回右
腹前，手心向下，手指向東；
左手指尖上領，塌腕，手高與
頭平。眼神顧及左手（圖
17）。

動作二

左腳內扣，腳尖向南，右
腳尖外撇向西南，成右弓左蹬
步；同時，右手從腹胸中線向
上、向右畫弧，與右腳相對
齊，高與頭平，手心向外，指

圖 17

尖向上，左手向下、向裡畫弧到腹前，手心向下，指尖向西
南。眼神顧及右手（圖 18）。

動作三

右腳尖內扣，右胯下沉；同時，右掌弧形收回右腹前，
手心向下，手指向東；左掌從腹胸中線向上、向右畫弧，與

趙堡太極拳詮真

圖 18

圖 19

左腳相對齊，高與頭平，手心向外，指尖向上。眼神顧及左手（圖 19）。

動作四

同雲手動作二（圖 20）。

第五式　轉身拍腳

動作一

右腳尖內扣，向南偏東，右胯下沉，重心移到左

圖 20

腿，右腳尖外撇向東南成左弓右蹬步；同時，右手弧形收回右胯旁，手心向下，手指向東；左手由腹胸中線向上、向左、向東南方向向下畫弧按至腰高。眼向東南平視（圖21）。

圖 21　　　　　　　　圖 22

動作二

　　重心移向右腿，右腳尖微
內扣，左腳收回至右腳前，腳
尖點地；同時，右手轉手心向
外、向後、向上經頭頂畫弧落
到右胸前，手心向東北方向；
左手畫弧外旋收回左腹前，手
心向東，身轉向東。眼向東平
視（圖 22）。

動作三

　　右腳抓地，左膝上提，高

圖 23

於胯，腳心朝東；同時，雙手由掌變拳，雙拳成環形，由下
向上、向西南方向再向左畫弧，右手拳眼向下，拳心朝外，
與額同高；左拳置胸前，拳心向南，拳眼向西。眼向東平視
（圖 23）。

動作四

左腳向前踏下半步，腳尖向東北；右腳尖內扣向東；身體左轉；同時，雙拳與左腳尖成一條線，左拳眼向上，右拳眼向裡（圖24）。

動作五

身轉向北，兩腿成交叉步，同時，雙拳隨身體轉向左下方畫弧到左大腿上方轉拳心向裡，拳面向上，提至胸前。眼顧及雙拳移動（圖25、圖25附圖）。

圖24

動作六

右腳向東邁一步變實，腳尖向東北；左腳跟上，腳尖點地；同時，雙拳內旋向東按去，兩臂成弧形，右拳在前，拳心向外，拳眼向下，高與肩平，左拳在後，拳心向外，拳眼

圖25

圖25附圖

圖 26

圖 26 附圖

向右肘彎處，高與胸平；身朝東北。眼向東北平視（圖26、圖 26 附圖）。

動作七

左腳變實，右腳變虛，身體下蹲。同時，雙拳變掌，手心向下，隨身體下蹲畫弧下按至膝前。眼神關顧雙掌（圖27）。

動作八

身體起立，右腳向東用腳面踢出；同時，雙掌向左、向上、向頭前畫一大圈，右掌向右腳面拍擊，左掌跟隨右掌向前。眼向東平視（圖28）。

第六式　摟膝拗步

動作一

右腳向西（向後）退一步變實；左腳收回至右腳旁，腳尖點地；同時，右手外旋手心向上，收回腹前，與臍平；左掌變勾手由臉、胸前向下畫弧落到左膝上，勾尖朝北。眼向

圖27

圖28

圖29

圖30

東平視（圖29）。

　　動作二

　　左腳向東邁一步，踏實。同時，左勾手隨膝前進；右手由腹前轉手心向外畫弧至左膝內側。眼神顧及右手（圖30）。

圖 31　　　　　　　　　　圖 31 附圖

動作三

左腳抓地，成左弓右蹬步；同時，左勾手沿左膝繞至腿外側；右手向上、向頭前弧形按至小腹前，身轉向東。眼向東平視（圖 31、圖 31 附圖）。

第七式　倒卷肱

動作一

重心移到左腿，右腳提

圖 32

起，由右向左擺到左膝前，擺腳時腳心向前，定式時腳心斜向下；同時，右手上提至胸前，左勾手變掌，手心向下、向後、向上經頭前畫弧落至胸前，與右手相交成十字手，左手在內，手心向右，右手在外，手心向左。眼向東平視（圖32）。

圖 33

圖 34

動作二

　　右腳落在左腳旁，腳尖點地；同時，左掌弧形下落到左腹前，手心向下；右掌弧形下落到右胯旁，手心向上。眼向東平視（圖33）。

動作三

　　左腳抓地，右腳微上提即向西南方向退一步成左弓右蹬步；同時，左掌變勾手從膝關節內側繞膝摟至左腿

圖 34 附圖

外側，勾尖向後；右手由下向右、向後（西南）向上經頭頂、臉畫弧落至小腹前，手心向下，指尖朝東北。身要中正，眼向東平視（圖34、圖34附圖）。

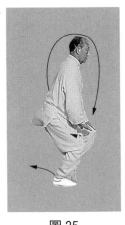  

圖 35 圖 36 圖 37

動作四

重心移到右腿，左腳收回在右腿內側懸起；同時，左手變掌外旋至左胯側，手心向下；右掌隨身體移到右胯旁。眼向東平視（圖 35）。

動作五

左腳向西北方向退一步，成右弓左蹬步；同時，右掌變勾，繞膝關節摟至右腿外側，勾尖向後；左手由下向西北方向向上經頭頂、臉前畫弧至小腹前，手心向下，指尖朝東南。眼向東平視（圖 36）。

第八式　摟膝斜行

動作一

右勾變掌，向後、向上畫弧至頭前，左手弧形上提至胸腹前（圖 37）。

動作二

重心移到左腿，右膝提起，身體稍向左轉，同時，雙手

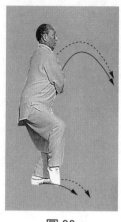

| 圖 38 | 圖 38 附圖 | 圖 39 |

隨轉身向左後畫弧下按，左手在身體左側，高與胯平，手心向下；右手落在左胯前，手心斜向左下。眼向東南平視（圖38、圖38附圖）。

動作三

右腳向東南方向邁一步變實，腳尖向東南；左腳跟上一步，落在左腳跟旁，腳尖點地；同時，雙手由下向上經頭前向下按出，左手高與胸平，手心向東南；右手高與眉齊，手心向東。眼向東平視（圖39）。

圖 40

動作四

雙手交叉成十字手，右手在外，手心向下；左手在裡，手心向內；同時，右腳尖外撇朝南偏東，重心在右腳，身體下蹲，十字手弧形下落在右膝前。眼向東南方向平視（圖40）。

圖 41 圖 42 圖 43

趙堡太極拳詮真

動作五

左腳向東北方向跨出一步；同時，兩手在右膝下分開，左手心向下、向外畫弧至左膝旁，手心向下；右手由膝下外旋上提至右胯旁，手心向東。眼向東平視（圖41）。

動作六

身體重心稍右移成馬步；同時，雙手手心向上，畫弧合於臉前，指尖與眉齊，兩掌相距1寸左右。眼向東平視（圖42）。

圖 43 附圖

動作七

身體重心左移，成左弓右蹬步；左掌變勾手由胸前向下、向左畫弧落到左胯旁，勾尖朝外；右掌向前推出，高與鼻平，手心向東北。眼神關顧右掌（圖43、圖43附圖）。

| 圖 44 | 圖 45 | 圖 45 附圖 |

第九式　海底針

動作一

左腳尖內扣變實，腳尖向東南；右腳收回到左腳旁，腳尖點地；身體轉向南；同時，左勾手變掌外旋，手心朝外向上經頭頂、臉前下按至腹前，手心向下；右手外旋向右、向下畫弧至右腿內側；手心向東。眼向南平視（圖44）。

動作二

身體向東北方向轉動，右腳提起，隨轉身向東北方向踏出一步變實；左腳提起跟上半步；同時，右臂內旋，手掌在襠前，手心向東南，指尖向下；左手向右推提至右肘前，手心向下。眼向東偏北平視（圖45、圖45附圖）。

動作三

左腳變實，右腳提起，腳點地；同時，左手沿右臂外側下按至小腹前；右手外旋上提至胸前，手心向右。眼向東北方向平視（圖46、圖46附圖）。

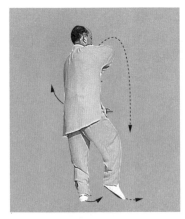

圖 46

圖 46 附圖

動作四

右腳上前半步；左腳跟在右腳旁，腳尖點地；同時，左手向下畫弧至身後變勾手，勾尖向右，略低於肩；右手外旋上提經胸、頭前向前弧形下切至小腹前，掌心向北，指尖向東北（圖47）。

動作五

左腳向後、向西南退一步變實，成仆步；右腳腳尖翹起；左手勾手向左、向上畫弧與頭平；右立掌下切至右膝關節內側。眼看右腳尖方向（圖48、圖48附圖）。

第十式　閃通背

動作一

重心移到右腿，左腳向東北方向邁一步，成左弓右蹬步；同時，左勾手變掌，手心向上、向前畫弧上抻，與左腳尖對齊，高與眼平，右手內旋，手心朝外，上托至頭前。兩眼平視東北方向（圖49）。

圖 47

圖 48

圖 48 附圖

圖 49

動作二

　　身體右轉，左腳尖內扣向南；右腳提起從左腳後往東北方向退一步，腳掌著地；同時，左手內旋，手心朝外，上抻由左經頭頂向右畫弧到頭前。右手隨轉身向右移動，兩手在頭前成環形，左手高與頭平，右手高與鼻平，兩臂與肩成斜

圈。眼關顧雙手（圖50）。

動作三

身體右轉向東北方向，右腳隨轉身向東北方向邁一步，腳尖向東偏北，成右弓左蹬步；左腳尖內扣，腳尖向西偏北；同時，雙手環形向右、向後按去，左手在胸前，手心向下，右手邊按邊轉手心向上，高與肩平，右肘與右腳尖和右膝相對。眼向東北平視（圖51、圖51附圖）。

圖50

動作四

身體左轉向西，重心移到左腿，左腳尖外撇向西南；右腳內扣，腳尖向西北；同時，右手向上經頭上按至頭前，手心向外；左手向左畫弧至胸前（圖52）。

圖51

圖51附圖

圖52

圖53

動作五

右腳提起向西南方向邁一
步，踏實，腳尖向西南；左腳
跟在右腳旁，腳尖點地；同
時，右手向西方向按去，手心
向西南；左手隨轉身到胸前，
略低於右手，手心向西南。眼
向西南平視（圖53）。

第十一式　野馬分鬃

圖54

動作一

左腳向東退一步踏實，腳尖向西南方向；右腳收回半
步，腳尖點地；同時，雙手外旋，手心向裡，再內旋上下分
開，左手心朝外畫弧，向左、向上按出，略高於頭；右手心
朝下向右下畫弧按至右腿外側，手心斜向外。眼向西平視
（圖54）。

動作二

右腳向西北方向邁出一步，成右弓左蹬步；同時，右手經腹前向上、向右前方畫弧按出，手心向西北，高與鼻平；左手由上向下、向後畫弧按至左胯根處，手心向下。眼向西北平視（圖55）。

圖55

動作三

右腳踏實；右手向上推向頭頂右側上方；同時，左腳提到右腳旁，腳尖點地；左手外旋，畫弧到左膝上方，立掌，指尖向西南方向。眼向西南平視（圖56）。

動作四

左腳即向西南方向邁出一步，成左弓右蹬步；同時，左手由左膝上向左、向上前方畫弧按出，手心向西南，高與鼻平；右手畫弧下按，經左膝到右胯根處，手心向下。眼向西南平視（圖57）。

動作五

左腳踏實；右腳提至左腳旁，腳尖點地；同時，左手向上推向頭頂左側上方，掌心向斜上方，指尖向西北方向；右手外旋，畫弧到右膝上方，立掌，指尖向西北方向。眼向西北方向平視（圖58）。

圖56

圖 57

圖 58

動作六

　　右腳向西北方向邁一步，成右弓左蹬步；同時，右手向右前方畫弧按出，手心向西北，高與鼻平；左手向下、向後畫弧按至左胯根處，手心向下。眼向西北平視（圖59）。

第十二式　雙擺蓮

動作一

　　身體轉向北，右腳外撇，

圖 59

腳尖向北；左腳提至右腳旁，腳尖點地；同時，右手弧形畫至頭前方；左手變勾手，畫弧至右胯旁，勾尖向南。眼向前平視（圖60、圖60附圖）。

動作二

　　左膝上提與腹平，腳心向前；同時，左勾變掌，上提至

圖 60　　　　　　　　　　圖 60 附圖

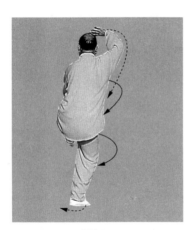

圖 61　　　　　　　　　　圖 61 附圖

胸前；右手弧形稍右移至頭右前方。眼平視（圖 61、圖 61
附圖）。

動作三

　　右腳以腳跟為軸，身體右轉向南，右腳尖朝南偏東；左
腳提膝，腳心向下；同時，左手上提，右手下落，雙臂成環

圖62

圖63

形在腹前。眼向南平視（圖62）。

動作四

左腳向東南方向邁一步，腳尖向東南方向，成左弓右蹬步；同時，雙手向下、再向上、向東南方向按去，手心朝外，指尖相對，高與肩平。眼向東南平視（圖63）。

動作五

右腳提起，往左肘尖下畫弧外擺；同時，左右手在右腳擺至東南方向時先後拍擊右腳面。眼關顧雙手（圖64）。

第十三式　搬弓射虎

動作一

右腳往後（西北）落下一步變實，腳尖向西南成右弓左蹬步；雙手向下按置腹前，雙

圖64

圖 65　　　　　　　　　　圖 66

臂成環形。眼關顧雙手（圖
65）。

動作二

身體下沉微右轉；同時，
兩手外旋變拳，由腹前弧形向
上，高與肩平，拳心向裡。眼
關顧雙手（圖66）。

動作三

兩拳上提，高與鼻平時兩
拳相疊，右拳在內，左拳在
外，拳心向裡，內旋向外打

圖 67

出；兩拳眼向裡，左手在外，高與頭平；右手在內，高與鼻
平。眼向西南平視（圖67）。

動作四

身體下沉，轉向東南方向；同時，左拳變掌畫弧，向下
立掌下切到左膝內側；右拳變掌，由臉前向頭頂畫弧到頭右

圖 68

圖 69

上方與右膝上下垂直。眼視東南斜下（圖68）。

收　勢

動作一

重心移到左腿，成左弓右蹬步；同時，左掌從左膝內側向前、向上畫弧按出，手與肩平，手心向前；右掌弧形下按至右胯旁，手心向下。眼向南平視（圖69）。

圖 70

動作二

右腳蹬地，提膝向前，高與胯平，腳掌平，腳心正對地面，腳尖向前，成左獨立式；同時，右手心向左，弧形上提，高與頭平，右肘與右膝相對齊；左手向裡，經胸前下落至腹前，手心斜向右下。眼向南平視（圖70）。

圖 71

圖 72

動作三

　右腳落下到左腳旁，與肩同寬，右腳虛，腳尖點地；同時，左手手心轉向上，平置臍下，與腹部距離約 1 寸；右掌逐漸變拳弧形下落，置於左手上方，與左掌心相距約 1 寸，略高於肚臍，拳眼向上，拳心向裡，與腹相距約 1 寸。眼向南平視（圖 71）。

圖 73

動作四

　身體逐漸直立；同時，右拳變掌，兩手左右分開至兩胯旁（圖 72）。

動作五

　左腳收回，兩腳合併還原（圖 73）。

第七章　趙堡太極拳技擊散手

第一節　趙堡太極拳技擊散手著法名稱

第二節　趙堡太極拳技擊散手動作圖解

　　趙堡太極拳共有 108 式（其中有一些係重複式子），每式都有強烈的防衛進攻技擊性，現將其所包含的技擊內容分述如下，並配以技擊圖。本節共述 67 個拳式 128 種技擊法。圖中穿黑衣者為王海洲（甲），白衣者為王長青（乙）。

第一式　起　勢

打法一

乙以雙拳或雙掌向甲胸前擊來。甲雙手由上往下黏乙方

圖1

圖2

雙臂稍外撐，隨即雙掌黏著乙方的內臂向乙方胸前打去，同時上右步配合，乙方即仰面跌出（圖1）。

打法二

乙以雙拳或雙掌向甲擊來。甲雙手由上往下採乙，乙向下栽倒（圖2）。

第二式　領　落

圖3

打法三

乙以左拳向甲左側擊來。甲進左步以左手上掤乙右手，以右手向乙胸部擊去（圖3）。

打法四

乙右腳在前，以雙手按甲左腕、肘。甲收左胯外旋滾左臂，以手腕切乙左腕，乙方從甲左側栽倒（圖4）。

圖4　　　　　　　　　圖5

趙堡太極拳詮真

打法五

乙以右拳向甲胸部擊
來。甲雙手上掤，左手管
乙右肘，右手管乙右腕，
配合身法，向右後先捋後
撅，乙向甲右側栽倒（圖
5）。

打法六

乙以右拳向甲右前擊
來。甲以左手管乙左肘，
右手管乙右腕，向上、向
裡搓，乙失去反抗能力（圖6）。

圖6

打法七

乙以右拳向甲正面擊來。甲以右手黏接上掤，起右腳踢
乙心窩部位，左右一樣用法（圖7）。

圖7

圖8

打法八

乙以左拳向甲正面擊來。甲雙手左将，提右膝頂撞乙襠部（圖8）。

第三式　翻　掌

打法九

乙正面以右拳擊來。甲右手管腕，左手管肘，將乙向前擊出（圖9）。

圖9

打法十

乙同時以右拳、右腳向甲上、下兩部擊來。甲右手上掤乙右拳，左手黏接乙右腳上扛，左腳向左前進步，乙向右側栽跌（圖10）。

打法十一

乙從甲正面以雙手按來。甲以左手接拿乙左手，以右手

圖 10

圖 11

接拿乙右手，雙手外分捆住乙，向左前下方按出，乙即向左側栽倒（圖11）。

第四式　攬插衣

打法十二

乙從甲右側以雙手擊來。甲以右臂向上、向前黏滾，以掌擊乙上部，乙仰面向後跌出（圖12）。

圖 12

第五式　如封似閉

打法十三

乙雙手按甲右腕、肘。甲收右胯，臂外旋，以右腕切乙右腕，乙從右側跪倒（圖13）。

圖13

圖14

打法十四

乙雙手按甲右腕、肘。甲收右胯，右臂外旋，滾臂右捋，提膝撞乙襠部（圖14）。

打法十五

乙以右腳踢甲襠部。甲腰胯右轉，以左手黏提乙右腳，將乙扛起送出（圖15）。

圖15

打法十六

乙以右拳、右腳上打下踢甲。甲以右手上搠沾乙右拳向右引，以左手黏扛乙右腳，將甲往右側打出（圖16）。

打法十七

乙用雙手向甲右側按來。甲兩手向兩側分開，空出正面迷惑對方，誘對方向前，甲提腳蹬乙面部或胸部（圖17）。

圖 16　　　　　　圖 17

第六式　單　鞭

打法十八

乙以左手向甲正面打來。甲以左手黏接乙左腕，以右臂、肘橫擊乙左肘，乙則向左前跌出（圖18）。

圖 18

打法十九

乙雙手撅甲右手腕、肘。甲順勢內旋，以勾尖擊乙肋部（圖19）。

打法二十

乙以雙手向甲左側按來。甲以左臂承接乙雙手外旋滾動，化去乙來力，以手擊乙胸部（圖20）。

圖 19

圖 20

第七式　領　落

打法二十一

乙以雙手按甲左腕、肘。甲收胯，左手順勢往身前向下引化，以左肩擊乙胸部（圖21）。

設右勾手受另一人雙手按擊，甲借乙下按之力傳至右勾手上打擊另一人。

圖 21

第八式　白鶴亮翅

打法二十二

乙用雙手向甲右側按擊。甲腰胯左轉，順勢將乙向左下捋，乙向甲左側栽倒。此式也稱「順手牽羊」法（圖22）。

圖 22　　　　　　　　圖 23

打法二十三

乙雙手正面向甲按來。甲順勢稍左将，以雙肘擊乙方左側，乙向前跌出（圖23）。

第九式　摟膝斜行

打法二十四

乙以右掌或拳向甲右側擊來。甲兩手外旋相交叉黏住乙手腕，沉身兩掌下切，乙被拿跪倒在甲身前（圖24）。

圖 24

打法二十五

乙以右拳或掌從甲右側擊來。甲兩掌外旋相交黏住下切，乙鬆開化過抽手，甲黏住乙右手內旋，向前上撐，乙即仰面跌出（圖25）。

圖 25

圖 26

打法二十六

　　乙在甲左側以雙手管住甲左腕、肘外搌。甲內旋順轉左臂，上左步以肩靠擊乙胸部，乙向左前跌出（圖26）。

第十式　開　合

打法二十七

　　乙以右手拿甲左手腕。甲左腕外旋，順轉拿乙右手腕，身、胯配合後收，乙即栽倒在甲身前（圖27）。

圖 27

打法二十八

　　乙以右拳向甲左側擊來。甲右手接黏下採後，以右臂向前擊乙左臂或左側，乙向後跌出（圖28）。

圖 28 　　　　　　　　 圖 29

打法二十九

乙從甲正面以右拳擊來。甲右手黏接後，拿乙右腕前
撅，乙跪倒在甲膝前（圖 29）。

打法三十

乙來勢兇猛，以雙拳向甲正面擊來。甲退步卸其來勢，
雙手由上而下黏採乙雙拳或
雙臂，乙即跪倒在甲身前
（圖 30）。

第十一式　琵琶勢

打法三十一

乙以右拳正面向甲擊
來。甲以左手變勾手，向左
外勾掛乙右手，右手以掌指
或拳擊乙肋部（圖 31）。

圖 30

圖 31

圖 32

第十二式　腰　步

打法三十二

乙雙手拿甲左腕、肘往外撅，甲順乙方撅勢往左黏去，左腳偷步封住乙雙腳，以肩靠擊乙胸部，右手向上、向前擊乙頭部（圖32）。

第十三式　十字手

圖 33

打法三十三

乙從甲左側用右拳擊甲頭部。甲以左手黏乙右肘，以右手黏乙右腕，配合身法，向右側撅去，乙從甲右側栽倒（圖33）。

打法三十四

乙從甲右側以左拳擊甲胸部。甲以右腳內擺擊乙腕或肘

圖 34

圖 35

（圖 34）。

打法三十五

乙從甲正面以右拳擊來。甲以交叉手搓拿乙腕部，提右蹬乙中部，乙向前跌出（圖 35）。

第十四式　收回琵琶勢

打法三十六

乙從右側以右拳擊甲。甲轉身，以右手黏住乙腕，左手管乙右肘，往右撅，乙向右側栽倒（圖 36）。

圖 36

第十五式　摟膝高領落

打法三十七

乙雙拳擊甲左右太陽穴。甲以雙拳由乙兩臂下向上黏化

圖 37　　　　　　　　　　圖 38

並擊乙左右太陽穴（圖37）。

第十六式　束手解帶

打法三十八

乙從甲背後用雙手捆抱甲。
甲縮身下坐，以雙手上掤拿住乙
雙臂，以背貼緊乙身體，將乙從
前面摔出（圖38）。

第十七式　伏　虎

圖 39

打法三十九

乙從甲背後用雙手捆住甲。甲左手上提，縮身以右肘擊
乙下部，將乙從背後擊出（圖39）。

打法四十

乙從甲背後以雙手捆抱甲。甲左手上提，縮身以右肘擊
乙下部，以右手抓乙襠部，以右肩卡住乙心窩處，將乙從前

圖 40   圖 41

面摔出（圖40）。

打法四十一

乙以左拳正面向甲頭部擊來。甲以左手黏接，向左下採，以右拳向乙頭部擊去（圖41）。

第十八式　擒　拿

打法四十二

乙以右手拿住甲右手腕。甲以左手急搭乙右腕上部，向上外旋右手腕，雙手向下拿乙右腕關節，乙即跪倒在地（圖42）。

圖 42

圖 43

圖 44

第十九式　指因捶

打法四十三

乙以拳正面向甲擊來。甲左手上掤，右拳轉向下擊乙襠部，乙必坐倒在地（圖 43）。

第二十式　迎面捶

打法四十四

乙從甲左側以右拳擊甲頭部。甲轉身以左拳黏擋，以右拳擊乙頭、胸部（圖 44）。

圖 45

第二十一式　肘底捶

打法四十五

乙左手向甲正面擊來。甲以左手上掤，右手成拳向乙咽喉部沖擊（圖 45）。

圖 46　　　　　　　　　　　圖 47

第二十二式　倒攆猴

打法四十六

乙右手管甲右腕，左手管甲右肘，向甲身上推去。甲右臂順化，由下轉向上按甲肩、背，配合轉腳、腰、胯，乙從甲左側倒地（圖46）。

打法四十七

乙從正面以右拳擊甲胸部。甲退右步，以右手黏接乙右腕，以左肘擊乙右肘。乙向甲右側倒地（圖47）。

第二十三式　開　合

打法四十八

乙以右手拿甲右手掌，以左手管甲右肘向外撅。甲順勢轉身化開乙撅力，以左手擊乙肩、頭部，乙栽倒在甲右側（圖48）。

圖 48　　　　　　　　　　圖 49

打法四十九

　　乙以右手拿甲右手掌，以左手管甲右肘往外撅。甲順化，使乙露出肋腋部，隨即以右肩靠擊乙肋部（圖49）。

第二十四式　海底針

打法五十

　　乙以左手管甲右腕，右手管住甲左肘，向前推甲。甲沉身滾雙臂，右手從胸前上抽，以反掌或拳打乙頭部（圖50）。

　　甲右勾手又以勾尖點擊從後面攻來的另一人。

圖 50

第二十五式　扇通背

打法五十一

乙以右拳迎面擊甲頭部。甲以右手管住乙右腕，左手管住乙右肘，雙手上托。乙以右拳順打甲。甲上托乙右臂轉身插步，將乙打翻在地（圖51）。

圖51

打法五十二

乙以右拳向甲頭部擊來。甲以右手接住乙右腕，左手管住乙右肘，上提轉身，以肩扛乙右臂，將乙扛起摔到前面（圖52）。

打法五十三

乙以右拳向甲頭部打來，甲以雙手管住乙右腕肘，左腳上步，雙手向前推擊，乙向前跌出（圖53）。

王海洲

趙堡太極拳詮真

圖52

圖53

圖54　　　　　　　　圖55

打法五十四

乙以右拳擊甲頭部。甲以右手管乙腕，以左肘擊打乙右肘。此種打法俗稱為「張飛推磨」。乙從右側轉跌（圖54）。

打法五十五

乙以右拳打甲頭部。甲以右手管住乙右腕上托，以左手擊乙肋部（圖55）。

打法五十六

乙以右拳打甲頭部。甲以右手管乙右腕，以左手橫擊乙肘部（圖56）。

打法五十七

乙以右拳擊甲頭部。甲以右手黏乙腕上提，以左手插乙襠，進步將乙扛起摔出

圖56

（圖 57）。

第二十六式　雲　手

打法五十八

乙從正面用右拳
向甲胸部擊來。甲以
右手黏乙右腕，左手
黏乙右肘，向右撅
去，乙栽倒在甲右側
（圖 58）。

圖 57

打法五十九

乙以左拳向甲胸
部擊來。甲以左手黏
接乙左腕，以右手黏
乙左肘，向左邊撅
去，乙栽倒在甲左側（圖 59）。

趙堡太極拳詮真

圖 58

圖 59

圖 60

圖 61

打法六十

乙以右拳向甲頭部擊來。甲以右手黏接拿住外旋,向下、向上轉動,乙栽倒在甲身前(圖60)。

打法六十一

乙以左拳向甲胸部擊來。甲以左拳黏接往外轉腕,乙栽倒在甲身前(圖61)。

第二十七式 高探馬

圖 62

打法六十二

乙雙手制甲左腕肘,往外撅。甲以右手黏乙左肘,雙手順乙撅勢打去。同時左腳以腳跟勾乙右腳,乙從左側翻出(圖62)。

圖 63

圖 64

打法六十三

乙雙手管甲左腕肘向外
撅。甲順乙撅勢，以右手擊乙
肋部（圖 63）。

打法六十四

乙以雙手管甲左腕肘。甲
左臂上掤，仰身化去，以右手
上提乙腋部，左轉身將乙摔倒
（圖 64）。

第二十八式　轉　身

圖 65

打法六十五

乙以雙拳向甲左側擊來。甲以雙手管乙右腕、肘外引，
以左腳踢乙肋部（圖 65）。

打法六十六

乙以右拳向甲左肋部擊來。甲以左臂黏接，配合身法捆

圖 66

圖 67

拿乙臂骨，乙跪倒在
甲身前（圖66）。

打法六十七

乙以右拳擊甲胸
部。甲以左肘配合身
法捆拿乙右肘，以雙
拳向乙頭部擊去（圖
67）。

打法六十八

乙以雙掌向甲左
側按來。甲以雙手黏
接下採，乙跪倒在甲身前（圖68）。

圖 68

打法六十九

乙以雙拳向甲胸部擊來。甲以雙手黏接逆撅乙雙拳，乙
疼痛而跪倒在甲身前（圖69）。

圖 69　　　　　　　　　　圖 70

打法七十

乙以雙拳向甲胸部擊來。甲以雙手黏接順搋乙雙拳，將乙向前打倒（圖70）。

第二十九式　右拍腳

打法七十一

乙以雙手正面擊甲胸部。甲以雙手向左側採乙雙手，乙向甲左側栽倒（圖71）。

打法七十二

乙以左拳向甲胸部擊來。甲以右手向左捋開，起右腳踢乙胸腹部（圖72）。

第三十式　雙風貫耳

打法七十三

乙從身前抱捆甲。甲以雙拳下壓分開，轉身以雙拳擊乙太陽穴，同時提膝撞乙胸、襠部（圖73）。

圖 71　　　　　　　　　圖 72

圖 73　　　　　　　　　圖 74

第三十一式　旋腳蹬根

打法七十四

　　乙與另一人同時向甲兩側以拳擊甲。甲以兩拳內旋向兩側分擊，同時提左腳踢乙胸部（圖 74）。

圖 75　　　　　　　　圖 76

第三十二式　三步捶

打法七十五

乙從左側以右拳向甲肋部擊來。甲以左拳外撇擊打乙右拳，將乙從左側打出（圖75）。

打法七十六

乙以右拳向甲左側擊來。甲以左撇身捶格開，以右拳擊打乙咽喉部，右腳踩踏乙襠、腹部（圖76）。

圖 77

打法七十七

乙以右拳擊乙左肋部。甲以左拳向右黏格後擊乙面部（圖77）。

第三十三式　青龍探海

打法七十八

乙從甲背後抱摔甲。甲右手採住乙右手下壓，身左轉，左臂向後擊乙左側，沉身將乙從甲右側打出（圖78）。

打法七十九

乙從正面以左拳擊來。甲以左拳黏格下摟，以右拳將乙擊倒（圖79）。

圖78

第三十四式　黃龍轉身

打法八十

乙從背後抱捆甲。甲上部稍前引轉胯，同時以右肘向後擊乙右肘，將乙從甲身後擊倒（圖80）。

圖79

圖80

圖 81　　　　　　　　　圖 82

第三十五式　霸王敬酒

打法八十一

乙以雙手捆甲雙手。甲配以身法，雙手反捆乙雙手下撅，乙仰面跌出（圖 81）。

第三十六式　二起拍腳

打法八十二

乙以右拳向甲胸部擊來。甲以左腳虛中有實踢乙右肋部。乙以右手下防。甲左腳收回，在左腳未著地前，起右腳踢乙胸部（圖 82）。

第三十七式　抱　膝

打法八十三

乙從正面以雙拳擊甲。甲以雙手黏接乙雙拳，先分後下採，外旋撐撅，乙跪倒在地（圖 83）。

圖 83

圖 84

甲可用同樣的辦法管乙的
臂或肘。

打法八十四

乙迎面以雙拳擊甲胸部。
甲以雙手黏接，分開上提，提
膝撞乙襠部（圖 84）。

打法八十五

乙從正面以雙拳擊來。甲
以雙手黏接，由裡向外分開並
上提，將乙根拔起（圖 85）。

圖 85

第三十八式　喜鵲登枝

打法八十六

乙以雙拳向甲胸部擊來。甲以雙手黏接上托，向前擊
出，以右腳蹬乙胸部（圖 86）。

圖 86　　　　　　　圖 87

第三十九式　鷂子翻身

打法八十七

此式為奪長兵器法。乙以棍向甲胸前扎來。甲以右手接黏棍頭，左手接棍中把，向上撐往回拉，以左腳尖踢乙胸部，將棍從乙手中奪過來（圖 87）。

打法八十八

乙以右拳向甲胸部擊來。甲以右手黏接乙右腕，以左手黏接乙右肘，向上、向後将，同時以左腳踢乙肋部（圖 88）。

第四十式　揀　膝

打法八十九

乙從甲右側以右拳擊來。

圖 88

圖 89　　　　　　　　圖 90

甲以右手黏接，上提引化，起右腳踢乙右肋部（圖89）。

第四十一式　研手捶

打法九十

乙從甲左側以右拳擊甲胸部。甲以左手或上或下滾動引化，以右拳擊乙胸、頭部（圖90）。

第四十二式　迎面肘

圖 91

打法九十一

乙從甲左側以拳擊甲左肋部。甲以雙手制乙臂下採，乙跪倒在甲身前（圖91）。

打法九十二

乙以雙手拿甲右腕。甲順勢以左手接按乙雙腕，以右肘

225

第七章　趙堡太極拳技擊散手

圖 92 圖 93

擊乙頭部（圖 92）。

第四十三式　抱頭推山

打法九十三

乙以雙手管甲左腕、肘向外撅。甲順撅勢以肘下採捆乙右肘，身法配合，將乙撅倒在甲身前（圖 93）。

打法九十四

乙以雙手管甲右腕肘向外撅拿。甲順乙撅勢，配合身法，以右肘捆乙左前臂下採，將乙撅倒在甲身前（圖 94）。

打法九十五

乙以右手向甲頭部擊來。甲以左手黏接下採，以右拳擊乙頭部（圖 95）。

圖 94

圖95　　　　　　　　圖96

第四十四式　前　招

打法九十六

乙以雙手按甲右腕、肘。甲順勢向右卸手臂，以肩將乙靠出（圖96）。

第四十五式　後　招

打法九十七

乙以雙手向甲右側按來。甲轉身，雙手交叉上掤前推，將乙仰面擊出（圖97）。

圖97

圖 98

圖 99

打法九十八

　　乙以雙手從右側擊來。甲右轉身，以左手上掤乙雙手，以右拳擊乙左肋（圖98）。

第四十六式　勒馬勢

打法九十九

　　乙雙手向甲雙手按來。甲雙手黏接後內旋，雙手左提右下壓外分，乙被掀起，甲同時以右腳踢乙襠部（圖99）。

圖 100

第四十七式　野馬分鬃

打法一〇〇

　　乙以左拳向甲迎面擊來。甲以左手上掤，右手打乙肋部，輔以進步進身，將乙從左前打出（圖100）。

打法一〇一

乙以右拳向甲迎面打來。甲
以右手上掤，以左手擊乙肋部，
輔以進步進身，將乙從右前打出
（圖101）。

圖101

第四十八式　白蛇吐信

打法一〇二

乙以右拳向甲正面擊來。甲
以左手黏壓，右手以指向乙咽喉
部穿擊（圖102）。

第四十九式　玉女穿梭

打法一〇三

乙以右拳向甲胸部擊來。甲以右手黏壓右採，以左掌向
乙胸部擊去（圖103）。

圖102

圖103

圖 104

圖 105

第五十式　跌　岔

打法一〇四

　　乙從甲右側以雙手擊來。甲以雙手交叉上掤黏乙雙手，向上、向前推擊，將乙仰面擊出（圖104）。

打法一〇五

　　乙從正面以雙手向甲頭部擊來。甲雙手上掤撐開，將乙上提向前打出（圖105）。甲可提右腳向後踢由後摟抱的另一人。

圖 106

打法一〇六

　　乙從甲左側以雙手按來。甲以左手黏乙雙手向下採挒，乙從左側跌出（圖106）。

第五十一式　掃　腿

打法一〇七

乙以右拳擊甲頭部。甲左手上護，蹲身以右腳掃乙腳、腿部（圖107）。

圖107

第五十二式　金雞獨立

打法一〇八

乙以左拳向甲上部擊來。甲以右手上掤，提右膝撞乙襠部。左右用法相同（圖108）。

第五十三式　雙震腳

打法一〇九

乙以腿掃甲腳、腿。甲右腳跳起躲過，隨即落下踩乙掃

圖108

圖109

圖 110　　　　　　　圖 111

腿，左腳緊接落下重跺乙掃腿（圖 109）。

第五十四式　十字手

打法一一〇

乙從正面以拳擊甲胸部。甲以雙手絞剪乙腕、肘，同時起左腳踢乙肋骨（圖 110）。

第五十五式　單擺蓮

打法一一一

乙右手拿甲左手。甲以右腳外側踢乙手腕。此招可踢雙手，可踢手持短兵器的手腕（圖 111）。

第五十六式　指襠捶

打法一一二

乙以雙手制甲左腕、肘，往外撅。甲以左肘配合身法捆乙前臂下採，乙翻倒在甲身前（圖 112）。

圖 112　　　　　　　　　　圖 113

打法一一三

乙以雙手制甲左腕、肘。甲蹲身滾臂以右拳擊乙襠部（圖 113）。

第五十七式　右七星下勢

打法一一四

乙以左拳向甲右側擊來。甲以雙手管乙左腕、肘，將乙向左側後捋出（圖114）。

打法一一五

乙以雙拳向甲迎面擊來。甲以左手黏接乙右腕，右手黏接乙左肘，雙手上提，

圖 114

圖 115

圖 116

收右胯，轉身將乙摔倒在右側
（圖 115）。

第五十八式　擒　拿

打法一一六

乙拿住甲擊出的右拳。甲
沉身引化，回抽右拳，左手從
右拳下上掤，雙手將乙雙手掤
起，右手變拳，往下擊乙襠部
（圖 116）。

圖 117

第五十九式　回頭看畫

打法一一七

乙以右拳向甲背後擊來。甲轉身，以左腳左擺踢開乙右
拳，以左拳由上向下擊乙頭部、胸部（圖 117）。

圖118   圖119

第六十式　　進步指襠捶

打法一一八

乙以雙手管住甲左腕、肘向外搬，甲以左臂順捆乙雙手，以右拳向甲胸、襠部擊去（圖118）。

第六十一式　　黃龍絞水

打法一一九

乙以雙手管住甲右腕、肘並向外搬。甲順乙搬勢以臂捆乙腰部，提右腳套封乙雙腳，以胯身配合，將乙抱起，左手扛乙腿部，將乙向右側摔倒（圖119）。

第六十二式　　擒　拿

打法一二〇

乙以雙手拿甲左腕、肘往外搬。甲順化左臂，右手從左肘下黏接乙雙手，反拿乙雙手，使乙在甲身前跪下（圖

120）。

第六十三式　進步砸七星

打法一二一

乙雙手捆住甲雙手（左手拿左手，右手拿右手）向前推擊。甲外旋手腕，以臂、身配合反捆乙雙臂，將乙攦倒在地（圖121）。

打法一二二

乙雙手向甲胸前按來。甲以雙拳向上掤化，向前沖擊乙胸部（圖122）。

圖 120

第六十四式　退步跨虎

打法一二三

乙以右拳向甲胸部擊來。甲右手上掤，左手前擊乙胸、腹部（圖123）。

圖 121

圖 122

圖 123

圖 124

打法一二四

　乙雙手向甲胸前擊來。甲右手上掤乙左手，左手下採乙右手，起左腳踢乙肋部（圖 124）。

第六十五式　轉　身

打法一二五

　乙以右拳向甲胸部擊來。甲以右手黏接乙右腕，以左肘擊乙右肘關節，輔以身步法，乙向甲右前栽倒（圖 125）。

第六十六式　雙擺蓮

打法一二六

　乙雙手拿甲左腕、肘。甲以右腳由左臂下擺擊乙雙手，使乙雙手受傷（圖 126）。

圖 125

圖 126

圖 127

第六十七式　搬弓射虎

打法一二七

　　乙從甲背後抱摔甲。甲雙手拿住乙雙手下壓外撐，配合身法，將乙摔到前面（圖127）。

打法一二八

　　乙以左拳向甲正面擊來。甲以左手上掤，以右拳擊乙胸、腹部（圖128）。

圖 128

第八章　趙堡太極拳推手法

第一節　趙堡太極拳推手簡述

趙堡太極拳以架子為體，從架子中鍛鍊出自己的功力和知己的功夫，同時也練習推手。推手在太極拳中占有與架子同等重要的位置，當架子練習到一定時間即要練習推手。過去趙堡世代傳的推手是沒有單手推、定步推手的，只有用於技擊的活步推手。

隨著太極拳運動的發展，趙堡傳人也從教學實際出發，創編了符合初學者習練的定步推手。過去，趙堡太極拳的推手是在活步進退中運用掤、捋、擠、按、採、挒、肘、靠八種手法和在黏走中盡量爭取做到我順人背，從而進行各種發放。一般不以固定的招數去進行練習，是在活動中、轉換中尋找有利於自己的機勢。

趙堡太極拳指導推手、散手練習及攻防的理論較為完備，很多理論和口訣都為口授、身傳。在近代，一些趙堡太極拳名家把各種推手、技擊經驗總結成各種口訣，一代一代傳下來，這些理論和口訣在門人中傳授，散落各地，各地傳抄很多。有的流到其他太極拳種的門人手中，當今流傳的很多太極拳理論中，有的已分不清源在哪裡。

據北京體育學院 1990 年出版的《武術大全》一書《和式太極拳》條目中記載：趙堡太極拳專著有《九要論》《太

極行功歌訣》《太極拳注講》《捷要論》《遠天機論》《五字訣》和散手法等；也有點穴法、擒拿法、卸骨法⋯⋯從查到的資料看，上述專著有些與其他派太極拳流傳的拳論大同小異，難鑒別其源流。除有上面提到的論著外，還有「高手武技論」「比手」「尷手十六要」「較手三十六」「手法五要及步法」「七疾」「八字訣」「七要訣」「九歌訣」「十法」「交手法」等。

以上論、訣王海洲先生存有，這顯然只是趙堡歷代傳人傳抄的一部分。從資料看，也有些與其他派拳流傳的一致。趙堡太極拳過去缺少系統的記載，沒有整理成完整的拳書、拳論（至今未發現），為研究趙堡太極拳增加了很大的困難。從筆者掌握的拳論、拳訣、趙堡太極拳及推手看，趙堡太極拳的推手除具有一般太極拳的推手特點以外，還有自己的獨特地方。這些獨特的地方是趙堡太極拳數百年來流行不衰的因素，也是趙堡太極拳傳人們十分重視自己的拳種、不願和別的拳種混雜的緣由。

趙堡太極拳推手講究不貪不欠，無過不及，三節齊退進，手到腳到身要到，輕靈圓活，小圈剋大圈，要啥給啥，處處捨己從人，不丟不頂，以靜待動，後發先至，以及獨特丹田轉動意到、氣到、勁到，以「氣」打人（這裡的氣，是指氣到以後勁自湧出的意思）。

這些要求，趙堡太極拳傳人常以當地形象化的語言作比喻，如「塞瓶口」「吃窩還餅」「水漲船高」「王屠捆豬」等。這些比喻，趙堡太極拳傳人們能在推手中一一表現出來。雖然是口頭語，但完全符合太極拳的理論要求，有實用的技擊價值。

趙堡太極拳推手要求運用架式中的各種著法。「著熟」

是推手的基礎，也就是在練拳走架中，熟練地掌握架子的種種使用方法，在推手中一一運用出來，發揮其威力。趙堡太極拳不是不講招數，而是十分重視架子中招數的運用。一旦架子嫻熟，推手會自然而然地運用出來。無論手、腳、身的動作，以及架子表現出來的細小動作，在推手中都有一定的攻防作用，所以，趙堡太極拳曾有「走架即推手，推手即走架」之說。架子與推手是緊密聯繫在一起的。如果有人不重視架子而專練習推手，這在趙堡人看來是可笑的事。所以，趙堡太極拳的推手是以架子為基礎的，不熟悉架子，不要練習推手。趙堡太極拳尊王宗岳為宗師，嚴格按照王宗岳《太極拳論》中「由著熟而漸悟懂勁，由懂勁而階及神明」的漸進方法學習。

趙堡太極拳在推手中要求，發放時，「掤、捋、擠、按、採、挒、肘、靠、進、退、顧、盼、定」十三法在得機得勢時一剎那間全部實施。

這種要求表面上看來是不可思議的，但趙堡太極拳傳人就是這樣傳習的。這種連環式的發放要得到老師的口授身傳，被發放者在瞬間拋出丈餘，仆倒於地。

趙堡太極拳在推手中講究運用多種擒拿法，這與架子中的「擒拿」一致。趙堡太極拳的擒拿法講順人之勢，拿人關節，拿人時渾身是手。講究以拿還拿，以拿解拿，在危險中轉危為安，在敗中求勝。

在推手中，趙堡太極拳傳人不主動，不輕易使用擒拿手法，只是在不得已時的情況下才應用。

趙堡太極拳推手法是提升技擊水準必須研習的，以健身為目的的學者，練習推手法也能達到理想的效果，研習推手能提高練習者的興趣。

在練習趙堡太極拳推手時，要求以武德為先，不隨便發放打人，以防對方受到傷害。只是在雙方的黏走往來中摸清對方的勁路，達到引進落空的目的即可。就是技擊性的推手比賽也以引盡對方來勁，避開對方危險的部位，把對方發放出去即達目的。時代不同了，推手也要貫注符合時代要求的新內容。

第二節　趙堡太極拳推手圖解

一、定步單推手法

【動作】

甲乙兩人相對站立，圖中左為乙，右為甲，距離以兩人伸出手臂指尖相觸為宜（圖1）。

兩人各出右腳向前一步，在對方腳內側落下，兩腳橫距一腳寬；同時互出右手，以手腕相黏連。眼看對方（圖2）。

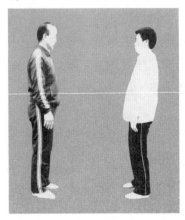 

圖1　　　　　　　　　　圖2

圖 3　　　　　　　　　　　　　圖 4

　　甲向乙胸部按來；乙順其勢，鬆胯、坐腿、轉腰、旋腕往右下捋，引空甲的按勁（圖3）。

　　乙向上、向前往甲胸部按去；甲順乙的按勢，向後坐腿、鬆胯、轉腰、轉腕向右上捋去（圖4）。

　　【說明】

　　以上是右定步單推法。左定步單推法與右相同，只是換腳手即可。要求雙方走化要圓，連綿不斷。畫圈可斜可正，可平可立，達到動作走圓，為以後雙推手練習打下基礎。

　　定步單推手法的按與捋有明顯的動作，其中也含有掤和擠，學者細心體會即可領悟。定步單推手法是定步雙推手法和活步推手法的基礎，必須按推手的要求認真進行規範化的練習，不可看輕它和隨意對待。

二、定步雙推手法

　　定步雙推手法是甲乙雙方按掤捋擠按四個動作互相配合畫圈黏走的推手法。圖中左為乙，右為甲。

圖5　　　　　　　　　　　圖6

第一動　乙按甲右将

甲乙互出右腳變實，雙方以右手腕相交；乙以左手撫甲右肘；甲也以左手撫乙右肘（圖5）。

乙以雙手按甲右腕肘；甲以左手腕背繼續黏乙右腕，左手黏乙右肘，坐左腿轉腰向右側、向下将去（圖6）。

第二動　甲擠乙右掤

乙被将即半身下卸；甲乘乙下卸半身之時，左手黏乙右肘，右手黏住乙右腕前擠；乙左手收回，移到右肘內側，以腕掤住甲左手腕，右手移到甲左肘下，手心托住甲肘尖，雙手掤起甲的左臂；甲移右手撫乙左肘。雙方腳的虛實在轉換過程中（圖7）。

第三動　甲按乙左将

甲順乙掤勢，右手撫乙左肘，左手腕撫乙左手腕向乙身

圖7

圖8

前按去；乙順甲按勢，以右手撫甲左肘，以左腕黏甲左腕，坐腿、轉腰向左挒去；甲右腳實，左腳虛（圖8）。

第四動 乙擠甲左掤

甲被挒即卸下半身；乙乘勢以右腕撫甲左肘，左手腕撫乙左手腕前擠；甲右手收回，在左肘內側以手腕掤住乙右手腕，左手移到乙右肘下托住肘尖，雙手掤起乙右前臂；乙左手移到甲右肘下，雙腳虛實在變換過程中（圖9）。

第五動 乙按甲右下挒

乙右手撫甲右腕，左手轉撫甲右肘前按；甲左手撫乙右肘，右手撫乙右腕，順甲按勢

圖9

圖 10

圖 11

往右下将去；乙右腳實，左腳虛（圖 10）。

第六動　甲擠乙左掤

乙被将即卸下半身；甲在乙半身下卸之時，左手撫乙右肘，右手撫乙左腕前擠；乙以左手托甲右肘尖，右手與甲右腕相黏左手，雙手掤起甲右臂；兩腳在虛實轉換中（圖 11）。

第七動　甲按乙右将

甲以右手撫乙右腕，左手撫乙右肘，向乙身前按去；乙以右手撫甲右腕，左手撫甲右肘，向右将去；甲右腳實，左腳虛（圖 12）。

圖 12

圖 13　　　　　　　　圖 14

第八動　乙擠甲右掤

甲半身下卸；乙在甲半身下卸之時，以左手撫甲右肘，右手撫甲右腕前擠；甲收回左手，在右肘內側掤住乙右腕，右手移到乙右肘下托住肘尖，雙手掤起乙左臂；雙方腳虛實在變換過程中（圖13）。

第九動　乙按甲左捋

乙以右手撫甲左肘，左手撫甲左腕，向甲身前按去；甲以左腕撫乙左腕，右手撫乙左肘，乘勢向左捋去；乙右腳實，左腳虛（圖14）。

第十動　甲擠乙左掤

乙半身下卸；甲在乙半身下卸之時，以右手撫乙左肘，左腕撫乙左腕，向前擠去；乙收回右手，在左肘內側與甲右腕相交，左手移到甲右肘下托住肘尖，雙手掤起甲右臂；雙

圖 15

圖 16

腳虛實在變換中（圖 15）。

第十一動　甲按乙右捋

甲以左手撫乙右肘，右手撫乙右腕，向乙身前按去；乙以右手撫甲右腕，左手撫甲右肘向右捋去；甲右腳實，左腳虛（圖 16）。

第十二動　乙擠甲左掤

甲卸下半身，乙在甲卸下半身之際，以左手撫甲右肘，右手撫甲右腕前擠；甲以左手掤乙右肘，右腕掤乙右碗，雙手掤起乙右臂；雙腳在虛實轉換中（圖 17）。

以上是合步定步雙推手法。順步定步雙推手法手的動

圖 17

圖 18

圖 19

轉與合步相同。

定步雙推手法千變萬化，除含掤捋擠按四種動作外，也含有採挒肘靠之意。這裡只描述掤捋擠按手法的簡單動轉過程，供練習者參考。

三、活步推手法

活步推手法手的動作和定步雙推手法相同，腳步採取順步和有進退的步法。

甲乙兩人對面站立，甲在右，乙在左。甲出左腳，乙出右腳，雙方互按右腕、肘（圖18）。

第一動　乙按甲右捋

乙以雙手按甲右腕、肘；甲以右腕黏乙右腕，左手黏乙右肘，坐右腿、轉腰向右側、向下捋去；乙右腳實，左腳虛（圖19）。

圖 20

圖 21

第二動　甲擠乙右掤

乙被捋時半身下卸；甲乘乙下卸半身之時，以左手黏乙右肘，右手黏乙右腕前擠；乙左手收回，移到右肘內側，以腕掤住甲左腕，右手移到甲左肘下，手心托住甲左肘尖，雙手掤起甲的左臂；甲移右手撫乙左肘；雙方腳在虛實變換中（圖 20）。

第三動　甲按乙左捋

甲順乙掤勢，右手撫乙左肘，左腕撫乙左腕，向乙身前按去；乙順甲按勢，以右手撫甲左肘，左腕黏甲左腕，坐腿、轉腰向左捋去；甲乙均右腳虛，左腳實（圖 21）。

第四動　乙擠甲左捋

甲被捋卸下半身；乙乘勢以右腕撫甲左肘，右腕撫乙左腕前擠；甲右手收在左肘內側，以手腕掤住乙右腕，左手移

圖 22

圖 23

圖 24

到乙右肘下，托住肘尖，雙手掤起乙右前臂；乙左手移到甲右肘下，雙腳虛實在變換中（圖22）。

第五動　乙按甲右捋

乙右手撫甲右手腕，左手撫甲右肘前按；甲左手撫乙右肘，右手撫乙右腕，順甲按勢往右下捋去；甲乙均右腳實，左腳虛（圖23）。

第六動　甲擠乙左掤

乙被捋即卸下半身；甲在乙半身下卸之時，左手撫乙右肘，右手撫乙左腕前擠；乙以左手托甲右肘，右手與甲右腕相黏，雙手掤起甲右臂；兩腳虛實在轉換中（圖24）。

圖 25　　　　　　　　　　圖 26

趙堡太極拳詮真

第七動　甲按乙右捋（進退步）

甲以右手撫乙右腕，左手撫乙右肘，向乙身前按去，右腳向前進一步，腳落在乙右腳內側；乙以右手撫甲右腕，左手撫甲右肘向右捋去；雙方均右腳實，左腳虛（圖 25）。

第八動　乙擠甲右掤

甲半身下卸；乙在甲半身下卸之際，以左手撫甲右肘，右手撫甲右腕前擠；甲收回左手，在右肘內側掤住乙左腕，右手移到乙左肘下托住肘尖，雙手掤起乙左臂；雙腳虛實在變換中（圖 26）。

第九動　乙按甲左捋

乙以右手撫甲左肘，左手撫甲右腕，向甲身前按去；甲以左腕撫乙左腕，右手撫乙左肘，向左捋去；甲乙均左腳實，右腳虛（圖 27）。

圖 27

圖 28

第十動　甲擠乙左掤

　　乙半身下卸；甲在乙半身下卸之時，以右手撫乙左肘，左腕撫乙左腕，向前擠去；乙收回右手，在左肘內側與甲右腕相交，左手移到甲右肘下托住肘尖，雙手掤起甲右臂；雙腳在虛實變換中（圖28）。

圖 29

第十一動　甲按乙右下将

　　甲以左手撫乙右肘，右手撫乙右腕，向乙身前按去；乙以右手撫甲右腕，左手撫甲右肘，向右将去；甲乙均右腳實，左腳虛（圖29）。

圖30   圖31

第十二動　乙擠甲左掤

甲卸下半身；乙在甲卸下半身之時，以左手撫甲右肘，右手撫甲右腕前擠；甲以左腕掤乙右肘，右腕掤乙右腕，雙手掤起乙右臂；雙腳在虛實變換中（圖30）。

第十三動　乙按甲右将

同第一動，再上步進退。

乙按即進右腳；甲将即退右腳；手的動作與第一動相同（圖31）。

活步推手就這樣進退往復。兩人在停止推手時，可在一方按時不再按出，前腳收回一步，被按一方也前腳收回一步，雙方收回雙手即可。

上述活步推手只說了掤将擠按四種手法，但其中也含有採挒肘靠等手法。在活步推手中，只要得機得勢，不論進或退均可任意發放，都可以使用掤将擠按採挒肘靠等手法。活

步推手要求手眼身法步配合成一體，前進後退，虛實轉換，輕靈圓活，做到沾連黏隨，為以後提高技擊水準打下基礎。

四、大捋

趙堡太極拳大捋是在活步推手的基礎上把步子邁大，把手的動作拉大，動作與活步推手相同。這裡只列大捋的掤捋擠按四個圖，其他從略。

掤（圖32）。

捋（圖33）。

擠（圖34）。

按（圖35）。

大捋是增強下盤功夫、提升功力的有效方法。它大幅度地活動腰、胯、臂、肘、手。練習大捋必須鬆下腰胯，氣沉丹田，大開大展，畫圈要圓、要大。這適合青壯年提升技擊練習效果。

以上四種推手法，是由淺入深安

圖32

圖33

排的。趙堡太極拳的推手練習方法要順序前進，有序地進行訓練，這對提升自己的健身和技擊水準能收到水到渠成的效果。

以上四種推手法只是供學者練習使用，就技術而言，並不是熟練地掌握了這些推手方法就能自然提升水準的。技擊性推手與固定的推手方式相比，有著不可比擬的豐富內容，因此，切不可教條地看待這四種推手法。在

圖 34

圖 35

熟練地掌握了這些推手法後，還得有老師口授身傳，自己默識揣摩，才能在實踐中發揮它的技擊作用，達到在對抗中隨心所欲地進行有效的發放。

第三節　趙堡太極拳推手的理論要求

一、不貪不欠

這一要求同時是走架行功的要求。前文說過，趙堡太極拳的架子與推手有密切的聯繫，走架如推手，推手如走架。走架要不貪不欠，如果說走架中要嚴格做到一點，那麼在推手中，這一點的重要性也是不言而喻的。

不貪不欠，這是趙堡人的口語說法，與《太極拳論》中說的「無過不及」是一致的。不貪就是不超過，不欠就是不要欠缺。也就是無論如何轉換，必須做到手與足合、肘與膝合、肩與胯合的外三合。做不到外三合的，就是貪或欠，就是過與不及，不貪不欠，適中才是。

趙堡秘傳的《七疾》訣中說「上法需要先上身，手腳齊到方為真」，一語道破了趙堡太極拳推手和走架的真諦，研究趙堡太極拳推手的人必須從這裡面去尋找奧秘。

人的身體是有重心、有中心線的。要使身體平衡，不失勢，必須注意使自己重心在一定的範圍內移動，或上移、下移，或前移、後移，或左移、右移等。如果超出了一定範圍，就叫「失重」。身體一「失重」，就給對方有可乘之機。

人的高、矮、大、小、胖、瘦不一樣，重心難以確定在哪一點，只有自己在練習中體會才能掌握。而不貪不欠的原則是檢驗自己失不失重的一個外形標準。

比如手超出腳尖以外，肘超出膝外，身體就自然前移，重心就會隨著前移。在運轉接勁中，對方不用多大力就會把

自己的身體引斜，重心就不穩，對方找到了發放的最好機會。又如，自己的身、手已後收，而腳還在原來的位置不動，這就欠。一欠重心便已失中，別人乘勢向前加勁，自己就會後仰。貪與欠成了自己失敗的條件，而給對方造成了勝利的條件。貪在這裡是一個比喻詞，貪心，想占人便宜，最終吃虧的是自己，而欠了人的東西，終究是要償還的。兩種結果都是使自己背，別人順。

趙堡太極拳把不貪不欠作為一條推手的原則，是要求自己身體各部分的位置合理安排，適中對待。適中、合理，就能轉換自如，前進後退，左進右退，右進左退，全身一致，就會給對方一種無隙可乘的外形形象，對方就不敢輕舉妄動。

趙堡太極拳秘傳的拳論中，這方面的論述非常豐富。《天遠機論》中說：「手起腳要落，足落手要起」「身要攻人，步要過人」。《高手武技論》中說：「夫拳勇氣之勢，固貴乎身靈也，尤貴乎手敏。蓋身不靈，則無以為措手之地；而手不敏，亦無以為動身之處。惟身與手合，手與身應，夫而後雖不能為領兵排陣，亦可交手莫敵矣。」

在《手法五要及步法》中說：「打法先上法，手足齊到方為真，身似遊龍，拳似烈炮。遇敵好似火燒身。起無形，落無蹤。手似毒箭，身如返弓，消息全憑後腿蹬。進退旋轉要靈活，五行一動如雷聲。風吹浮雲散，雨打灰塵淨，五行合一體，放膽即成功。」

以上拳論，都充分說明打手時必須做到身動手隨，手進身進，周身合一，不貪不欠。與人推手，遇敵化發，渾身上下做到外三合，才能有回旋的餘地，才能有所成。

外三合是外形上的要求，要做到外三合必須做到內三

合。內三合是心與意合、氣與力合、筋與骨合。內三合與外三合不能孤立看待，事物都是互相關聯的，事物與事物之間呈各種各樣的關係。要做到外三合，必須明內三合。內三合做到了自然會帶動外形，做到外三合。

如果心不知，意不明，手、腳、肘、膝、肩、胯就不會按自己的思想指揮去完成外三合。反過來，手、腳、肘、膝、肩、胯不合，心與意、氣與力、筋與骨，也不可能做到相合。它們互為因果關係。

從某種程度上說，內三合比外三合更難做到。外三合是外形，人們往往一眼就能看出，內三合含於內不顯於外，往往不易覺察。學者先求形似，後求神明，形神合一則渾身無間隙，遇敵制敵就會一動無有不動，一靜無有不靜，一開無有不開，一合無有不合。到這境界，推手技術可臻成熟。

二、三節知進退

趙堡太極拳推手要求科學、合理地運用自己的三節，在黏走、運化、纏繞、絞轉中充分利用三節各自的作用，使自己獲勝。趙堡太極拳拳論中有許多明三節的理論要求。古傳秘訣中有「上節不明無依無宗，中節不明渾身自空，下節不明自家吃跌」的論述，講清明瞭三節在走架推手中的重要性。

趙堡太極拳拳論認為，人身自頭至腳為一大節，各節均可以一分為三，身體可分無數個三節。趙堡秘傳的《十法》訣中對三節是這樣論述：

「人之一身而言，手、肘為梢節，腰、腹為中節，足、腿為根節。分而言之，三節之中也各有三節。手為梢節之梢節，肘為梢節之中節，肩為梢節之根節；胸為中節之梢節，

心為中節之中節，丹田為中節之根節；足為根節之梢節，膝為根節之中節，胯為根節之根節。總不外梢起、中隨、根追之理。庶不至有長短、曲直、參差、俯仰之病，此三節所要貴明也。」

這裡講了大的三節，還有無數個小三節。頭有三節，為額、鼻、口。腳手均可分為三節。手有三節：指為梢節，掌為中節，腕為根節。腳的三節：腳趾為梢節，腳背、腳掌為中節，腳跟為根節。手指又可分為三節，手指前段為梢節，中段為中節，近指根這段為根節。腳趾亦然。全身的三節分得細，能自如運用，就能在推手中做到擊首者尾應，擊尾者首應，擊中節則首尾應。

這樣在推手中就能較好地化解對方的勁力而順勢應擊。比如，對方制我臂三節中的肘，我給對方肘，以手出擊；對方制我梢節中的手，我以肘、肩出擊。這樣三節相應，配合身法則能做到動急則急應，動緩則緩隨，隨手奏效。

「上節不明即無依無宗」還有一個意思，就是指頭要「明」。頭是人的大腦所在，是人體的司令部，一切命令由頭發布，全身的進退轉換必須由大腦指揮。心意一動，即全身各部分因敵變化，所以對頭部的要求必須明，不能糊塗。

但如何做到三節互相接應？如何在推手中遇勁走勁、化背為順，達到化則打、打則化，黏即是走、走即是黏呢？

我們從實際手法中的表現探討它的原理。

比如設被對方雙手按住自己的肘、腕，對方平衡用力加於我腕、肘上前按，我遇力即配合身法，前臂放他前來，從一旁走過，即以肩靠對方的胸部。這是中節、梢節被擊，根節接應，一走即黏，一化即打。

再設對方雙手按我左腕、肘，我發現對方用力不平衡，

對肘部用力大，對腕部用力小，我即中節肘部順其勢轉化，以梢節手隨轉前擊，當然肩、身其他部位要齊進，這就是三節連環化解還擊。這個過程完全符合力學的道理，符合借力打人的太極道理。

我肘部著人力，即把對方的力的一部分轉移到我手上，對方已陷入落空的背境，我借到對方的力，能及時還擊到對方身上。這是一種比較簡單的三節化發的例子。以此推之，當對方在我身上的其他部位用力，我都從實際出發，以這種原理來進行實際操作化打。

趙堡太極拳的三節要明，就是要處處懂得運用三節應敵。當然其中要配合運用各種勁別，不能簡單、孤立地處理。如果以為很容易做到，簡單化地看待，不用心去揣摩，這就錯了。因為在對敵中，形勢千變萬化，目不暇接，非得上節「頭」保持清醒，同時要有一定的懂勁功夫，經過一定的實際訓練，才能得心手。

運用三節的原理去應敵，會產生一個良性的效果，就是使對方感到對手渾身都是手，全身各部位都能引、化、拿、發，自己無從入手。

高明的太極拳家渾身都是手，不是指有無數的手，而是指他身體處處都能配合成一個整體，在觸點處即能引、化、拿、發。

比如，對方以手拿我肘，我的肘柔化，即以另一手按住其連著我肘的手或手指部位，旋轉肘、手，對方即被拿住，這是手與肘的配合。這時，手是手，肘也是手。對方用一手按住我肩，我肩部柔化，以另一手按住我肩上的他手，旋轉滾動，對方即被我拿住，此時我的肩也是手。我以胸、腹協助配合手、臂拿人，此時我胸、腹、肋部也是手。

肩、肘、胸、肋等部位當然不是手，表面上看，它們起不到拿人的作用，但一旦全身配合就能協助拿人，起到的作用與手的作用一樣，所以讓人感到對方渾身都是手。

趙堡太極拳要求練習太極拳推手的人能充分地利用三節，做到自己周身能引、化、拿、發，這是它的獨特的地方。這是趙堡太極拳有記載以來珍重自己的練習法、不被外人同化的原則之一。

三、小圈剋大圈

趙堡太極拳練拳架和推手時要求走圈要圓。動作的圓盡量完整。初學練時劃大圈，熟練時走小圈，做到極小也圈，在推手中講究小圈剋大圈。

關於弧形起落、推手以圈走化的理論，各家太極拳都有不少論述，裡面的力學、圓弧切線的作用等，不再多說。趙堡太極拳推手的走架特別強調全身每處都做到有圈，手是圈，肘是圈，肩是圈，胸、腹、腰、胯、膝、腳都是圈，人的全身都是圈，並要求在技擊時用小圈制大圈。

初練趙堡太極拳和推手時，要求手腳的動作要大圈圓轉，以手腳的大圈圓轉帶動丹田的轉動，牽動腹、胸部，使氣暢通。此時一般要求練低架子。大圈圓轉使自己逐漸形成走圓習慣，圈走圓了，再慢慢使圈變小。

以走圈為特點的趙堡太極拳行功走架和推手時，人處在一種什麼樣的狀態呢？為什麼小圈能剋大圈呢？

首先，當雙方黏著時，接著方在黏著處順對方力旋轉成圈。這種圈是下盤感應產生氣力，而傳到腰。此時腰、胯分為兩大節，胯鬆下沉，腰以上關節上拔，腰的力經過肩、臂傳到與對方接觸處。以腰帶全身轉圈催動觸點轉圈，不單是

觸點處孤立的轉圈，全身各部位都在轉圈，形成一個整體。這個整體的勁在觸點處發動，一轉圈即把對方的力走化，並接著前擊，基本上是半圈走化，半圈前擊，沿一圈的切線方向前擊。對方由於先動，身體處於僵硬狀態，使自己讓人得實，被發放出去。所以一動全身都是圈，如僵直，觸到別人，遇上來力不知圓轉，就會被人得著，這時是力大打力小。趙堡太極拳要求走圈，熟練地轉圈，這是一種打基礎的訓練，圈未走圓，甚至有直來直去的現象，是不符合趙堡太極拳走架與推手的要求的。

其次，各種圈轉動的方向和形狀是怎樣的呢？

單搭手推法和雙搭手推法及散手技擊得著時的推法，轉圈都不一樣。單搭手推法畫圈時，由腰帶動，手與對方的觸處、圈的順與逆與腰的順與逆是一致的。腰的圈小而手的圈大，同時肩、胯、膝等部位旋轉的圈也基本一致。但當雙方黏著時，身、手、肩、胯都有所黏著，圈轉的順、逆、斜、正、平、大、小、立就出現不一致的情況。

以「腰步」發放為例，我以腳扣住對方右腳，膝看住對方膝，左手與對方相黏，對方雙手拿我左腕、肘，我右手按住對方的肘，這時對方用力撅我左臂，我左臂順勢順時針方向旋轉以化其力。這是一個向我左後的斜圈。腰、胯向前轉一立圓擊其腰、胯，是向左前行動。膝關節管住對方膝關節，向右正前方伺機順或逆轉圈，迫其膝歪斜以斷其根。右手可以配合左手轉圈加勁，全身無一處不是圈，而化解對方撅力順勢向左後或左前出擊。

這些圈有立、有斜、有平、有正，不是所有圈轉的方向都一致。這就要求發放者手、眼、身、法、步密切配合，全身各部位都順勢轉圈而去，互相呼應，合得一力，把對方根

拔起，然後將對方發放出去。

　　圈的大小、正斜、順逆不可教條對待，一切從得機得勢出發，不從主觀意想出發。常見的推手毛病是只知道觸點處轉圈，不知道腰、胯、膝等處均要配合圈化。下盤是死步，不知虛實轉換，全身圈就不順遂，易遲滯，被人制或發人不得力。

　　為什麼小圈能剋大圈呢？人們知道，圓圈是以一點為圓心，以半徑長度畫弧而成的。半徑小，圈即小，半徑大，圈即大。大圈的周長比小圈的周長長，小圈轉化是走一條短的線路。圈小轉換的動作小，能很快地將對方的力引到對方身上，加上自己發出的力，對方在極短的時間內，遭到打擊而仆跌。時間少、線路短，對方往往來不及走化，也就是說，對方已失去走化的機會，只能面對失敗。

　　當然這不是絕對的，當中有各種因素的配合，但不能簡單地說小圈就能剋大圈，別人用大圈我用小圈即勝，這一切都要看雙方的實力。一方功力大，技巧高，用小圈、大圈都能剋另一方的任何形狀的圈。

　　這裡再說說趙堡太極拳的腳、膝、腿的圈。

　　趙堡太極拳用下肢使圈化打別人的情況是很多的。在架子中，就可以尋到各種各樣的腿法。趙堡太極拳的腿腳在進退、左右移步時都是走圈的，絕不是直提、直去、直踩、直踏、直踢、直蹬的。腳的圈與手臂的圈配合，上下齊發，使對方栽跌。腳的動作有勾、擺、蹬、撩、纏、鏟、挑、劈、掛等，都是以腳畫圈。在推手時，腳圈使人防不勝防，著者立即斷根摔倒。

　　隨著時代的變化，很多矛盾已非對抗性，一般研習推手用腳的已很少，就是比賽也規定了打擊的部位，因而腳法難

以在攻防中淋漓盡致地表現出來。但不表現出來不等於不存在，趙堡太極拳的腿腳使圈法在推手中有它的獨特微妙之處，學者不可不詳細體會。

四、要啥給啥（捨己從人）

練趙堡太極拳的人，世代流傳一句話，就是在推手對抗中對方要啥給啥。這是一種用生活的語言形象化地說明推手的根本原理的典型說法。

要啥給啥符合王宗岳《太極拳論》中的「本是捨己從人，多誤捨近求遠」的原則的。在推手中，對方要用力推、拿、擊我身上的某個部位，我把這個部位給對方，這裡的「給」是不反抗。不給就頂抗，給就順隨，讓對方作用到我身上的力一瞬間化於無形，從我身上找不到著力的地方。

如果認為「要啥給啥」僅僅是就字面上的解釋那就錯了。表面上看似簡單的東西，往往蘊藏著豐富的內容。「要啥給啥」是一種高深的推手應敵方法，裡面有如何給、又如何從對方身上拿回來的深奧道理。如果單純地「給」，是一種幼稚的做法。「給」裡有引進落空，但對方落空後，還有我自己的「合即出」的過程。

這裡面的化發、防攻、吞吐、柔剛、開合往往是拙筆不能一一敘述得清楚的。以致很多太極拳名家都苦於只能從手上、身上表現出來，但說不出來。

複雜的東西往往也可以用簡單的形式表現出來，儘管這種表現掛一漏萬，但也許能說明一些基本道理。

如何做到「要啥給啥」呢？「要啥給啥」有什麼作用呢？要啥給啥要順人之勢，鬆開別人「要」的地方，讓那個地方隨人動而轉滾，使對方的力在一瞬間轉移了方向。在這

一瞬間可以產生以下幾種效應：

第一，這給對方一個錯覺，以為已經觸到對方，抓住對方，或擊中對方了。這種錯覺造成對方心理上的警惕性放鬆或者喪失，而自己能在對方受這種錯覺迷惑的時候，獲得了反擊的時間與機會。這種機會瞬間即至也瞬間即逝，能抓住這機會，就有連防帶打的取勝把握。

第二，能延長判斷對方情況的時間。在給的過程中，自己能把對方來力的大小、輕重、方向、方位、速度快慢、虛實等「情報」反映到腦子裡，及時作出決策，找出對付的辦法。在兵法中這是一個知彼的過程。這個「偵察」的全過程，包括在觸處的聽勁，聽出勁來，順對方的勁，引空對方的勁，偵察的過程才結束。如果頂了，就缺了這過程，這不完整，就不符合太極拳的道理。

第三，由第二點中得到在這一瞬間是借力打人的最好時機，是決定自己進退的最好時機，是開展各種手法進攻對方的最好時機。

如果從字面上說，要啥給啥，就是你要的東西我給你了，事情到此完結了，那麼，太極拳就不成為數百年來威震天下的拳術了，它就不可能顯出它的技擊長處和特點了。「要啥給啥」的實質是把對方的力借到手，加上自己的力順勢反擊，在對方的勁被自己引淨後，對方喪失了進攻和反抗能力的一剎那將對方發放出去，對方在措手不及的時候莫名其妙地跌出撲倒。這就是要啥給啥、捨己從人、走圈擊人、借力發人的全部過程。

客觀實際的東西是豐富多彩的，經過人的大腦加工以後，很多不可言傳的東西都不見了。過去書中的那種「說時遲，那時快」的說法，在這裡完全適合，對這一瞬間發生的

事情難以用口筆把它描述清楚，以上的說法只是大概而已。筆者也只是根據實際出現的現象作簡略的描述罷了。

第四，達到了以小力打大力、四兩撥千斤的目的。

一般人認為武術是大力打小力，但在這「要啥給啥」的一瞬間，就有違常規的認識，實現小力打大力。小力打大力就是以四兩撥千斤，這一帶誇張色彩的形容詞在這裡是一句符合太極道理的準確的用詞。人的形體是不可變的，但掌握了太極拳「要啥給啥」的技巧後，能增強一個人的自信心，特別是輕量級體重的人，有熟練的太極拳功夫在身，就會去掉自卑感，就敢與大個子一較。

在中國太極拳史上不乏以小力打大力的例子。解放前，趙堡太極拳傳人鄭伯英在開封打擂，碰到一位強手，是山東大漢，個子高大。據說五指往大樹上一插能把樹皮勾出一大塊，掌可碎石，一拳能擊出上千斤的力。鄭伯英以架子中的倒撞猴與野馬分鬃黏連柔化，以四兩撥千斤之法，把對方打下擂臺，勇奪冠軍。

要啥給啥，捨己從人，這在手臂上、肩上容易表現出來，在腳、膝、腿上也一樣能表現出來。比如對方以腳勾我腳，想使我腳下斷根。我在他腳觸到我腳的一側用力時，我即隨他力點方向轉圈，順勢以倒撞猴的腳法擺他的腳，則他腳的勾力通過我腳的旋轉還擊到他的腳上，他的腳反而不穩，跟蹌跌出。這是「要啥給啥」在腳法上的表現，也是趙堡流傳的「吃窩還餅」的實用技法。

趙堡太極拳推手的要求與其他流派的太極拳推手的要求有共同的地方，這裡只突出敘述趙堡太極拳中突出的特點，其他相同的要領、要求就簡略了。

趙堡太極拳的推手中比較重視和較普遍地運用上述這些

原理來指導技擊實踐，故把它們抽出來重點說明。

趙堡太極拳詮真

第九章　趙堡太極拳推手八法

　　趙堡太極拳在架式和推手中要取得我順人背的效果，十分講究運用十三法和各種勁。

　　趙堡太極拳十三法的名稱與各家太極拳的名稱一致，就是掤、捋、擠、按、採、挒、肘、靠、進、退、顧、盼、定。這十三法的運用貫串於趙堡太極拳的行功走架與推手的過程中，能熟練地掌握和運用這十三法，才能不斷提升練拳和推手的技擊水準。

　　現對這十三法中的前八法分述如下：

一、掤法（勁）

　　是以我的雙臂承載對方的雙手。趙堡太極拳的掤法多用於接手。雙臂黏著別人雙臂，以靜待動，起到探測對方虛實的作用。知道對方虛實了，即順勢應著。

　　趙堡太極拳流傳的秘訣中對掤的說法是：「吾一雙胳膊掤起他人雙手也。如敵人雙手按我右胳膊（或左或右），我必須用如封似閉之勢，將敵人的剛勁引空，乘彼之勢，宜按則按之，宜捋則捋之，宜卸（我將身退下為之卸）則卸，使彼自己落空，方為上策。」這說明了掤法接手後的應付辦法，當然這只是跟著的應付辦法。施掤法下要氣沉丹田，上要頂勁，配合腰、腿。

　　趙堡太極拳在推手過程中意識上要有掤的意識，周身不失掤勁。

二、挒法（勁）

我用雙手黏住對方腕與肘以上胳膊，順其來勢向一側引，使對方來勁落空。挒要不頂不抗，以四兩撥千斤。

趙堡流傳的秘訣對挒是這樣說的：「敵人用兩手按我右胳膊之時，彼用勁太大，手足齊進，我用如封似閉勢將彼勁引空後，乘勢將右半身下卸，即用我左手搭在彼大胳膊上，吾兩手齊往右邊引之，使勁落空，彼勢不便前進，必須半身下卸。」這是推手實踐的著法。挒必須做到鬆腰、轉胯，不丟不頂，保持自己的重心不偏。

三、擠法（勁）

趙堡流傳的秘訣中說：「接上式，敵半身下卸之時，我以小胳膊擊之是也。」這話的意思是，我挒對方不宜前進，以半身下卸化解我的挒勁，我乘對方下卸半身之時以前臂擠去。

這是趙堡太極拳的擠法，這種擠法與其他流派的太極拳不一樣，擠勁要求鬆肩、垂肘、氣實丹田。

四、按法（勁）

以我的雙手黏住對方一臂的腕和肘，順勢向前用力。趙堡太極拳的按法有自己的特點。

趙堡流傳的秘訣是這樣說的：「我以小胳膊擊敵之時，彼將我胳膊引空，我不能前進，勢須半身下卸，值此之際，彼亦能乘勢按我，吾亦能於機按彼。」趙堡太極拳的按法是在一種特別的狀態下出現的，發按勁要保持身體中正，頂勁，拔背，腰要攻，但要不貪不欠，不前俯。

五、採法（勁）

有兩種意義，一是用手指抓住對方肘或腕突然向下發勁，發勁要速、脆。同時配合腰、腿，不能單靠手指的力量。二是以雙手固定別人的關節為採，不能用手抓緊，只能用掌壓迫對方的關節，讓對方喪失抵抗力。

六、挒法（勁）

旋轉對方關節為挒。挒有單手和雙手兩種。雙手發挒勁又有兩種，雙手採住對方兩個關節部位轉同一個方向的為一種；雙手各自轉一個方向的為一種。發挒勁要求身體中正，力由脊發，周身要配合雙手。

七、肘法（勁）

在推手中屈肘擊人為肘法。肘法在近身時使用，擊人的胸、肋、面等部位。肘還可以纏繞、護肋等。發肘勁要用丹田的爆發力，腰、胯要密切配合。

八、靠法（勁）

以肩擊人為靠。靠法是雙方身體貼近時使用。靠勁凶，易傷人，慎用。發靠勁要含胸拔背，肩找自己的腳尖。

趙堡太極拳在推手中除了用上述八種手法和勁別伺機順勢發放以外，還有諸多勁別，這些勁別是：「黏勁、截勁、寸勁、驚彈勁、崩炸勁、分勁、合勁、沉勁、借勁、走勁、化勁、鑽勁、滾勁、橫勁等等。適當地掌握和運用這些勁於推手中，能提升技擊的效果。

趙堡太極拳詮真

第十章　趙堡太極拳兵器概述

　　趙堡太極拳有著悠久的歷史，其有完整的兵器體系。在陳清平宗師以前，趙堡太極拳都是單傳，囿於時代的侷限和拳術的保守觀念，能得到拳與兵器傳授的人不多。得到神手張彥傳授的陳清平宗師是一位承前啟後的代表人物，他的傳授比過去廣，故趙堡太極拳的拳、械傳人多，因此，得以流傳延續至今。

　　從趙堡太極拳傳人練習的兵器看，有春秋大刀、太極劍、太極棍、太極單刀、太極十三刀、太極錘、太極槍、太極鞭、兵器對練等。

　　溯始追源，趙堡太極拳的兵器體系與其他流派的兵器一樣，過去都是適應行伍作戰、搏擊戰鬥而產生和發展的。隨著近代火器的發明和使用，兵器在戰場上功能的減弱，趙堡太極拳的兵器流傳也受到影響，練太極拳的人多得不到系統的兵器傳授，因而拳的研究和傳授比兵器廣泛和深入，而兵器只在很少人的範圍內演練。

　　本書演述者王海洲的老師張鴻道是鄭伯英老師的高徒。鄭伯英受業於和慶喜老師，和慶喜是一代宗師和兆元的孫子，和兆元是陳清平宗師的七位高徒之一。張鴻道與鄭伯英是姑侄關係，張鴻道的兵器得鄭伯英的傳授，王海洲得到張鴻道的傳授。

　　本書所寫的春秋大刀、劍、棍、刀等五個套路均為張鴻道傳授給王海洲，是趙堡太極拳宗師所傳下來的正宗趙堡太

極拳器械。在當今趙堡太極拳界，王海洲比較全面地繼續和掌握了趙堡太極拳的器械的練法，並傳授給他的兒子王長青。王長青從小在父親的嚴格管教下，夏練三伏，冬練三九。由於他對家傳拳藝的熱愛，對拳械練習有悟性，加上父親的悉心傳授，在諸種兵器上潛心研習，演練動作規範，對用法深得其中三昧，成為王海洲的繼承人。

趙堡太極拳的兵器有長兵器和短兵器，本書所寫的春秋大刀、棍為長兵器，劍、刀為短兵器。無論長、短兵器，在練法上、使用上都要遵循趙堡太極拳的理論要求，用趙堡太極拳的理論來指導兵器的練習。趙堡太極拳的兵器體系沒有另外的理論指導，但是有自己的特點。

兵器一般視為人的手臂的延長，在練習趙堡太極拳兵器時，以下幾個原則要領是要注意的。

一、兵械的動作要走圓

兵械的演練與太極拳的演練原則上的要求是一致的。演練趙堡太極拳要求絕大部分動作要走圓，少部分動作走圓弧，兵器也一樣。

春秋大刀、棍、劍、刀要隨著身、腳、手的催動走成各種空圈。圈有立圈、平圈、斜圈、逆圈、順圈等。有時圈與圈交錯相疊相連，左轉右旋、右轉左旋，前進後退、後退前進，要一氣相連，處處成圈。

春秋大刀的舞花、插花、花刀、轉身、翻身等動作；棍的劈、掃、挑、護等以及轉換動作；刀的斬、劈、套、纏頭、裹腦等動作；劍的護、轉身、掃擺等動作，器械要隨身，械身、梢尖、尾等要走圓。走圓讓人看了有一種針插不入、水潑不進、密不透風的感覺。

這種走圓的練法在體、在用上都會產生效果，故要避免斷續、凹凸、缺陷等毛病。

二、要做到「三直」「四順」

「三直」「四順」是練趙堡太極拳的要求，兵器的演練中也要嚴格貫徹這一要求。「三直」是頭直、身直、小腿直，「四順」是順手、順身、順腿、順腳。古人說，「順則生，逆則死」，順則貫串一氣，中無阻滯，能使意、氣、勁暢通無阻地貫通到兵器的使用處，即用來擊敵的那部分上。有時由於動作的需要，身有左右傾斜、前俯後仰的動作，但也是斜中寓正、斜中寓順的。

「三直」「四順」的要求是使全身與兵器合一，合成一股整勁，實現兵器演練的目的，避免意、氣、勁的分散。這是練趙堡太極拳兵器的一個重要原則。

三、要做到「六合」

外三合和內三合是練趙堡太極拳的要求。外三合是手與腳合、肘與膝合、肩與胯；內三合是心與意合、氣與力合、筋與骨合。

練趙堡太極拳兵器時也要嚴格遵守這一要求，但有時不必拘泥。一般情況下，左手要與左腳合，右手要與右腳合。兵器從右向左打的，右手要與左腳合；兵器由左向右打，左手要與右腳合。有橫步向前下砍的動作時，右胯與左腳遙合，左胯與右腳遙合。這些是要求外形上的合住，外形合住了，內三合才有基礎。

心、意、氣、力的相合具體表現在外三合上，同時表現在意要貫注兵器上，特別是根據每勢兵器的擊點，以心意貫

注到。如勢子中是用刃、用尖、用背、用把、用鑽的，在外三合的基礎上，意要貫注到兵器的刃、尖、背、把、鑽等部位，並揚長前去，周身合成一勁。

如果內外稍有不合，神、意、氣、勁就會分散，力量不能充分地由身、腿、手透到兵器上。

四、招招清楚，勢勢分明

趙堡太極拳的練法要求有不撇不停、不流水，意思是手、腳身體要互相配合，一動無有不動，一靜無有不靜，勢與勢之間要有動作分明的似停非停，不能一味打去。

趙堡太極拳的兵器練法也一樣，要做到招招清楚，勢勢分明。每一勢兵器的動作要到位、準確，到位後有一頓，這一頓的動作勁似斷而意不斷，讓人感到節奏分明，用意分清。要避免那種從頭到尾一氣練完、含糊不清的練法。

五、要有兵器用法意識

傳統的趙堡太極拳兵器的練法有剛練、剛柔練、柔練，無論何種練法都要有兵器的使用意識。也就是，每一種兵器的每一招的用法要明確，攻與防，防與攻要了然在胸。

本書所述的兵器各有各的用法，一招一勢都有實在的內容，沒有虛招，認識、理解了它的內容，才能更好地將每一種兵器練好。

兵器，特別是長兵器的春秋大刀，適合青壯年剛練，剛練，能增長功力。剛練兵器，要表現出勇猛、有力，周身的勁催動兵器的運轉和擊出有時發出呼呼風聲，演練者顯得精神抖擻，威風凜凜。剛柔練法是有剛有柔，動作有發勁有不發勁。柔練是柔走不發勁，適合老年、體弱者練習。

這三種練法都可以交替練習。無論何種練法都要在明確的使用意識下，完成各種動作。

六、要有觀賞性

趙堡太極拳器械的演練，除了要明顯表現出它的技擊性外，根據時代、社會發展的需要，還要有時代所需要的觀賞性。這種觀賞性是趙堡太極拳兵器體系本身所固有的。

無論是演練長兵器還是短兵器，演練者與兵器的整體、協調、造型都要有一種美感，給人一種清新、美的愉悅。這樣要做到傳統所要求的人刀合一、人劍合一、人棍合一，形、神、兵器合一。演練趙堡太極拳的兵器，做到以上要求，基本上合乎規矩，如何化規矩而脫規矩又不離規矩，就看練習者的修為了。

兵器的練習經久而不失傳，這是由它的功能所決定的。練習趙堡太極拳的兵器能提高功力，提升技擊水準，能強身健體，能不斷地增加練拳的趣味，同時也能陶冶性情，自娛自樂。現在，武術愛好者中有越來越多的人重視兵器的練習，相信不久的將來，趙堡太極拳的兵器會得到更廣泛的傳播。

由於兵器是在拳的基礎上發展起來的，形成兵器體系以後又具有一定的特殊性，這就得要求學者學兵器之前必須先學好拳，在學好拳的基礎上練兵器才事半功倍。拳也好，兵器也好，一般要有老師傳授，所謂「入門引路須口授，功夫無息法自修」。

兵器複雜多變，在老師的傳授下完成入門階段才有利於進一步深入研習，無師自通者在武術史上罕見。這是學習的規律，也是學習武術的規律。

趙堡太極拳詮真

第十一章　趙堡太極劍

第一節　趙堡太極劍動作名稱

　　說明：本書所附的技術圖，劍、棍、拳由王海洲先生演練，春秋大刀、單刀、十三刀由王長青演練。動作線路左為實線，右為虛線，劍尖運行方向為實線。

第二節　趙堡太極劍動作圖解

第一式　起　勢

動作一

　　面向南成立正姿勢；左手大拇指、小指、無名指扣住劍盤，食指、中指貼劍柄握劍；劍柄貼在左腿外側，劍刃向前、後，劍尖朝上，成持劍勢；右手自然下垂在右腿外側。身向南，眼平視（圖1）。

動作二

　　左腳向東開半步，兩腳相距與肩同寬，腳尖向前；右手變劍指與左手握劍內旋，向前移至兩腿前。雙腿微屈，眼平視（圖2）。

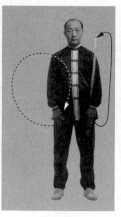

圖1　　　　　　圖2　　　　　　圖3

動作三

　　左手握劍外旋，手心向南，右手外旋，手心朝南；左手握劍與右手同時向兩側平舉與肩平；接著左手握劍和右手同時內旋，向上、向前（南）、向下畫一圈落在小腹前，同時劍尖向前、向下、向後、向上畫弧，劍身貼在左肘下；右手劍指與劍首相對，兩臂成環形。劍尖斜向東上；兩腿下蹲。身、眼不變（圖3）。

【用法】

　　此式含有格劍法。設對方用兵器向我胸部刺來，我以劍柄由裡向外格開。

第二式　屈指劍

動作一

　　左腳提膝與胯平，腳掌與地面平行，身下蹲；右劍指外旋，手心斜向上，上提至右小腹前；左手握劍壓至左膝下。眼看左手（圖4）。

圖4　　　　　　　　　　　圖5

趙堡太極拳詮真

動作二

左腳經右腳後向西退一步，腳尖向北偏東，身左轉向東北偏北，右腳尖轉向東偏北，成右弓蹬步；同時，右手向右側畫弧，向上過頭頂，內旋向東按出，手心向東，劍指向上；左手握劍，向左畫弧至左腿前，手心向西，劍身貼左肘，劍尖朝上。眼看劍指（圖5）。

動作三

身轉向西北，左腳尖轉向西偏北，右腳尖轉向北偏西，成左弓蹬步；同時，左手握劍，外旋向西、向上提劍，劍身貼左肘，劍尖斜向西下；右劍指向下壓至右腿前。眼看正西方向（圖6）。

圖6

圖7   圖8

動作四

身右轉向東，右腳尖轉向東偏北，左腳尖轉向北偏東，重心移到右腿，成右弓蹬步；同時，左手握劍，向上、向東經頭頂向下壓至右膝下；右劍指外旋畫弧至右胯後。眼向東看去（圖7）。

動作五

身轉向東北；左手握劍外旋，向左畫弧至左膝前，手心向東，劍尖向上；右劍指外旋，轉手心向上經頭頂內旋向東按去，手心向東，劍指向上。眼向西看去（圖8）。

【用法】

此式含有格、點、挑、壓、滾等劍法。設對方從我前面用兵器向我下部刺來，我以劍柄格開後，以劍指點對方穴道。

圖 9   圖 10

第三式　白猿獻果

動作一

重心移到左腿；左腳尖轉向西北；同時，左手握劍，內旋向上、向西北畫弧，劍首向東偏北；右劍指內旋，向右畫弧，手心向東南，劍指向東北，兩腕與肩平，兩臂成環形（圖9）。

動作二

左腳向前（東）跨一步，腳尖向東，右腳尖轉向南偏東，身轉向東；左手握劍和右劍指同時內旋，向裡收至兩肋旁，劍脊向上，劍尖向後西下；接著左手握劍，以劍首向東送去；右劍指也同時隨左手前往。眼向東看去（圖10）。

【用法】

此式含有格、點等劍法。設對方以兵器從正面向我擊來，我即以劍柄格開，以劍首和劍指點擊對方穴位。

圖 11   圖 12

第四式　黑熊反背

動作

身體向後坐；左手握劍，向後（西）斜上刺去，右手隨左手動作以肘尖向後擊去（圖11）。

【用法】

此式含有刺劍法。設對方從我身後擒我，我臂下藏劍向後直刺對方。

第五式　朝陽劍

動作一

右腳向前（東）跨一步，腳尖向東北，左腳收至右腳旁，腳尖點地，身左轉向北偏東；同時，左手握劍，內旋向下、向上、向前、向下畫弧落至胸前；右劍指同時內旋，向下、向後、向上、向前、向下畫弧至右胸前，劍指變掌貼劍柄。眼看東北（圖12）。

圖13

圖14

動作二

右手接握劍，左手變劍指壓劍身，右手向上提劍，與頭同高，身稍上長。眼從劍下刃向東北方向看去（圖13）。

【用法】

此式含有托、滾劍法。設對方以兵器由上向下向我劈來，我以劍上托，滾化開對方的兵器。

第六式　仙人指路

動作一

身下蹲；右手握劍，向上、向後、向身右側、向下以劍刃削至東北方向，劍與膝同高；左劍指向下、向身左側、向前、向下畫弧護右手腕。眼看劍尖（圖14）。

動作二

身長起；右手握劍外旋，手心向東，後內旋，以劍尖向東北、向下刺去；左劍指向上畫弧提起，兩臂相通成一條弧線；同時，左腳提起，腳心向內，身向東北稍探。眼看劍尖

圖 15　　　　　　　　　　　圖 16

（圖 15）。

【用法】

此式含有削、砍、刺等劍法。設對方以兵器刺我中上部，我以劍削開對方的兵器後，刺對方的下部。

第七式　青龍出水

動作一

右手握劍，內旋上提，劍尖向下；左劍指稍內旋，向下、向身前畫弧至腹前，劍指向北，手心向下；同時左腳稍下落。眼向東北方向看去（圖 16）。

動作二

身向左轉至正西；左腳向西偏南踏一步，腳尖向西偏南，右腳尖轉向西北，成左弓蹬步；同時，左手內旋，向前、向上畫弧至頭上方，手心向上，劍指向北；右手握劍外旋，以劍尖向前（西）向上刺出，劍身斜向上，劍尖與胸同

高，劍首在腹前。眼看劍尖
（圖17）。

【用法】

此式含有抽、格、刺等劍法。設對方從我身後以兵器擊我中上部，我轉身以左手擊對方握兵器的手腕、前臂或不帶刃的兵器，以劍向對方中上部刺去。

圖 17

第八式　護　膝

動作一

身左轉向西南；右腳向西北方向跨一步，腳尖向西北偏西，成右弓蹬步；同時，右手握劍稍內旋，隨身向前，以劍尖向左由身後側向下畫弧至左腳前；左劍指向左、向後、向前畫弧護右腕。眼看劍尖轉動（圖18）。

動作二

身右轉向西；左腳收至右腳旁，腳尖點地；同時，右手

圖 18

握劍，提至胸前，劍尖向身前畫弧至膝前；左劍指護右腕，隨右手動作。眼看劍（圖19）。

動作三

左腳向西南方向跨一步，腳尖向西南偏西；同時，右手

王海洲

趙堡太極拳詮真

圖19

圖20

握劍外旋，以劍尖向上、向西北方向下截至右腳前，右手握劍，在右胯根前，手心向外；左劍指護右腕，隨右手動作，身微向右轉後，轉向西北方向。眼看劍尖（圖20）。

動作四

身左轉向西；右腳收至左腳旁，腳尖點地；同時，右手握劍，上提到胸前，以劍尖向身前畫弧至膝前。眼看劍（圖21）。

動作五

右腳向西北方向跨一步，腳尖向西北偏西，成右弓蹬步；同時，右手握劍內旋，以劍尖向上、向左、向下畫弧至左腿前；左劍指護右腕，隨右手動作，身微左轉向南後轉向西南。眼看劍尖（圖22）。

圖21

【用法】

此式含有截、撩等劍法。設對方用兵器向我下部刺來,我即反腕截擊並撩擊對方。

第九式　護　腕

動作

左腳收回右腳旁,腳尖點地;右腳尖轉向西南。身轉向南下蹲;同時,右手握劍,內旋提至左胸前,手心朝外,劍刃朝南、北,劍身貼左腿,劍尖朝下;左劍指護腕,隨右手動作。身轉向南。眼向南平視(圖23)。

圖 22

【用法】

此式含有格、截等劍法。設對方從我左側以兵器擊來,我蹲身以滾劍格開。

第十式　青龍出水

動作一

身上長;左膝提起,腳掌與地

圖 23

面平行;同時,右手握劍,外旋 180°,上提至頭右上方;左劍指向下畫弧至左膝內側,劍指向南。眼向東看去(圖24)。

動作二

身左轉至正東,左腳向東北方向踏一步,腳尖向東偏

圖 24

圖 25

北，成左弓蹬步，右腳尖向東
南；同時，左手內旋向前、向上
畫弧至頭上方，手心向外，劍指
向南；右手握劍外旋，以劍尖向
前、向上刺出，劍身斜向上，劍
尖與胸同高，劍首在腹前。眼看
劍尖（圖25）。

【用法】

與前相同。

第十一式　護　膝

圖 26

動作

身左轉向東北；右腳向東南方向踏一步，腳尖向東偏
南，成右弓蹬步；右手握劍，稍內旋，隨身向前，以劍尖向
左、向下、向身左後側畫弧至左腳前；左劍指向左、向後、
向前畫弧至腹護右腕。眼看劍尖轉動（圖26）。

【用法】

與前相同。

第十二式　轉身下砍

動作一

身右轉向東南；左腳收至右腳旁，腳尖點地；同時，右手握劍，提至頭前，劍尖向身前畫弧至左膝前；左劍指護右腕，隨右手動作。眼看東南方向（圖27）。

圖27

動作二

左腳向東跨一大步，腳尖向南偏東，身轉向南下坐，成右仆步；右腳心向西，趾尖向上；同時，右手握劍，以劍尖向上、向西、向下畫弧至劍身在右腿內側，劍刃離地約3寸；左劍指提至頭上，手心向上，劍指向西。眼看劍尖（圖28）。

【用法】

此式含有劈劍法。設對方從我身後以兵器刺我中部，我閃身避過，以劍向對方劈去。

圖28

圖 29

第十三式　直　刺

動作

重心移到右腿，腳尖向西偏南踏實，左腳尖轉向南偏西；同時，右手握劍，向西刺去，劍、臂與肩平；左劍指向後畫弧，劍指斜向東上。身向西南。眼看劍尖（圖 29）。

【用法】

此式含有刺劍法。接上式，對方後退，我以劍追刺對方。

第十四式　風掃殘雲

動作

左腳腳掌離地，以左腳跟為軸，右腳一撐，重心移到左腿，身體向左旋轉 450°至正南；左腳尖轉向東南，右腳提膝隨身旋轉；同時，右手握劍外旋，手心向上，成平劍，隨身向左抹轉 450°至劍尖向東南；左劍指隨身轉 270°收至右腕上

護腕。眼隨劍尖轉動（圖30）。

【用法】

此式含有抹劍法。設身後有人向我攻擊，我以抹劍法迎擊。

第十五式　下　刺

動作一

左腳一撐，右腳向西北方向跳一步，腳步向西南，左腳提膝，腳掌與地面平行；同時，右手握劍，收至右腹前，肘尖向西

圖30

北，劍尖向東南下方；左劍指隨右手動作，身向南偏西。眼看劍尖（圖31）。

動作二

左腳向東南方向踏一步，腳尖向東南偏南，重心移到左腿，成左弓蹬步；同時，右手握劍，向下刺去；左劍指隨右手動作。身轉向東南，眼看劍尖（圖32）。

【用法】

此式含有刺劍法。設對方以兵器向我下部刺來，我跳步避過，以劍刺對方手腕。

第十六式　斜　飛

動作

右腳尖轉西北偏西，重心移到右腿，左腳尖轉向西南，成右

圖31

圖 32

圖 33

弓蹬步；身轉向西南；同時，
右手握劍，以身帶劍向西北上
方畫弧，左劍指下按至左腿外
側。眼看劍尖（圖33）。

【用法】

此式含有挑法。設我劍與
對方兵器黏住，我以身帶劍將
對方兵器挑開。

第十七式 護 腕

圖 34

動作一

重心移到左腳，右腳尖轉向南偏西；身體轉向南；同
時，右手握劍稍外旋，以劍尖向上、向左、向東南方向畫弧
至腹前；左手收回護腕。眼看劍尖（圖34）。

動作二

左腳收回右腳旁，腳尖點地；同時，右手握劍內旋，至

圖 35　　　　　　　　　　　　圖 36

手心向外收至左胸前，劍身垂直向下，腿下蹲，劍身在左腿外側，劍尖朝下；左劍指護腕，隨右手動作。眼看正南方向（圖35）。

【用法】
與前相同。

第十八式　古樹盤根

動作一

左腳由右腳前向西踏半步，腳尖向南，身體下坐，腿下蹲成歇步；同時，右手握劍，手腕向前轉動，使劍身向右轉動180°，經身前向西推出，右臂自然伸直；左劍指向東平推出，手心向東，劍指向上，兩臂相通，成弧形，兩手與肩平。眼向南平視，眼神關注雙手（圖36）。

動作二

右手握劍外旋，以劍首向下、向左、向上畫弧至左腋前。劍尖向左、向上、向西畫弧，與胸同高。劍刃朝上、下

成立劍；左劍指向上、向右畫弧至頭上方，手、臂成半環形，劍指向西。眼看劍尖（圖37）。

【用法】

此式含有撥、滾劍法。設對方以兵器迎面向我刺來，我即以劍身滾動撥開。

圖37

第十九式 直 刺

動作

身長起，右腳向西踏一步，腳尖向西偏南，成右弓蹬步；同時，右手握劍內旋，劍身旋轉180°，劍向前（西）刺去，與肩平；左劍指向下、向東推出，手心向東，劍指斜向上，身體向西南。眼看正西方向（圖38）。

圖38

圖 39　　　　　　　　　　圖 40

【用法】

與前相同。

第二十式　蜻蜓戲水

動作一

身左轉，向東南、向東傾斜，重心移到左腳；右手握劍上提，劍尖向上、向東、向下畫弧至左腋下；左劍指變掌畫弧至身前。眼向下看（圖39）。

圖 41

動作二

雙腳蹬地，左手向前（東）按地為支撐點，身側翻向東；右腳著地，腳尖向西，左腳著地，腳尖向南偏西，成右弓蹬步；右手握劍，向下畫弧至左腿前；左手離地後護腕。身向西南，眼看劍（圖40、圖41、圖42）。

圖 42　　　　　　　　　圖 43

【用法】

　此式為避劍法。設對方從我身後擊我下部，我側身翻騰避過對方兵器。

第二十一式　護　膝

動作一
同第八式動作一（圖43）。

動作二
同第八式動作二（圖44）。

動作三
同第八式動作三（圖45）。

動作四
同第八式動作四（圖46）。

【用法】
與前相同。

圖 44

圖 45　　　　　　　　　　圖 46

第二十二式　金雞獨立

動作

身體重心移到左腿，右腳一撐提膝，腳尖斜向下；同時，右手握劍外旋，以劍首向下、向左、向上畫弧至左胸前，劍尖向左、向上、向西畫弧，略低於肩，成立劍；左劍指隨右手動作至左胸前後上提至頭頂，手、臂成半環形，劍指向西。面向正南（圖47）。

【用法】

此式含有挑、撥法。設對方以兵器刺我上部，我以劍上提撥開。

圖 47

第二十三式　仙人指路

動作

右腳向西北踏一步，腳尖向西北，左腳提膝，腳心向裡，腳尖下垂；同時，右手握劍，向西北下方內旋刺出；左劍指向左上方推去。兩臂相通，成弧形；身向西北方向探身。眼看劍尖（圖48）。

圖48

【用法】

此式含有刺劍法。設接上式，我撥開對方兵器後，進步刺對方下部。

第二十四式　童子拜佛

動作

左腳從右腳後向北踏半步，腳尖向西南，右腳尖向西，成交叉步；同時，右手握劍內旋，上提至頭前上方，成立劍，後變平劍，手心向上，劍尖向南；左劍指貼劍身的中段，身轉向西。眼從劍下刃向前上方向看去（圖49）。

圖49

【用法】

此式含有托、架、推等劍法。設對方從我正面以兵器由上向下擊來，我以劍滾動托、架，推開對方兵器。

圖 50　　　　　　　　圖 51

第二十五式　青龍出水

動作

　　左腳向西南踏一步，腳尖向西南偏西，成左弓蹬步；身左轉向西；同時，右手握劍外旋，使劍尖向下、向西刺出，劍脊向上，劍身斜向西上，劍尖與肩同高；左劍指上提至頭上。劍指向北。眼看正西（圖 50）。

【用法】

　　與前相同。

第二十六式　烏龍擺尾

動作一

　　左腳收至右腳旁，腳尖點地；同時，右手握劍外旋，劍身旋轉 90°，劍向上、向東南、向下截至左膝前，右手握劍在胸前，手心向北，劍尖向下；身微左轉後向西。眼看劍

圖52　　　　　　　圖53

（圖51）。

動作二

　　左腳向東南方向跨一步，腳尖向西南，右腳收至左腳旁，腳尖點地；同時，右手握劍，外旋上提，劍向西北方向撩起，再向東北、向下、向西南截至右膝前，右手握劍在胸前，手心向外；左劍指護腕，隨右手動作，身微右轉後向西。眼看劍（圖52）。

動作三

　　右腳向東北方向踏一步，腳尖向西北，左腳收至右腳旁，腳尖點地；同時，右手握劍，內旋上提，劍向西南方向撩起，再向東南、向下、向西北截至左膝前；左劍指護腕，隨右手動作；身微左轉後轉向西。眼看劍（圖53）。

【用法】

　　此式含有截、撩等劍法。設對方向我左右兩側用兵器向我刺來，我以退為攻，以左右截劍防護後撩擊對方。

第十一章　趙堡太極劍

第二十七式　野馬跳澗

動作一

左腳向東南方向踏一步，腳尖向西南；右腳一撐，提膝與胯平，腳掌與地面平行；同時，右手握劍，外旋上提，向下、向內捧劍在腹前成平劍；左劍指向左、向下、向裡畫弧護右腕。眼看正西方向（圖54）。

動作二

左腳一撐跳起，原地落下（可震腳），右腳向西跨一步，腳尖向西，重心移到右腿；右手握劍和左劍指向前移動（圖55）。

圖54

動作三

左腳提膝，右腳用力一跳，左腳向前跳一步著地，腳尖向西南；右膝提起，腳掌與地面平行；右手握劍，收至膝上，左劍指護腕（圖56）。

動作四

右腳向前踏一步，腳尖向西偏南，成右弓蹬步；同時，右手握劍，向

圖55

王海洲

趙堡太極拳詮真

圖 56　　　　　　　　　　圖 57

前刺出，劍與胸同高；左劍指護腕，隨右手動作；身向西偏南。眼看劍尖（圖 57）。

【用法】

此式含有刺劍法。設對方從我右側以兵器向我下部擊來，我以劍格開後，對方退走，我跳步刺向對方，跳步也有避躲的作用。

第二十八式　風掃殘葉

動作

左腳尖轉向東偏南，重心移到左腿，右腳尖轉向南偏東，成左弓蹬步；同時，身向左轉至正東方向；右手握劍，左劍指護腕，劍向左平抹至正東方向。眼看劍尖（圖58）。

【用法】

此式含有抹劍法。設我左後方有兵器擊來，我以抹劍法應付。

圖 58　　　　　　　　　　　　圖 59

第二十九式　白猿獻果

動作一

　　右腳尖轉向西南，身下坐，右腿下蹲成左仆步；左腳尖轉向南偏東，腳掌著地；同時，右手握劍，左手護腕，收至左腹前。身向南偏東。眼看劍尖（圖59）。

動作二

　　身長起，左腳掌轉向東踏實，體重移到左腳；右腳一蹬收至左腳旁，腳掌著地；同時，身左轉向東偏南，劍向東刺出，劍身與腹同高；左劍指隨右手動作。眼看劍尖（圖60）。

【用法】

　　此式含有帶、壓、刺等劍

圖 60

法。設對方以兵器向我中部刺來，我以劍身下壓外帶，化開對方來力後，即以劍刺向對方。

第三十式 左 剁

動作

右腳踏實，腳尖向東偏北；左腳提起，經右膝上向東南踏半步，腳尖向東偏北成歇步；右手握劍，先外

圖 61

旋，後內旋，劍尖向下、向上、向西南、向東北、向下畫弧至左腿前；左劍指隨右手動作；劍尖與腹同高，劍身斜向東北方。身向東，眼看劍尖（圖 61）。

【用法】

此式含有撥、剁劍法。設對方以兵器刺我中部，我以劍向外撥開後剁對方手臂。

第三十一式 右 剁

動作

身長起；右腳經左腳內側上提，經左膝上向東北方向跨出半步，腳尖向東偏南成歇步；同時，右手握劍內旋，劍尖向下、向西北、向上、向東南、向下畫弧剁下至右腿前；劍尖與胯同高，劍身斜向東南方。身向東，眼看劍尖（圖62）。

【用法】

與上式相同，方向不同。

圖62　　　　　　　　　　　圖63

第三十二式　哪吒探海

動作

　　身長起；左腳向東北踏一步，腳尖向東北偏東成左弓蹬步，身向東北方向探去；同時，右手握劍稍外旋，劍尖向下、向上、向西南方向挑起向東北方向、向下刺成豎劍，劍尖朝下，右手握劍在頭前，手心向東南；左劍指變掌，以虎口托右手腕。眼看劍尖（圖63）。

　　【用法】

　　此式含有刺劍法。設接上式，我撥開對方兵器，進步以劍刺對方中部。

第三十三式　鍾馗扶劍

動作

　　重心移到右腿，左腳收至右腳旁，身右轉向東南；同時，右手握劍，左劍指壓劍身，上抽隨身轉至頭前成立劍，

圖 64　　　　　　　　　圖 65

與眉同高。眼從劍下刃向前看去（圖64）。

【用法】

此式含有托、架劍法。設對方從我右側以兵器由上向下擊我，我轉身提劍架格。

第三十四式　黑熊反背

動作一

左腳向東南方向踏一步，腳尖向東偏南，成左弓蹬步；同時，身向東南方向往下探，劍隨身動，劍尖朝下成豎劍。眼看劍尖（圖65）。

動作二

右腳轉腳尖向西北偏西，重心移到右腿成右弓蹬步；左腳尖轉向西南偏西；同時，身右轉向西北；右手握劍，向上、向西北方向掄劈至胸高，劍身微斜向西北上方；左劍指護腕，隨右手動作。眼看劍尖（圖66）。

圖 66   圖 67

動作三

以左腳跟為軸，身體左轉 180°；左腳尖轉向東北偏東；右腳提起向東南方向跨一步，腳尖向東南偏東成右弓蹬步；同時，右手握劍外旋，劍向上經過頭頂向東南、向下劈至腰高，劍身斜向東南上方；左劍指向左側向上、向前畫弧護右腕。眼看劍尖（圖 67）。

【用法】

此式含有帶、格、推、刺、劈、等劍法。設接上式，我以劍身推格開對方的兵器後，轉身劈身後的來人，隨即反身進步劈迎面來人。

第三十五式　雙捧劍

動作一

身體後坐；右手握劍外旋成平劍，收至腹前（圖 68）。

動作二

重心移到右腿；左腳提至右腳旁，腳尖點地；右手握

圖68　　　　　　　　圖69

劍，向東南方向刺去；左劍指護腕，隨身移動。身向東南，
眼看劍尖（圖69）。

【用法】

　此式含有滾、壓、刺等劍法。設對方以劍刺我中上部，
我以劍身外滾下壓避開其劍，隨即直刺對方。

第三十六式　斜　飛

動作

　左腳變實，身向右轉至西南；右腳向西北方向踏一步，
腳尖向西北偏西；左腳尖轉向西南偏西成右弓蹬步；同時，
右手握劍，以身帶劍向西北上方揮去；左劍指下按至左腿外
側。眼看劍尖（圖70）。

【用法】

　與前相同。

圖 70　　　　　圖 71

王海洲

第三十七式　護　膝

動作一

身微向左轉後轉向西南；右
手握劍外旋，劍身旋轉 90°，劍
尖向上、向東南、向下畫弧至左
腳前；左劍指畫弧護腕。眼看劍
尖（圖 71）。

動作二

同第八式動作二（圖 72）。

動作三

同第八式動作三（圖 73）。

動作四

同第八式動作四（圖 74）。

圖 72

圖73

圖74

動作五

右腳向西跨一大步，腳尖向西南；身體略下坐，左腳尖轉向南；同時，右手握劍內旋，以劍尖向上、向左畫弧至左腿前，手心向下；左劍指護腕，隨右手動作，身轉向南。眼看劍尖（圖75）。

【用法】

同前。

圖75

第三十八式　金雞獨立

動作

身長起，重心移到左腿；右腳一撐提膝，腳尖斜向左下方；同時，右手握劍外旋，以劍首向下、向左、向上畫弧至左胸前，劍尖向左、向上、向西畫弧與肩同高，成立劍；左

圖 76

圖 77

劍指隨右手動作至左胸前，後上提至頭頂，手、臂成半環形，劍指向西。眼看劍尖（圖76）。

【用法】

同前。

第三十九式　鳳凰三點頭

動作一

左腳一撐，右腳向西跳一大步，腳尖向西南；左腳提起，腳尖向下；同時，右手握劍，內旋180°，劍向西下刺出；左劍指向後、向左上方推出，劍指向上，身體略向前方探。眼看劍尖（圖77）。

動作二

右腳一撐，左腳向東退一步，腳尖向南；右腿提膝收至左膝彎處，腳尖向下；同時，右手握劍外旋，劍身旋轉180°，收回左胸前；左劍指畫弧至頭前（圖78）。

圖 78

圖 79

圖 80

圖 81

動作三

同動作一（圖 79）。

動作四

同動作二（圖 80）。

動作五

同動作一（圖 81）。

【用法】

此式含有連刺法。設雙方對刺中，我以劍格開對方兵器，再刺對方，一刺不中再刺。

第四十式　燕子啄泥

動作

右手握劍，以劍尖向上、向右順時針方向絞劍一圈；隨即左腳向東退一步，腳尖向東偏北，身左轉向東北；右腳向東南跨一步，腳尖向東南偏東，成右弓蹬步；同時，右手握劍外旋，劍身旋轉 180°，劍向上、向東南方劈至腰高，劍身斜向東南上方。眼看劍尖（圖 82）。

圖 82

【用法】

此式含有絞、劈等劍法。設我以絞劍法挑開對方兵器，轉身跳步劈身後的來人。

圖 83

第四十一式　雙捧劍

動作一

同第三十五式動作一（圖 83）。

圖 84　　　　　　　　圖 85

動作二
同第三十五式動作二（圖 84）。
【用法】
同前。

第四十二式　斜　飛

動作
同第三十六式動作（圖 85）。
【用法】
同前。

第四十三式　右托千斤

動作一
重心移到左腿；同時，右手握劍，向下、向左畫弧至左膝前，劍尖斜向西南上方；左手向身前畫弧護腕。眼看劍身（圖 86）。

圖 86

圖 87

趙堡太極拳詮真

動作二

重心移到右腿，左膝提起，腳心斜向北下方；同時，右手握劍內旋，成平劍提至腹前；左劍指隨右手動作，身轉向西。眼看劍中段（圖87）。

動作三

右腳一撐跳起，左腳在右腳前落地（可震腳），腳尖向西偏南；右腳向西北方向踏一步，腳尖向西北偏西，成右弓

圖 88

蹬步；同時，右手握劍與左劍指稍下壓，向西北方向、向上托去，劍身與胸平，劍尖向西南。眼看劍（圖88）。

【用法】

此式含有格、撩、壓、推等劍法。設對方從正面以兵器擊來，我以劍先格後黏，接著以抖勁將對方震出。

第四十四式　左托千斤

動作一

重心移到左腿；右膝提起，腳心斜向南下，身轉向西南；同時，右手握劍外旋，手心向上，成平劍提至腹前；左劍指隨右手動作。眼看劍中段（圖89）。

圖89

動作二

左腳一撐跳起，右腳在左腳前落地（可震腳），腳尖向西偏北；左腳向西南方向踏一步，腳尖向西南偏西，成左弓蹬步；同時，右手握劍和左劍指稍下壓，向西南方向向上托劍，劍身與胸同高，劍尖向西北。眼看劍（圖90）。

【用法】

同上式。

第四十五式　燕子啄泥

動作一

身體後坐；同時，右手握劍內旋，畫弧至右腿外側，劍尖向前、向下畫弧，劍身斜向下；左劍指向下按至左胯旁（圖91）。

圖90

動作二

左腳尖轉向南偏東；右腳向西南跨一步，腳尖向西南偏南，成右弓蹬步；身轉向西南偏南；同時，右手握劍外旋，

圖91　　　　　　　　　　圖92

使劍向下、向東北、向上、向西南、向下劈至腰高，右手劍在腹前；左劍指向後、向上、向前護右腕。眼看劍（圖92）。

【用法】

此式含有削、劈劍法。設我劍與對方兵器黏住，我順勢一鬆勁，以劍削對方手腕後，上步劈對方上部。

第四十六式　雙捧劍

動作一

身體後坐；右手握劍外旋，成平劍收到腹前（圖93）。

動作二

重心移到右腿，左腳提至右腳旁，腳尖點地；同時，右手握劍，向上、向前刺出；左劍指護腕，隨身移動，身轉向西南。眼

圖93

趙堡太極拳詮真

<table>
<tr><td>圖 94</td><td>圖 95</td></tr>
</table>

圖 94

圖 95

看劍尖（圖 94）。

【用法】

同前。

第四十七式　斜　飛

動作

左腳變實，身向右轉至西北；右腳向東北方向踏一步，腳尖向東北偏北，成右弓蹬步；同時，右手握劍，向東北上方揮去；左劍指下按至左腿外側。眼看劍尖（圖 95）。

【用法】

同前。

第四十八式　烏龍擺尾

動作一

左腳收回右腳旁，腳尖點地；身左轉向西南後轉向西；同時，右手握劍稍外旋，劍向左、向西南、向下截至左膝

圖 96

圖 97

趙堡太極拳詮真

前，右手劍在胸前，手心向北，
劍尖向下。眼看劍（圖96）。

動作二

同二十六式動作二（圖
97）。

動作三

同二十六式動作三（圖
98）。

動作四

左腳向東南方向踏一步，腳
尖向西偏南；右腳一撐，提膝與

圖 98

胯平，腳掌與地面平行；同時，右手握劍外旋，收至腹前，
劍尖向上、向西北上方向畫弧，劍下刃斜向西南，劍尖斜向
西北上方。身轉向西，眼看劍尖（圖99）。

【用法】

同前。

圖 99　　　　　　　　圖 100

第四十九式　上　刺

動作

左腳一撐跳起，原地落下（可震腳），右腳向西北踏一步，腳尖向西北偏西，成右弓蹬步；身右轉向西偏北；同時，右手握劍，向西北上方刺去，左劍指護腕，劍、右臂與左腳成一條斜線。眼向劍尖方向看去（圖100）。

【用法】

此式含有刺劍法。設接上式，我以劍格開對方兵器後，即向對方上部刺去。

第五十式　下　刺

動作

左腳尖轉向東南偏南，重心移到左腿；右腳尖轉向南偏西，身左轉向南偏東；同時，右臂屈肘，右手握劍，收至右胸前，劍向東南下方刺去；左劍指隨右手動作。眼看劍尖

（圖101）。

【用法】

　　此式含有刺劍法。設接上式，背後有人以兵器刺我中部，我閃身避過，以劍刺對方中下部。

第五十一式　斜　飛

動作
　　同十六式動作（圖102）。

【用法】
　　同前。

第五十二式　護　膝

動作
　　身右轉向西南；右手握劍稍外旋，劍向上、向東南、向下截至左腳前；左劍指向身前畫弧護右腕。眼看劍尖（圖103）。

【用法】
　　同前。

第五十三式　轉身下砍

動作一
　　身轉向西；左腳收至右腳旁，腳尖點地；右手握劍，提至胸前，劍尖向身前畫弧至右膝前；左劍指隨右手動作。眼

圖101

圖102

圖 103

圖 104

看劍（圖 104）。

動作二

左腳向西跨一大步，腳尖向北偏西；身轉向北下坐，成右仆步；右腳心向東，腳尖向上；同時，右手握劍，以劍尖向西、向上、向東、向下畫弧至劍身在右腿內側，劍刃離地約 3 寸；左劍指向上畫弧推至頭前，手心朝上，劍指向東。眼看劍尖（圖 105）。

圖 105

【用法】

此式含有劈劍法。設對方從我身後以兵器擊來，我進步轉身閃避開，以劍劈向對方。

圖 106

第五十四式　直　刺

動作

重心移到右腳，腳尖向東偏北踏實；左腳尖轉向北偏東，成右弓蹬步；同時，右手握劍，向東、向上刺去，劍、臂與肩平，手心向北；左手向後按出，手心向下，手指向西，身向東北。眼看劍尖（圖 106）。

【用法】

同前。

第五十五式　回身直刺

動作

以左腳跟為軸，身向左轉 180°至向西南；右腳提起向西跨一步，腳尖向西偏南，成右弓蹬步；左腳尖轉至向南偏西；同時，右臂屈肘，右手握劍，收到右肋前，接著，劍向西方向刺出，劍、臂與肩平；左劍指收至左胸前即向後（東）推出，手心向東，劍指向上。眼向西看去（圖 107）。

圖 107

【用法】

此式含刺劍法。設對方從我身後以兵器擊來，我急轉身，以劍刺對方中上部。

第五十六式　磨盤劍

動作一

身右轉向北；右腳向東邁半步，腳尖向東北；左腳尖轉向北；同時，右手握劍內旋，劍向右平抹至劍尖向北偏東；左劍指

圖 108

隨身轉動至向北。眼看劍轉動（圖108）。

動作二

身繼續右轉向南；左腳向東邁半步，腳尖向南；右腳尖轉向南；同時，右手握劍，向右抹至劍尖向東南；左劍指隨身轉動，兩臂成環形。眼向南看去（圖109）。

圖 109

圖 110

趙堡太極拳詮真

動作三

兩膝微屈；右手握劍外旋，收至右肋旁，手心向上，成平劍，劍尖向南；左劍指外旋，收至左肋旁，手心向上，劍指向南。眼向南平視（圖110）。

【用法】

此式含有抹、刺等劍法。我以劍平抹四周之敵。

圖 111

第五十七式　還原劍

動作

身微下蹲後站立；同時，右手握劍內旋，劍尖向下、向上、向西南、向上、向左把劍交回左手；左劍指內旋向下、向東南、向上、向前畫弧至左腹前接劍，還原成持劍勢。隨即右手向右落右胯旁。眼向正南平視（圖111）。

第十二章　趙堡太極單刀

第一節　趙堡太極單刀動作名稱

說明：運行路線左爲實線，右爲虛線，刀尖運行線爲實線。

第二節　趙堡太極單刀動作圖解

第一式　起　勢

動作一

左手抱刀，面向南，成立正姿勢，全身放鬆。眼平視

圖1　　　　　　　　　　圖2

（圖1）。

動作二

左腳向左踏半步，兩腳成平行步，腳尖向南，與肩同寬（圖2）。.

【注意事項】

太極單刀理法要求與趙堡太極拳相同，這裡不再一一贅述。

第二式　護心刀

動作一

左手握刀，與右手一起向下、向上、向東南方向、再向上、向下畫一圈落在右肋前，右手在上，手心貼刀柄，刀尖向東南；同時，右腳以腳跟為軸，腳尖轉向西南；左腳收回右腳旁，腳尖點地，成左虛步，兩腿扣襠，身向西南。眼看刀（圖3）。

圖3

圖4

動作二

左腳向東南方向踏出一步，腳尖向南偏東；右腳跟上一步，成右虛步；同時，雙手握刀，移動左肘，刀向東南方向刺去。身、眼方向不變（圖4）。

動作三

右手接刀，向下截至右腿外側；左手變刀掌，向前推出至肩高；身向南偏西。眼方向不變（圖5）。

圖5

動作四

右腳向西北方向退一步，腳尖向西南；左腳收回到右腳旁，成虛步；同時，右手握刀，先外旋，後內旋，使刀背掛向右側，再向上、向前掄轉一圈，右手刀在右腹前，刀刃向

前；左手向左後、向上、向前畫一圈，以指尖按住刀背。身、眼向南（圖6）。

圖6

【注意事項】

此刀與身的進退要一致，刀向東南方向刺出路線較短，只是用右胯和左肘與雙手腕的移動催動。閃身後退護心時，身、手、刀連上部形成一個三角形。護住自己身的中心，不宜偏倚。

【用法】

此刀含有掛、刺、截、絞、封諸法，重點在防。設對方以兵器從我正面刺我右下部，我以刀下截轉刀在身前護住身體，待機而動。

第三式　青龍出水

動作一

左腳提起，腳掌與地面平行；右手腕內旋，使刀刃向

圖7

左，刀柄提至頭高，刀尖向下，刀身在身左側；身轉向東偏南。眼看刀（圖7）。

動作二

左腳向東踏出半步，身蹲下，兩腿交叉成歇步；同時，右手腕外旋，使刀轉270°，藏於左腋下，刀面向下；左手從

王海洲

趙堡太極拳詮真

刀背轉壓在刀面上；刀尖向東，刀刃向北，身轉向東北。眼看刀尖方向（圖8）。

圖8

動作三

身長起；右腳向東踏出一步，成右弓蹬步，腳尖向東偏北；同時，右手腕內旋，握刀向東刺去，刀刃向下，刀與臂平；左手向後（西）推出，左臂略高於肩；身向北偏東，微向東探身。眼看刀（圖9）。

【注意事項】

此刀由南轉至東，透過身和步的轉換來完成。定勢時，兩手與兩腳上下相合。這是趙堡太極拳手與腳合的要求，拳、刀之理同一，不能有貪與欠。

【用法】

此刀含有格、壓、刺等刀法。設我先以刀格開對方由自己左前方刺來的兵器，轉身成歇步沉身。黏、壓對方的兵器後，上步直刺對方的中上部，防攻並用。初練時要力由脊發，貫通於臂，轉接

圖9

處要貫串，不能有繼續，使力直發至刀梢。

圖 10

第四式　風捲殘雲

動作一

右手腕外旋，使刀背向後掛，使裹腦動作至左臂外，刀尖朝南向上；左手向右畫弧收至右肘下，手心斜向下；同時，左腳提起，成右獨立步，左腳掌在右膝上，腳尖向北，腳心向東下，身向東北。眼向東看去（圖10）。

動作二

左腳在右腳前踏下，腳尖向東北；右腳向東踏出一步，腳尖向東偏北；同時，右手握刀稍內旋，向右抹至手腕向正東，刀尖向東北；左刀手向左後畫弧，兩臂成一弧形，身向東北。眼向東看去（圖11）。

圖 11

【注意事項】

此刀有一個裹腦的動作，這是單刀中常見常用的動作。

趙堡太極拳詮真

右手握刀柄，外旋上提，刀尖下垂，刀沿右肩貼背繞過左肩，右手握刀，為刁形握把。刁形握把以虎口夾柄，拇指、食指、中指鬆貼刀柄，其餘兩指不貼柄。裹腦動作是防他人刺向我上部的兵器的護身動作。

【用法】

此刀含有掛、格、帶、拉等刀法。設我先以裹腦刀防開對方兵器，再以刀刃帶、拉對方兵器，伺機進擊。

圖 12

第五式　韋陀獻杵

動作一

右腳收回左腳旁成虛步，兩腿扣襠；同時，右手腕外旋，刀刃轉向下，刀往下截至左腿前；左刀手弧形收回護右手腕，身轉向西北。眼看刀（圖12）。

圖 13

動作二

右腳向東跨一步，腳尖向東北；左腳收回右腳旁成虛步；同時，右手腕內旋，刀刃向上往右抽拉成架刀勢；左手壓刀面，刀橫在頭前，身向北。眼看刀（圖13）。

【用法】

此刀含有截、抽、拉、架等刀法。設我以刀截開對方刺向我左下部的兵器，再以刀上架對方刺向我上部的兵器。

圖 14

第六式　黑虎搜山

動作一

身轉向西南；左腳提起，腳尖轉向南偏西踏實，身下坐成歇步；同時，右手腕外旋，手心向上，使刀旋轉 270°，刀尖向西；左手以掌指壓刀面，雙手將刀壓至胸高。眼看刀（圖 14）

動作二

身長起；右腳向西踏出一步，腳尖向西偏南；同時，右手腕內旋，使刀刃朝下向前刺去，刀與臂平；左刀手向左後推出，身向南偏西。眼看刀方向（圖 15）。

【用法】

此刀含有撥、壓、扎等刀法。設對方從我左側以兵器刺來，我稍轉身，以刀面撥、壓、黏住對方兵器，

圖 15

圖 16

圖 17

隨即向對方中上部扎去。

第七式　風捲殘雲

動作一

右手握刀外旋，使刀背向後掛，做裹腦動作至右臂外，刀尖朝北向上；左手向右畫弧，收至左肘下；同時，左腳提起成右獨立步，左腳掌在右膝上，腳尖向南，腳心向西下，身向西南。眼向西看去（圖 16）。

動作二

左腳在右腳前踏下，腳尖向南偏西，右腳向西踏出一步，腳尖向西偏南；同時，右手握刀，手腕稍內旋，向右抹至刀尖向西南；左刀手向左後畫弧推出，手、臂與肩平。身向南，眼向西看去（圖 17）。

【用法】

同第四式。

第八式　蘇秦背劍

動作

身左轉向東；左腳尖轉向東北，重心移到左腿，右腳收至左腳旁，腳尖點地成虛步；同時，右手握刀外旋，使刀背向下，向前拉刀，刀背落在右肩上，刀身三分之二在肩後；左刀手護右腕（圖18）。

圖18

【用法】

此刀含有絞法和背法。設對方以兵器從我右後方刺來，我以刀絞開，對方又以兵器向我背部擊來，我以背刀格開並護住自身。

第九式　白猿獻果

動作一

右手握刀外旋，刀向西南方向畫弧，至右臂伸直時，手腕內旋，刀背向上上挑，刀尖

圖19

與咽喉同高；左手向下、向左、向上、向胸前畫一圈，以指掌壓刀背；同時，右腳向右退一步，腳尖向東南；左腳收回右腳旁，腳尖點地成虛步。身、眼向東（圖19）。

動作二

右手腕內旋提刀，略高於頭，刀刃朝前（東），刀尖向

下；左刀手掌指壓刀面，配合右手將刀向身右側稍平外推；同時左腳提起，以全掌向東蹬出（圖20）。

【用法】

此刀含有挑、推、格等刀法，腳有蹬、踢的用法。設我以刀背挑開對方刺來的兵器，同時以左腳向對方中下部蹬去。此式是刀、腳並用法。

圖20

第十式　腰斬白蛇

動作

左腳向前（東）踏出半步，腳尖向北偏東；右腳向前（東）邁一步，腳尖向東偏北；同時，右手握刀，向左做纏頭動作至身右側，右手腕外旋，刀刃向前、向南、向東斬去，刀尖向東偏南；左刀手向左後推出，臂略高於肩，身向北偏東。眼看刀（圖21）。

圖21

【用法】

此刀含有掛、格、斬等刀法。設我先以纏頭刀防開刺向我左肩的兵器，保護上身，再以攔腰刀向對方斬去。

第十一式 日套三環

動作一

身向左轉向西南；左腳尖轉向西南，重心移到左腿；右腳尖轉向西偏北；同時，右手握刀，向左抹去，刀尖向西南方向；左刀手弧形收回右腕下。眼看刀（圖22）。

圖22

動作二

身繼續向左轉至向東北；右腳隨身轉向東踏出一步，腳尖向東北；左腳收至右腳旁，腳尖點地；同時，右手內旋握刀上提，刀柄略高於頭，刀尖斜向下，刀置左臂外側，兩手腕交叉；左手在外，右手握刀在內。眼看東北方向（圖23）。

圖23

趙堡太極拳詮真

動作三

左腳向右腿後邁一步，身體下蹲成歇步，右腳尖向北；同時，右手握刀，向東劈至離地2寸左右；左刀手向左後推出，臂與肩平，身向北。眼向東看去（圖24）。

圖24

動作四

身長起，左轉向西南；兩腳以腳跟為軸，腳尖向左轉；右腳尖轉向西南，左腳尖轉向南偏西，重心移到右腿；同時，右手握刀外旋，刀刃向左抹至西南方向；左刀手畫弧形收至右腕下。眼看刀（圖25）。

圖25

王海洲

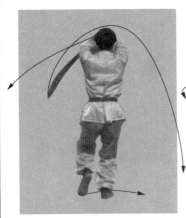

圖 26   圖 27

動作五
同動作二（圖 26）。

動作六
同動作三（圖 27）。

動作七
同動作四（圖 28）。

動作八
同動作二（圖 29）。

動作九
同動作三（圖 30）。

【用法】

此刀含有抹、格、砍等刀法，也是四方迎敵法。我以刀橫抹四周攻來的兵器，進步或跳步向對方劈砍。

圖 28

圖 29

圖 30

第十二式　撥草尋蛇

動作一

　　身長起；左腳向西南方向踏出一步，腳尖向西南；右腳
收回左腳旁，腳尖點地成右虛步；同時，右手握刀外旋，使

圖 31　　　　　　　　　　　圖 32

刀向下截至左腳前，刀刃向西南；左刀手弧形收回護右腕，身轉向西。眼看刀（圖 31）。

動作二

右腳向西北方向踏出一步，腳尖向西北；左腳收至右腿後，腳尖點地成交叉步；同時，右手腕握刀內旋，刀刃向西北；左刀手壓刀背，向西北方向推出，身向西北。眼看刀（圖 32）。

【用法】

此刀含有截、推等刀法。我以截、推刀防禦從背後刺來的兵器，防中有攻。此式不是單純的防，而是一面防開對方兵器，一面可以推刀還擊。

第十三式　白蛇吐信

動作一

右手握刀外旋，至手心向上，刀面向下，收至左腋下；左刀手按刀面，刀尖向前，刃向南；身轉向西南；同時，左

圖 33　　　　　　　　圖 34

腳提起在右腳前踏下，腳尖向西南，兩腳成歇步。眼看正西
方向（圖33）。

動作二

右腳向西踏出一步成右弓蹬步，腳尖向西偏南；同時，
右手握刀向前（西）刺去，刀與臂平，刀刃向下，刀尖向
西；左刀手向左後推出，身向西偏
南，稍向前探。眼看刀（圖
34）。

【用法】

此刀含有撥、壓、刺等刀法。
接上式，我轉身以刀撥、壓開對方
的兵器，順勢向對方刺去。

第十四式　風捲殘雲

動作一

同第七式動作一（圖35）。

圖 35

圖 36

動作二

同第七式動作二（圖36）。

第十五式　燕別金翅

動作一

身左轉向東，
重心移到左腿；左
腳尖轉向東偏南；
右腳尖轉向南偏
東；同時，右手握
刀外旋，向左平抹
至刀尖向東；左刀
手弧形收回護右手
腕。眼隨刀轉，向
東看去（圖37）。

圖 37

動作二

重心移到右腿；左腳向西北退一步，腳尖向東偏北；同時，右手握刀內旋，刀背向裡、向左肩外做纏頭動作，外旋向東南方，向下劈至腰高；左刀手弧形

圖38

推向左後方，手略低於肩。身向東偏南，眼看刀（圖38）。

動作三

右手握刀內旋，刀背向下、向左、向後掛，收至左腋下藏刀，刀尖向上，刀刃向外（北）；左刀手向上畫弧至頭頂，手心向上；同時，重心移到左腿，右膝提起，腳與地面平行。眼向東看去（圖39）。

【用法】

此刀含有抹、掛、劈、藏等刀法。設先轉身，以刀抹、掛、劈對方兵器，後成腋下藏刀，格開從身後擊來的兵器。

圖39

第十六式　哪吒探海

動作一

右腳在左腳右側踏下變實（可震腳），腳尖向南；左腳提起收至右腳旁，腳尖點地；同時，右手握刀，由左上向下截至右膝前；左刀手向下畫弧按至左胯前。身轉向南，眼向東看去（圖40）。

動作二

左腳向前（東）踏出一步，腳尖向東偏南，成左弓蹬步；右腳尖轉向南偏東；同時，左刀手上提叉腰；右手握刀外旋，使刀尖向上，刃朝外，刀向上經頭頂向東刺去，刀尖斜向下；身稍向東探，右腿、身、頭成一條斜線。身向南，眼看刀尖（圖41）。

【用法】

此刀含有截、刺等刀法。設我以刀截開對方擊向我中下部的兵器，再側身刺對方中上部。

圖 40

圖 41

趙堡太極拳詮真

第十七式　黑熊反背

動作一

右腳提起，左腳用力一撐，身右轉向西北；右腳著地，腳尖向北偏西；左腳落在右腳旁，腳尖點地；同時，右手握刀外旋，刀背向下掛至右腿外側；左刀手隨身由左側向上、向身前畫弧，落在左胸前。眼向西看去（圖42）。

動作二

左腳向西踏一步，腳尖向西偏北，成左弓蹬步；同時，右手握刀，向後、向上、向前（西）、向下掄劈至胯高；左刀手向上、向前推出與頭同高，臂成半圓形，指尖向北，左手與左足相合。身向西北，眼向西看去（圖43）。

動作三

右腳提起，左腳用力一撐，身右轉至向東南；右腳著地，腳尖向南偏東；左腳落在右腳旁，腳尖點地；同時，右手握

圖42

圖43

刀，上提至頭高，隨轉身外旋，以刀背向下掛至右腿外側；左刀手向身前畫弧至左胸前。眼向東看去（圖44）。

圖44

動作四

左腳向東踏出一步，腳尖向東偏南，成左弓蹬步；同時，右手握刀，向後、向上、向東、向下掄劈至胯高；左刀手向上、向前推出，與頭同高，臂成半圓形，手與左足相合，指尖向南。眼向東看去（圖45）。

【用法】

此刀含有掛、劈等刀法。設我轉身以刀掛開對方從我身後擊來的兵器，以反手刀劈向對方。

圖45

第十八式　怪蟒出洞

動作

右腳向東跨一步，腳尖向東偏北，成右弓蹬步；左腳尖轉北偏東；同時，右手握刀，向東刺去，刀與肩、臂同平，

趙堡太極拳詮真

圖 46

左手向左推出，身轉向北偏
東。眼看刀（圖46）。

【用法】

此刀含有刺法。接上式，
對方退走，我以刀進步扎向對
方。

第十九式　懷中抱月

動作

右手握刀內旋，刀刃向
南；身右轉向南；右腳向西退

圖 47

半步，腳尖向南；左腳尖轉向南，成平行步；同時，右手握
刀，向右抹至身右側，外旋收至右肋旁；左手隨身轉動，外
旋收至左肋旁，兩手心向上。眼向南看去（圖47）。

【用法】

此式含有抹刀法。設對方從我身後以兵器擊來，我以抹

刀法還擊。

第二十式　收　勢

動作

右手握刀和左刀掌同時先外旋後內旋，分別向兩側、向後、向上、向身前畫一圈；右手將刀交至左手成抱刀勢；左腳收回半步，與右腳成立正姿勢（圖48）。

圖 48

趙堡太極拳詮真

第十三章　趙堡太極十三刀

第一節　趙堡太極十三刀動作名稱

說明：運行路線左爲實線，右爲虛線，刀尖運行線爲實線。

第二節　趙堡太極十三刀動作圖解

起　勢

動作一

左手抱刀，面向南成立正姿勢，全身放鬆。眼平視（圖1）。

動作二

左腳向左踏出半步，兩腳成平行步，腳尖向南，與肩同

圖1

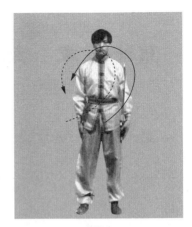

圖2

寬（圖2）。

【注意事項】

太極十三刀理法，與趙堡太極拳的理法相同。這裡不再贅敘。

第一刀　護心刀

動作一

左手握刀與右手一起，由下向左（東）、向上、向右、向下畫一圈落在右肋前，右手

圖3

在上，手心貼刀柄，刀尖向東，刀刃向南；同時，左腳收至右腳旁，腳尖點地。身向南，眼看刀（圖3）。

動作二

左腳向東踏出一步，腳尖向東南；右腳收至左腳旁，腳尖點地；同時，兩手握刀，移動左肘，刀向東刺出。身、眼

圖4

圖5

方向不變（圖4）。

動作三

右手接刀，向下截至右腿外側；左手畫弧前推至左胸前；身轉向東南。眼向東看去（圖5）。

動作四

右腳向西退一步，腳尖向東南；左腳收回右腳旁，腳尖點地；同時，右手握刀，先外旋後內旋，使刀背向右側後掛，向上、向前掄劈至右膝外側，刀刃向下，刀尖向東；左手向左側、向上、向前畫弧推至左胸前。身向東南，眼向東看去（圖6）。

圖6

【用法】

此刀含有截、掛、劈等刀法。設對方以兵器向我下部刺

圖 7

來，我以刀截、掛開後劈向對方。

第二刀　青龍出水

動作

左腳提起原地落下，腳尖向北偏東；右腳向東踏出一步，腳尖向東偏北，成右弓蹬步；同時，身左轉向北偏東；右手握刀，向東扎去，刀尖向東，刀刃向下，刀、臂與肩平；左手向後（西）推出，腕略高於肩，手心向西，指尖斜向上。眼向東看去（圖7）。

【用法】

此刀含有扎刀法。接上式，設對方退走，我進步以刀向對方中部刺去。

第三刀　白蛇吐信

動作一

右腳向西退一步，腳尖向東南；左腳收回右腳前，腳尖

點地；同時，身右轉至東南；右手握刀，向下截至右腿外側，左手向上、向前推出至左胸前。眼向東看去（圖8）。

圖8

動作二

左腳提起原地落下，腳尖向北偏東；右腳向東踏出一步，腳尖向東偏北，成右弓蹬步；同時，身轉向北偏東；右手握刀外旋，向東扎去，刀刃向北，刀尖向東，刀臂與肩平，左手向後（西）推出，腕略高於肩。眼向東看去（圖9）。

【用法】

此刀含有截、扎刀法。設對方從我右側以兵器刺我下部，以刀截開對方兵器後，進步扎向對方。

圖9

第四刀　左右翻身砍

動作一

右腳向西退一步，腳尖向東南；左腳收至右腳前，腳尖

點地;同時,身右轉至向東南;右手握刀內旋,向下截至右腿外側;左手向上、向前推出至左胸前。眼向東看去(圖10)。

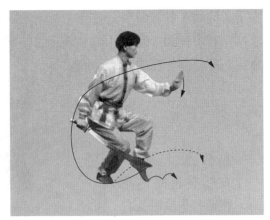

圖 10

動作二

左腳向東踏半步一撐跳起,身騰空左轉向北偏東,雙腳同時著地,左腳尖向北偏東,右腳尖向東偏北成右弓蹬步;同時,右手握刀,外旋後內旋刀向上、向東掄劈至膝高;右手護右腕。眼看刀(圖11)。

圖 11

動作三

右腳提起,左腳一撐跳起,身騰空右轉向南偏東,雙腳同時著地,左腳尖向東偏南,右腳尖向南;同時,右手握刀內旋,上提刀柄至胸高,外旋以刀刃向前、向下掄劈至膝高;左手護腕,隨右手動作。眼看刀(圖12)。

【用法】

此刀含有截、砍、劈刀法。設對方以兵器刺我下部，我回身以刀截開兵器後，跳躍向左右劈砍對方。

第五刀　日套三環

動作一

重心移到左腿；右腳向左腳後踏半步成交叉步；同時，右手握刀，左手按刀背，往東推出，刀刃向外。身轉向南，眼看刀（圖 13）。

動作二

右腳向西退一步，腳尖向東南；左腳收至右腳旁，腳尖點地；同時，身轉向東南；右手握刀內旋，刀背向左肩外做纏頭動作，刀至左肩外側，刃朝西上；左手畫弧至身左側，手心向下，手腕與肋同高。眼向東看

圖 12

圖 13

圖 14　　　　　　　　　　圖 15

去（圖14）。

動作三

左腳向前踏一步，腳尖向東南；右腳向左腳後踏半步，成交叉步；同時，右手握刀，向上、向東、向下斜劈至胯高，刀刃朝東北，刀斜向東南下方；左手畫弧，至右腕上護腕。眼看刀轉動（圖15）。

動作四

同動作二（圖16）。

動作五

同動作三（圖17）。

動作六

同動作四（圖18）。

動作七

左腳向東踏一步，腳尖向南偏西；右腳向左腳後向東踏半步；身體下坐，身下

圖 16

圖 17

圖 18

蹲成歇步；同時，身轉向南；右手握刀，向上、向東、向身前、向下劈至離地面 2 寸左右；左手以掌指按刀背。眼看刀（圖 19）。

【用法】

此刀含有推、掛、砍、纏頭等刀法。設對方以兵器刺我下部，我進步以刀推開後纏頭退步閃避，接著進步劈對方下部。對方又以兵器向我下部刺來，我以刀下壓對方的兵器。

第六刀　黑虎搜山

動作一

身上長；右腳提起，左腳用力一撐，身向右跳起騰空轉 270°向東，兩腳同時著

圖 19

地，左腳尖向東偏北，右腳尖向東南，成右弓蹬步；同時，右手握刀提至胸前；左手貼刀背，刀隨身轉，向西、向上、向東劈下至胯高。眼看刀（圖20、圖21）。

圖20

動作二

重心移到左腿；右腳向東跨一步，腳尖向東偏北，成右弓蹬步；左腳尖轉向北偏東；同時，身左轉向北；右手握刀，向上、向東扎去，刀刃向下，刀與臂、肩平；右手向後畫弧推出，掌心向西，指尖向上，手略高於肩。眼看刀（圖22）。

【用法】

此刀含有劈、扎等刀法。接上式，我壓刀防開對方的兵器後，迅速翻身以刀劈向對方，對方抽身後退，我即進步以刀向對方扎去。

圖21

第七刀　蘇秦背劍

動作

身左轉向西；左腳尖轉向西偏南，重心移到左腿；右腳

圖 22

收至左腳旁，腳尖點地；同時，右手握刀，外旋 180°，刀背向下，向前拉刀，刀背落在右肩上，刀身三分之二在肩後；左手收回護右腕（圖 23）。

【用法】

此刀含有背刀法。設我刺對面之敵，南方（背後）有兵器由上而下擊我頭部，我即轉身，以刀接對方的兵器護自身，此是一險招。

第八刀　力劈華山

動作一

左腳一撐跳起原地落下，腳尖向南偏東，身下坐；右腳向前踏出成右仆步，腳心向西，腳尖向上，身轉向南偏西；同時，右手握刀，向

圖 23

前、向下劈至右腿內側，刀離地 2 寸左右；左刀掌畫弧至頭後上側，手心斜向上。眼看刀（圖 24）。

圖 24

動作二

身上長；右腳掌向前踏實，腳尖向西偏南成右弓蹬步；左腳尖轉向南偏西；同時，右手握刀，向西扎去，刀刃向下，刀背與肩齊；左手向下、向東畫弧，腕略高於肩，手指斜向上，手心向東。身向南偏西，眼看刀（圖 25）。

【用法】

此刀含有劈、扎等刀法。設對方以兵器迎面刺來，我身體後坐，以刀劈格對方兵器，順勢進刀扎向對方。

圖 25

趙堡太極拳詮真

第九刀　怪蟒出洞

動作一

重心移到右腿，左腿提膝，腳掌與地面平行；同時，右手握刀，先外旋、後內旋向下，經腹前收至胸前，刀尖向下、向左、向上、向右畫弧與胸同高，刀刃向上；左手向上畫弧至頭上。眼看刀（圖26）。

圖26

動作二

左腳經右膝前踏下（可震腳），腳尖向南偏西；右腳向西踏出一步，腳尖向西偏南成右弓蹬步；同時，右手握刀內旋，向西扎去，刀、臂與肩平，刀刃向下；左手向東畫弧推出，身向南偏西。眼看刀（圖27）。

圖27

【用法】

此刀含有絞、扎等刀法。設對方迎面用兵器刺我胸部，我反手絞、格開，隨即以刀扎向對方。

第十刀　流星趕月

動作一

右腳向後（東）退一步，腳尖向西北；左腳提起，腳尖點地，身右轉向西北；同時，右手握刀，先外旋手腕，後內旋使刀背向下、向後掛，向上、向前、向下截至右腿外側；左手向上、向前畫弧至左胸前。眼向西看去（圖 28）。

圖 28

動作三

左腳踏下（可震腳），腳尖向南偏西；右腳向西踏一步，腳尖向西偏南成右弓蹬步；身轉向南偏西；同時，右手提刀，向西扎去，刀、臂與肩平，刃向下；左手向後畫弧推出，腕略高於肩，指尖向上，手心向東。眼向西看去（圖 29）。

【用法】

此刀含有截、扎等刀法。設對方以兵器向我迎面刺來，我退步以刀截開，再進步扎向對方。

王海洲

366

趙堡太極拳詮真

圖 29

第十一刀　回身朝陽刀

動作

右腳收左腳後踏實，腳尖向北偏西；左腳提起，腳尖點地；同時，身右轉向北偏西；右手握刀內旋，使刀刃向上，向右、向上抽拉刀成架刀勢；左手壓刀面，刀橫在頭前。眼看刀（圖30）。

【用法】

此刀含有抽、拉、帶、架等刀法。設對方兵器壓住我的刀，並向我刺來，我回身以刀拉、帶對方兵器，並向上架格。

圖 30

圖 31

第十二刀　腰斬白蛇

動作

左腳提起，原地踏下（可震腳），腳尖向南偏西；右腳向西踏一步，腳尖向西偏南；同時，身左轉向南偏西；右手握刀外旋，壓刀至腰高，向北、向西抹去後向上撩起，刀、臂與肩同高；左手向下、向後、向上推出，手心向東，指尖向上，腕略高於肩。眼看刀（圖31）。

【用法】

此刀含有斬、撩等刀法。接上式，我架、格開對方兵器，隨即進刀斬對方腰部。

第十三刀　風捲殘雲

動作一

身右轉向北；右腳向東踏半步，腳尖向北偏東；左腳尖轉向北；同時，右手握刀，內旋270°，刀刃向北，刀向右抹

圖 32　　　　　　　　圖 33

轉至刀尖向北；左刀掌隨身轉
動。眼看刀轉（圖32）。

動作二

　　身繼續右轉向南；左腳向
東踏半步，腳尖向南；右腳轉
腳尖向南；同時，右手握刀，
向右抹至刀尖向南；左手隨身
轉動。眼看刀轉（圖33）。

圖 34

動作三

　　右手握刀外旋，收至右肋
旁；左手外旋收至左肋旁，兩
手心向上。眼向南看去（圖34）。

【用法】

　　此刀含有抹刀法。設我被圍困，我用刀外抹一周解圍。

收　勢

動作

右手握刀與左刀掌分別向下、向外側、向上、向身前畫一圈，右手將刀交至左手，成抱刀勢；左腳收至右腳旁，成立正姿勢（圖35）。

圖 35

趙堡太極拳詮真

第十四章　趙堡太極棍

第一節　趙堡太極棍動作名稱

說明：運行路線左爲實線，右爲虛線。

第二節　趙堡太極棍動作圖解

第一式　起　勢

動作一

面向南，成立正姿勢；右手虎口、拇指、食指夾棍中把，餘指貼棍，棍立在身右側，梢段向上，把段向下；左手自然下垂在左胯旁。眼平視正南方向（圖1）。

動作二

左腳向左橫跨半步，兩腳相距與肩同寬，腳尖向前成平行步（圖2）。

圖1　　　　　　　圖2　　　　　　　圖3

【說明】

本棍法為雙陰握把；左右手分握中把（棍分為三等份，中為中把），靠左手一段為梢段，靠右手一段為把段。

第二式　陰陽棍

動作一

右手向上提棍，把段夾在右腋下，梢段斜向東南上方；左手向右、向上、向前以掌指貼中把；同時，右腿屈膝下蹲，左腳尖點地成虛步。身向南，眼向南看去（圖3）。

動作二

右手腕內旋壓棍，棍梢向下、向右、向後、向上、向東南方向轉一圈，棍梢段斜向下；左手離把，向下、向左、向上、向前畫一圈握把中段，兩手心均向下成陰手握把，兩手相距尺餘；同時，左腳向東南方向跨出一步，腳尖向東南偏南；右腳尖轉向西南，成左弓蹬步。身轉向西南，眼看棍梢段（圖4）。

圖4　　　　　　　圖5

【用法】

此式含有格、挑、撥、砸等棍法。設對方以兵器向我中部擊來，我以棍格開後砸對方的上部。

第三式　護膝棍

動作一

左手滑把至棍梢，右手握中把，兩手配合用力，左臂屈肘，棍梢向上、向後。右手先壓後推棍，棍把段向下、向前、向左掃至右膝前；同時，右腳向南跨出一步，腳尖向南偏東；左腳尖轉向東偏南，成右弓蹬步；身向東偏南。眼看把段，中段與肚相貼（圖5）。

動作二

左腳向東跨出一步，腳尖向東偏南；右腳尖轉向南偏東，成左弓蹬步；同時，兩手稍向中把滑把，配合用力；右臂屈肘，右腕收至右胸前，棍把段向上；左手先壓後推，棍梢段向下、向右掃至左膝前。身向南，眼看棍梢段（圖

圖6　　　　　　　　　圖7

6）。

【用法】

　　此式含有挑、壓、撥等棍法。設對方在右前以兵器向我膝下刺來，我以棍把段挑開，同時，棍梢段防住從我左側刺來的兵器。

第四式　　右撥棍

動作一

　　右腳向前跨一步，腳尖向東；左腳尖轉向北偏東；同時，兩手配合用力，左臂屈肘，左手握把收至左肩前，棍梢段向上；右手先壓後推棍，棍把段向下，向右掃至右膝前。身轉向北偏東，眼看把段（圖7）。

動作二

　　身稍向左轉，再向右轉至向東偏北；左手壓梢段向下；右手握棍向左、向東北方向挑起再向右前上方撥去。眼看正東方向（圖8）。

圖8　　　　　　　　　　圖9

【用法】

此式含有挑、格、撥、壓、掃等棍法。設對方從前後分別用兵器刺來，前面的刺我下部，後面的刺我上部，我以棍上挑下壓防開對方兵器。

第五式　迎面砸棍

動作一

右腳向後（西）退一步，腳尖向南偏西，重心移到右腿；左腳尖轉向南；同時，右手向前下壓把段至腰高，再向右後上撥；左手上提梢段，由西北方向、向下、向右掃至腿前。身向南，眼看梢段（圖9）。

動作二

右腳向東跨一步，腳尖向東偏北，重心移到右腿；左腳尖轉向北偏東，成右弓蹬步；同時，右手向上抽棍，雙手向梢段滑把，兩手配合用力，棍把段由西向上、向前（東）掄砸至腰高，身向東北。眼看把段（圖10）。

趙堡太極拳詮真

【用法】

此式含有格、壓、挑、掃、砸等棍法。設對方以兵器連續向我上下部擊來，我以棍上下防住，然後進步砸擊對方。

圖10

第六式　回身殺棍

動作

身左轉向西北；雙腳同時以腳跟為軸，左轉成左弓蹬步，左腳尖向西偏北，右腳尖向北偏西；同時，左手向西抽棍，右手先配合左手送棍後向把段滑把，接著，兩手配合用力棍向西扎去，棍梢段與胸同高，右手握棍外旋擰棍，左手鬆把配合右手的動作。眼看正西方向（圖11）。

【用法】

此式含有扎棍法。設對方從我身後襲來，我

圖11

變動腳的虛實，轉身出棍，出其不意地扎向對方。

第七式　撥　棍

動作一

右腳向西踏出一步，腳尖向西偏南；左腳尖轉向南偏西，成右弓蹬步；同時，兩手稍向中把滑把，左臂屈肘，左手握把收到左胸前，梢段斜向上；右手先壓後推，棍掃至右膝前，身向西南，眼看把段（圖12）。

圖 12

動作二

身向左轉、再向右轉至向西偏南；左手壓梢段向下；右手握棍向左、向西南方向挑起，再向右前上方（西北）撥去，重心略向後移。眼看把段（圖13）。

【用法】

同前。

圖 13

第八式　竄步砸棍

動作一

右腳向後（東）退一步，腳尖向北偏東，身微左轉後右轉向北；左腳尖轉向北；同時，右手握把微內旋，左手微外

趙堡太極拳詮真

旋，兩手配合用力，把段向左、向下壓至右膝前，再向上、向北挑起撥至胸前，梢段向上、向東北方向挑，再向下掃至左腿前。眼看梢段（圖14）。

圖 14

動作二

左腳一撐，右腳向後一蹬地，隨即向前（西）竄跳一步，腳尖向西偏南，左腳收至右腳後，腳尖點地；同時，右手向上抽棍，左手滑至梢段，接著右手向梢段滑把，兩手配合用力，棍把段由東向上、向前（西）掄砸至腰高，身向西南。眼看把段（圖15）。

圖 15

【用法】

此式含有：格、壓、掃、挑、砸等棍法。設對方從我正面用兵器刺來，我格、壓、掃開對方兵器後，對方退走，我竄步跟上，向對方頭部砸去。

圖 16　　　　　　　　　圖 17

第九式　回身殺棍

動作

左腳向東跨一步，腳尖向東偏南；右腳尖轉向南偏東；同時，身轉向東南；雙手同時向把段滑把，棍梢段向東扎去，棍與腰同高。眼看正東方向（圖 16）。

【用法】

與第六式相同，方向相反。

第十式　右撥棍

動作一

右腳向前（東）踏出一步，腳尖向東偏北；左腳尖轉向北偏東；同時，兩手向梢段滑把，左臂屈肘，右手壓把，兩手配合用力，棍把段由西向下、向東掃至右膝前，身向北偏東。眼看把段（圖 17）。

圖18

圖19

動作二

　　身稍向左轉、再向右轉至向東偏北；左手壓梢段向下；右手握棍向東北方向挑起、再向右前上方撥去。眼向東看去（圖18）。

　　【用法】

　　與第四式相同。

第十一式　雙撥棍

動作一

　　左撥：身轉向東偏南；兩手握把棍梢段，掃至右膝外；接著身轉向東偏北；右手壓棍，兩手配合用力，梢段向上、向東挑起，再向左前上方撥去。眼看正東方向（圖19）。

動作二

　　右撥：身稍向左轉向北再右轉向東偏北；兩手配合用力，棍把段掃至右膝前，接著左手壓棍，把段向上、向東北方向挑起撥至右前上方。眼向東看去（圖20）。

圖 20　　　　　　　　　　　圖 21

【用法】

此式含有撥、掃等棍法。設對方用長兵器連續刺我上下部，我先後用掃、撥法防開對方兵器。

第十二式　迎面砸棍

動作一

同第五式動作（圖21）。

動作二

右腳向東跨一步，腳尖向東偏北；左腳收回右腳後，腳尖點地；同時，右手向上抽棍，左手滑把至梢段，接著右手滑把，兩手配合用力，棍把段由西向上、向前（東）、向下敲擊地面，身向東北。眼看把段（圖22）。

【用法】

此式含有格、掃、砸、點等棍法。設對方用長兵器向我上部直刺，被我格開後，又向我下部刺來，我以掃法防開對方的兵器。對方退去，我跟步前進，迎面以棍砸或點擊對

圖 22   圖 23

方。

第十三式　回身殺棍

動作

身左轉向西北；左腳向西跨一步，成左弓蹬步，左腳尖
向西偏北；右腳尖向北偏西；同時，左手向西抽棍，右手先
配合左手送棍後向中把滑把，接著棍向西扎去，棍梢段與胸
同高；右手握棍外旋擰棍，左手鬆把配合右手的動作。眼看
正西方向（圖23）。

【用法】

與第六式相同。

第十四式　撥　棍

動作一

同第七式動作一（圖24）。

圖 24　　　　　　　　　　　圖 25

動作二

同第七式動作二（圖 25）。

【用法】

與第七式相同。

第十五式　栽　棍

動作一

同第八式動作一（圖 26）。

動作二

身左轉；左腳尖轉向南偏西後踏實；右腳向西踏出一步，腳尖向西；同時，右手向上抽棍，兩手配合用力，把段向（西）前、向下著地，臉胸向地（圖 27）。

圖 26

圖27

圖28

動作三

　　兩手緊握棍把，以把段端點為支點；兩腳同時用力撐地，左右腳凌空先後從梢把前躍過；左腳著地，腳尖向西南方向；右腳著地，腳尖向西北，臉胸向地。眼看把段（圖28、圖29）。

【用法】

　　此式含有避棍法。設對方用長兵器向我下部掃來，我以棍撐地，身騰空躲過對方兵器。

圖29

第十六式　跟斗棍

動作一

右腳以內側掃把段，身長起成左獨立步，右腳心向左

王海洲

下；同時，兩手交叉握把，把段向東南挑起，棍橫置腹前膝上。身向西南，眼平視（圖30）。

圖30

動作二

右腳向西北方向踏一步，腳尖向西北偏西，成右弓蹬步；同時，右手握把段向上、向西北圓轉，邊轉邊向梢段稍滑把，左手滑向梢段，把段向西北方掄砸至腰高，身向西偏南。眼看把段（圖31）。

【用法】

此式含有挑、砸棍法。設對方從左前用兵器刺來，我以棍由下向上挑防，隨即向右前來敵砸去。

圖31

第十七式　進步砸棍

動作

左腳向西北方向踏一步，腳尖向西北偏北；右腳尖轉向東北，成左弓蹬步；同時，雙手向把段滑把握棍配合用力，使梢段由東南向上、向西北方向掄劈至腰高。身向北偏東。眼看梢段（圖32）。

【用法】

此式含有砸棍法。接上式，棍砸對方，對方退走，我跟進再砸。

趙堡太極拳詮真

王海洲

圖 32　　　　　　　　　　圖 33

第十八式　倒攆猴

動作一

左腳向東南方向退一步，腳尖向西偏北；右腳尖轉向西北偏西，成右弓蹬步；同時，雙手滑向梢段握把，配合用力，使棍把段由東南向上、向西北方向掄劈至腰高，身向西偏南。眼看把段（圖33）。

動作二

右腳向東北方向踏出一步，腳尖向西偏南；左腳尖轉向西南偏西，身轉向西偏南；同時，雙手滑把至把段配合用力，使棍梢段由西北向上、向西南、向下劈至腰高。眼看梢段（圖34）。

動作三

左腳向東南方向後踏一步，腳尖向西偏北；右腳尖轉向西北偏西，身轉向西偏南；同時，兩手滑把至梢段握把配合用力，使把段由東北向上、向西北方向、向下劈至腰高。眼

圖 34　　　　　　　　　　圖 35

看把段（圖35）。

【用法】

　　此式是以守為攻法。設對方一人或兩人，先後在我左右兩側用兵器刺我中、上部，我後退以棍格開對方兵器，伺機還擊。

第十九式　左右搧棍

動作一

　　右腳向後一撐提起成左獨立步；同時，兩手握把外旋，各以大拇指、食指、虎口鉗握棍身，左手上提稍前推，右手下壓，使棍立於身右側；右腳尖頂住把段，身向西。眼平視（圖36）。

動作二

　　右腳向東北後踏一步，腳尖向

圖 36

圖 37　　　　　圖 38

西北；左腳一撐提起成右獨立步；同時右手上提稍前推；左手下壓，使棍立於身左側；左腳尖頂梢段，身向西。眼平視（圖 37）。

【用法】

此式含有騰挪身法和左右捌護用法。設對方從我右左兩側用攔腰棍打來，我用此法攔擋。

第二十式　進步攔腰棍

動作

右腳一撐跳起原地落下（可震腳），腳尖向西北；左腳向西南跨一步，腳尖向西偏南；同時，右手外旋提棍，向東北方壓下；左手滑把至梢段，內旋貼在左肋；右手滑握中把，身先稍向右轉後左轉向西偏南，兩手配合用力，棍把段由東北方向、向上掃至西偏南。眼看把段（圖 38）。

【用法】

此式含有挑、掃等棍法。設我以棍梢段挑擊對方的兵器，即進步向對方攔腰掃去。

第二十一式　右護棍

動作

右腳一撐提起，成左獨立步；同時，左手內旋上提，右手鬆把，兩手以大拇指、食指、虎口鉗握中把，使棍收立於右膝前；右腳尖貼把段，身向西。眼看西北（圖39）。

圖 39

第二十二式　左護棍

動作

同第十九式動作一（圖40）。

【用法】

此兩式含有推、格棍法。設對方以左右攔腰棍向我擊來，我立棍推、格防護，防護中含有擊打。

第二十三式　翻身直刺

動作一

左腳向後（東）踏一步，腳尖向南；右腳一撐提起，腳

圖 40

圖41

圖42

掌與地面平行，成左獨立
步；同時，兩手握中把，
右手下壓，左手上提，棍
立於左腹前，身轉向西
南。眼看西（圖41）。

動作二

右腳向前（西）跨一
步，腳尖向西；左手內旋
壓棍。雙手配合用力，把
段上挑；兩腿虛實在轉換
過程中（圖42）。

圖43

動作三

左腳向西跨一步，腳尖向西；右腳尖轉向北偏西；同
時，身右轉向西北；左手向下、向西、向上推棍；右手上提
至頭上方，棍斜向西下；兩腿虛實在轉換中（圖43）。

圖 44　　　　　　　　圖 45

動作四

身向右轉至東南；右腳向左腳後向西踏一步，腳尖向南偏東；左腳轉腳尖至東偏南；同時，兩手上下配合用力，使梢段由西向上、向東、向下壓。眼看梢段，兩腿在虛實轉換中（圖44）。

動作五

身右轉向西南；以兩腳跟為軸，右腳尖轉向西偏南；左腳尖轉向南偏西；同時，兩手向梢段滑把，把段向西扎去，棍與胸同高。眼看正西方向（圖45）。

【用法】

此式含有格、挑、架、砸、扎等棍法。設我以棍格掃身左側擊來的兵器，隨即挑開右前刺來的兵器，復以架法上擋由上而下劈下的兵器，翻身砸向後面，再轉身扎向前。棍的轉動擊出的方位多，可應付多人進攻，防守反擊兼備。

圖 46　　　　　　　　圖 47

第二十四式　轉身砸棍

動作

身左轉至向東北；右腳向東跨一步，腳尖向東偏北；左腳尖轉向北偏東；同時兩手上下配合用力，使把段向上、向東掄劈至腰高。眼向東看去（圖 46）。

【用法】

此式含有砸法。接上式，後面有人攻來，我急轉身以棍出其不意地向對方砸去。

第二十五式　回身殺棍

動作

同第十三式動作（圖 47）。

【用法】

同前。

圖 48　　　　　　　　　　圖 49

第二十六式　護膝棍

動作
同第七式動作一（圖 48）。

【用法】
同前。

第二十七式　三掤棍

動作一
　　左腳向西跨一步，腳尖向西偏北；身轉向西北，右腳轉腳尖向北偏西；同時，兩手上下配合用力，右手上提，左手向下、向上、向西推棍，棍身斜向西下。眼向西看去（圖 49）。

動作二
　　右腳向西跨一步，腳尖向西偏南；左腳尖轉向南偏西，身左轉向西南；同時，兩手上下配合用力，棍把段向前

（西）、向下擊地，擊點在右腳前。眼看棍把段（圖50）。

動作三
同動作一（圖51）。

動作四
同動作二（圖52）。

動作五
右腳尖轉向西偏北，重心全部移右腿，左腿提膝，以腳掌向西蹬出。其餘動作同圖49動作（圖53）。

圖50

【用法】

此式含有挑、架、砸、崩等棍法。設對方用兵器刺我下部，我以棍挑開，對方復以兵器向我頭部擊來，我以棍上架格開，迅速向對方砸去，並伺機以腳蹬對方胸部。

圖51

圖52

圖 53　　　　　　　　　　圖 54

第二十八式　翻身左搠棍

動作

身左轉向東；左腳向東北方向踏出一步，腳尖向東偏北，重心移到左腿；右膝提起，以腳掌向東北方向蹬去；同時，雙臂屈肘，將棍收回身前，隨即向東北方向架起，棍身斜向東北下方。眼看東北（圖54）。

【用法】

此式含有架、格法。設對方從我身後用兵器擊來，我即轉身以棍架住，以腳踢對方胸部。

第二十九式　回身右搠棍

動作

右腳向西南方向跨一步，腳尖向南偏西，重心移到右腿；左膝提起，以腳掌向西南方向蹬去；同時，雙臂屈肘將

棍收回身前，棍身斜向西南下方，隨即向西南方向架起，眼看西南（圖55）。

【用法】

與上式相同。

第三十式　翻身挑棍

動作一

左腳向後、向東北方向退出一步；右腿提膝，腳心貼膝內側；同時，右手壓棍收至腹前；左手向下壓棍，並向把段滑把，梢段向下截至身前，身向東南。眼看梢段（圖56）。

圖55

動作二

右腳向東跨一步，腳尖向東偏北，身左轉向東偏北；左腳尖轉向北偏東，成右弓蹬步；同時兩手配合用力，使棍向上、向東挑起至胸高，眼看梢段（圖57）。

【用法】

此式含有格、掃、挑、點

圖56

等棍法。設對方以兵器向我右側往下擊來，我以棍向下格掃對方兵器後，再以挑點法擊向左前方來敵。

圖 57　　　　　　　　　　　　圖 58

第三十一式　翻身砸棍

動作

　　左腳尖轉向西偏北，身左轉向北；右腳尖轉向北偏西，成左弓蹬步；同時，兩手配合用力，使棍梢段向上、向西掄砸至胯高，眼看梢段（圖58）。

【用法】

　　此式含有砸棍法。設對方從後面以兵器擊來，我轉身以棍向對方頭部砸去。

第三十二式　仰身棍

動作

　　右手內旋，向後抽棍；左手向梢段滑把，身向後仰；兩手握把托棍至身前，棍梢段斜向西下，眼看中把（圖59）。

【用法】

此式含有架、格法。設對方從身後以兵器由上向下、向我劈擊，我以鐵板橋身法配合雙手架棍，擋格對方的兵器。

圖59

第三十三式　翻撥棍

動作

右腳向西跨一步，腳尖向西偏南；左腳收至右腳旁成虛步；身先轉向南，後轉向西南；同時，右手落至左肩前，向梢段滑把；左手收至右腋下，把段由東向南掃至正西，棍與胸同高，眼看把段（圖60）。

圖60

【用法】

此式含有推、壓、掃、點等棍法。接上式，我以棍黏住對方兵器，先壓、推後，以挑點棍擊對方。

第三十四式　舞花棍

動作

重心移到左腳後，隨即移到右腳；兩手配合用力，把段向下、向東、向上、向西、向下畫一圈，收至右腳旁成立棍（圖 61）。

圖 61

【用法】

此式含有掃、挑、撥、砸、壓等棍法。設對方從左前以兵器刺我下部，我以棍掃、挑、撥開對方兵器，再向對方砸去。

第三十五式　打虎棍

動作一

左腳向東跨一步，腳尖向東偏南，成左弓蹬步；雙手提棍，右手稍向梢段滑把，兩手用力，使棍把段向上、向東、向下掄轉，以把段點擊地面。身轉向東，眼看把段（圖 62）。

動作二

身向右轉至西偏南；右腳尖轉向西偏南；左腳尖轉向南偏西；兩手配合用力，使把段向右掃轉 180°至 360°。眼隨棍走（圖 63）。

趙堡太極拳詮真

王海洲

圖 62

圖 63

動作三

　　身轉向南；左手壓把，右手提把，將棍立在身右側，兩手配合用力，向西南方向推棍。眼向東看去（圖64）。

【用法】

　　此式含有格、壓、砸、挑、崩等棍法。設對方從我正面

圖 64   圖 65

用兵器分別向我上下部刺來，我以棍格、壓對方兵器，再
掃、挑右後攻來的兵器，再以崩棍推擊對方。

第三十六式　掃　棍

動作一

　　左腳尖轉向東南，重心全部移到左腳；身左轉向東南；
右膝提起，腳掌置左膝前；同時，右手下壓，左手上提，梢
段收至左肘前，棍把段向下，向西南壓至與小腿同高，再向
左掃至東南方向；右手上提，左手下壓，棍立在身前。眼看
正東（圖65）。

動作二

　　左腳用力一撐，右腳向東北方向跳半步，腳尖向東南；
左腳向東北方向跨一步，腳尖向東北偏東，成左弓蹬步；同

圖 66　　　　　　　　　　圖 67

時，兩手配合用力，棍把段向西南方向壓下至腰高。身向東南，眼關注棍把段（圖66）。

動作三

兩手配合用力，使把段向左掃至東北方向；同時，身轉向東北；右腳收至左腳旁，腳尖點地。眼看把段（圖67）。

圖 68

動作四

右腳向西南方向退一大步，腳尖向東南；左腳收至右腳旁，腳尖點地；同時，左手稍向內旋向後抽棍，接著雙手滑向把段，兩手相距1尺左右，配合用力，使梢段從身後向右掃至東南方向。身向東南，眼看梢段（圖68）。

【用法】

此式含有挑、撥、掃等棍法。是前、後、左、右迎敵法。設對方在我前面用兵器向我下部擊來，我以棍挑撥開，然後連續換步，掃前方來敵的下部和避開後面來敵的兵器，並掃其下部。

第三十七式　攔腰棍

動作

右腳一撐，向東北方向跳半步，腳尖向東南；左腳向東北方向跨一步，腳尖向東北偏東，成左弓蹬步；同時，左手向梢段滑把，右手向西北抽棍後滑把，兩手配合用力，使把段由西北方向向左攔腰掃至東北方向。身向東偏北，眼看把段（圖69）。

【用法】

同第二十式。

第三十八式　右護膝棍

動作

右腳一撐，提起成左獨立步；同時，右手向把段滑把，兩手以拇指、食指、虎口鉗握中把，左手上提，右手下壓，使棍立於身右側，右腳尖頂住把段。身向東，眼平視（圖70）。

【用法】

同前。

圖69

圖 70　　　　　　　　　圖 71

第三十九式　左護膝棍

動作

右腳向西南後踏一步，腳尖向東南；左腳一撐，提起成右獨立步；同時，右手上提，左手下壓，使棍立於身左側。身向東，眼平視（圖71）。

【用法】

同前。

第四十式　翻身刺棍

動作一

左腳向後（西）踏一步，腳尖向東北；右腳一撐提起，腳掌與地平行，成左獨立步；同時，兩手握中把，右手下壓，左手上提，棍立於腹前。身轉向東北，眼看東（圖72）。

圖72   圖73

趙堡太極拳詮真

動作二

右腳向東跨一步，腳尖向東；左手外旋，壓棍至腰高，兩手配合用力，棍向前（東）挑起；兩腿虛實在轉換之中（圖73）。

動作三

左腳向東跨一步，腳尖向東；右腳尖轉向南偏東；同時，身右轉向東南；左手向下、向東、向上推棍；右手上提至頭高，棍斜向東下，把段斜向西上；兩腿虛實在轉換之中（圖74）。

圖74

動作四

身向後轉至西北；右腳向左腳後（東）踏一步，腳尖向北偏西；左腳尖轉向西偏北；兩手上下配合用力，使梢段由東向上、向西、向下畫弧至腰高。眼看梢段，兩腿虛實在轉換之中（圖75）。

圖 75

動作五

身右轉向東北；以兩腳跟為軸，右腳尖轉向東偏北；左腳尖轉向北偏東；同時，兩手滑把至梢段，把段向東扎去，棍與胸同高。眼向東看去（圖76）。

圖 76

【用法】

與第二十三式相同，方向相反。

第四十一式　回身砸棍

動作

身體左轉至向西南；右腳向西跨一步，腳尖向西偏南；

趙堡太極拳詮真

左腳尖轉向南偏西；同時兩手向把段滑把握棍配合用力，使把段向上、向西掄砸至腰高。眼向西看（圖77）。

【用法】

此式含有砸棍法。設對方在我身後以兵器向

圖77

我中部擊來，我轉身避過，同時，以劈頭棍砸向對方。

第四十二式　回身殺棍

動作

以兩腳跟為軸，左腳尖向東偏南；右腳尖轉向南偏東，成左弓蹬步；同時，身左轉向東南；左、右手向把段滑把，配合用力，棍梢段向東扎去，棍與腰同高。眼看正東方向（圖78）。

圖78

【用法】

同前。

第四十三式　踢　棍

動作

重心移到左腳，提右腿起腳
向東踢去，身轉向東；右手內旋
向後抽棍，左手稍向梢段滑把，
右手滑握中把，兩手配合用力，
把段向下、向東、向上挑起。眼
向東看去（圖79）。

圖79

【用法】

此式含有挑棍法。設對方防
開我的扎棍，我趁勢以棍、腳攻
擊對方。

第四十四式　搧　棍

動作

右腳向東踏出一步，腳尖向
東南偏南；左膝提起，以腳掌向
前（東）蹬去，身轉向東偏南；
同時，左手向東推棍，兩手握棍

圖80

至胸前，向東、向上架起。眼看中把（圖80）。

【用法】

此式含有托、架棍法。設對方以長兵器向我迎面砸下，
我進步以棍向上托、架，以左腳蹬對方胸部。

圖 81　　　　　　　　　　　　圖 82

趙堡太極拳詮真

第四十五式　復砸棍

動作

左腳向東踏一步，腳尖向東偏南成左弓蹬步；身右轉向南偏東；同時，右手壓棍至右腹旁，左手向把段稍滑把，兩手配合用力，梢段向正東砸下至膝高。眼看梢段（圖81）。

【用法】

此式含有砸棍法。設接上式，對方要退走，我追步以棍砸向對方。

第四十六式　回身撥草尋蛇

動作一

身右轉向西；左腳尖轉向西南；右腳向西北方向跨一步，腳尖向西北偏西；同時，右手向後抽棍，左手向梢段滑把，兩手握中把配合用力，把段向右上方撥去。眼看西方向

圖 83

圖 84

（圖 82）。

動作二

左腳向西南方向踏一步，腳尖向西南偏西；身體轉向北後轉向西；同時，兩手配合用力，使梢段向下、向西北方向挑起，再向上、向西南上方撥去。眼向西看去（圖 83）。

動作三

右腳向西北方向踏出一步，腳尖向西北偏西；身先左轉向南後右轉向西；同時，兩手配合用力，把段向下，向西南挑起再向上、向西北上方撥去。眼看西（圖 84）。

【用法】

此式含有撥、挑棍法。設對方迎面以兵器阻攔，我分別以把段、梢段、左右挑、撥、格、封。

第四十七式　怪蟒出洞

動作一

重心移到左腳，右膝提起，腳掌與地平行；同時，兩手

配合用力，使把段向下、向左、向上畫弧至腰高。身向西南，眼看把段（圖85）。

圖 85

動作二

左腳一撐跳起離地，原地落下；右腳向前（西）跨一步；同時，左手外旋，兩手用力握棍向西扎去，棍與腰同高。身向西南，眼向西看去（圖86）。

【用法】

此式含有絞、壓、扎等棍法。設對方用兵器向我迎面刺來，我以棍黏住對方兵器絞轉壓住後，向對方中上部刺去。

圖 86

第四十八式 野馬跳澗

動作一

左腳提起，右腳一蹬，左腳向西跳一大步；隨即右腳跳

趙堡太極拳詮真

起,身體騰空右轉270°
向東南;兩腳落地,腳
尖向南,虛實在轉換
中;同時,兩手握把,
配合用力,棍梢段由東
向下、向西南、向上、
向東北、向下畫弧至左
腳外側(圖87)。

圖 87

動作二

身轉向西南;以腳
跟為軸,右腳尖轉向西
偏南;左腳尖轉向南偏
西,成右弓蹬步;同
時,兩手配合用力,立
棍向西偏南推出至右膝
外側。眼向東看(圖
88)。

【用法】

此式含有架、格、
掃、擋等棍法。設對方
一人以兵器迎面砸來,
另一人以兵器掃我雙
腿,我跳起以棍上捌,

圖 88

懸空翻身。對方攻擊落空,我落地後以立棍推擊對方。此式
棍法一剎間擋二棍、避一棍。

第四十九式　跳步砸棍

動作一

與三十六式動作一相同（圖89）。

動作二

左腳一撐跳起，右腳落地，腳尖向東南偏東；左腳向東北方向跨一大步，腳尖向東北偏東；同時，兩手配合用力，使把段向上、向前、向東敲擊地面，身向東偏北。眼看把段（圖90）。

圖89

【用法】

此式含有挑、砸等棍法。設對方從正面以兵器掃我下部，我跳起避過，隨即以棍砸擊對方。

第五十式　退步砸棍

動作

重心移到右腿，左腳收至右腳旁，腳尖點地，身右轉向東南；同時，左手向後、向上抽棍，右手滑到把段，兩手上下配合用力，使梢段向前、向東、向下敲擊地面，在棍向東砸下

圖90

圖91   圖92

時，左手向把段滑把。眼看梢段（圖91）。

【用法】

此式含有格、砸法。又名跟斗棍。設對方劈頭向我砸來，我退步卸身，以棍先格，然後砸向對方。

第五十一式　轉身砸棍

動作

身右轉至西南偏西；左腳向南跨一步，腳尖向南偏西，重心移到左腿；右腳尖轉向西偏南成左弓蹬步；同時，兩手上下配合用力，使梢段向上、向南、向下砸。眼看梢段（圖92）。

【用法】

此式含有砸棍法。設對方從我右側以棍由上而下砸來，我身右轉，以棍擊對方手腕。這幾式主要是以身法為主的砸棍術。

第五十二式　搠扎棍

動作一

右手向上、向後抽棍，左手向梢段滑把；同時，右腳尖轉向西北，左腳尖轉向西偏南，身向後坐；兩手握棍向上托過頭頂，棍身斜向南下，身向西。眼看中把（圖93）。

圖93

動作二

身向前長起；左腳尖轉向南偏西；右腳尖向西偏南，重心移到左腿成左弓蹬步；同時，右手腕外旋壓棍至腰高，左手滑把至中把，雙手配合用力握棍向前（南）扎去。身轉向南偏西，眼向南看去（圖94）。

【用法】

此式含有架、扎棍法。設對方以兵器向我頭部砸下，我以棍先架後扎向對方。

圖94

第五十三式　右插棍

動作一

身轉向南偏東；右腳收至左腳旁，腳尖點地；同時，右手內旋，向後抽棍並向下壓提，把段向下、向前（南）推至胯高；左手滑握把向後置左肋後。眼向南看去（圖95）。

趙堡太極拳詮真

圖 95

圖 96

動作二

右腳踏實，左腳變虛，腳尖點地；兩手配合用力，把段向上、向右、向下畫弧落至右腳外側，棍立於身右側（圖96）。

圖 97

【用法】

此式含有撥、掃、挑等棍法。設對方連續以兵器點擊我上、中、下部，我以棍撥、挑、掃開對方兵器。

第五十四式　打虎棍

動作一

同三十五式動作一（圖97）。

動作二

重心移到右腿；雙手配合
用力，棍把段向右上提左手壓
棍，使棍立於身右側，然後向
西南方向推棍。身轉向南，眼
向東看去（圖 98）。

【用法】

同前。

第五十五式　扎　棍

動作

身轉向東南；左腳尖轉向
東偏南，重心移
到左腳；右腳尖
轉向南偏東成左
弓蹬步；同時，
右手向下壓棍，
左手握棍上提，
棍與腰同高，左
手滑把至把段，
兩手配合用力，
梢段向東扎去。
眼向東看去（圖
99）。

圖 98

圖 99

【用法】

此式含有砸棍法。設對方從我左邊以兵器由上向下向我
劈來，我即閃身，以棍由下往上扎向對方中部。

趙堡太極拳詮真

第五十六式 右擋棍

動作

身轉向西南；右腳尖轉向西偏南；左腳尖轉向南偏西；同時，左手向梢段滑把，雙手握中把配合用力，以立棍向西南方向推出，棍立在右膝前（圖100）。

【用法】

此式含有擋棍法。是攔截對方攔腰棍的招法。

圖 100

第五十七式 扎 棍

動作

同五十五式動作（圖101）。

【用法】

與前相同。

圖 101

圖 102　　　　　　　　　　　圖 103

趙堡太極拳詮真

第五十八式　右擋棍

動作

同五十六式動作（圖 102）。

【用法】

與前相同。

第五十九式　撥　棍

動作一

　　右腳向東跨一步，腳尖向東偏北；左腳尖轉向北偏東，身左轉向東北方向；同時，兩手配合用力，使棍把段向下、向東掃至右膝前。眼看把段（圖 103）。

動作二

同第四式動作二（圖 104）。

圖 104

圖 105

【用法】

與前相同。

第六十式　迎面砸棍

動作一

同第五式動作一
（圖 105）。

動作二

同十二式動作二
（圖 106）。

【用法】

與前相同。

圖 106

第六十一式　左掃棍

動作

左腳向西北方向退一步，腳尖向西偏北，重心移到左腿；右腳收至左腳旁；同時，兩手用力，把段點地，掃至西北方向。身向西北，眼看把段（圖107）。

【用法】

此式含有掃棍法。設我身後有多人攻來，我轉身以棍橫掃其腿腳，此是「棍打一大片」的招法。

圖 107

第六十二式　右掃棍

動作

右腳向東南方向後踏一步，腳尖向西偏南，重心移到右腿；左腳收至右腳旁；同時，右手向後抽棍，右手滑把至把段，左手向把段滑把，兩手配合用力，使梢段向右掃至西北方向著地，再向東、向南方向掃去。身向西南，眼看梢段（圖108）。

【用法】

同上式。

圖 108

第六十三式　掤　棍

動作一

左腳尖轉向東南，重心移到左腿；右腿提膝，以腳掌向南蹬去；身左轉向東南；同時，右手向後抽棍，左手向梢段滑把，兩手握中把，右手向下壓棍，左手配合用力，把段向下、向前（南）、向上挑起，棍斜向南上，把段在踢起的右腳尖上。眼看把段（圖109）。

圖 109

動作二

右腳向後、向北偏西退一步，腳尖向西北；身體下坐成左仆步；左腳尖轉向西偏北；同時，右手提把至頭前，左手向上、向前推把，兩手握把成托棍式。身向西偏南，眼看中把（圖110）。

【用法】

此式含有挑、架棍法。設對方從我右側以兵器擊我下部，我挑開後，再架格對方由上砸下的兵器。

圖 110

第六十四式　扎　棍

動作

同五十二式動作二（圖111）。

圖111　　　　　　圖112　　　　　　圖113

【用法】

與前相同。

第六十五式　收　勢

動作一

同五十三式動作一（圖112）。

動作二

同五十三式動作二（圖113）。

圖114

動作三

左手鬆把，向左畫弧收回左胯旁，手指自然下垂；左腳收至右腳旁，成立正姿勢（圖114）。

第十五章　趙堡太極春秋大刀

第一節　趙堡太極春秋大刀簡介

一、趙堡太極春秋大刀釋名

春秋大刀，又稱關公大刀、青龍偃月刀，是我國古代長兵器的一種。為什麼在大刀前冠以「春秋」二字？《春秋》一書為孔子所作，司馬遷在《孔子世家》中寫道：「《春秋》之義行，則天下亂臣賊子懼焉。」意思是《春秋》中的大義通行天下，竊位盜名的亂臣賊子就會懼怕。而三國時的關羽愛讀《春秋》，深明《春秋》大義，後人對關羽推崇，他使用的大刀也稱為春秋大刀。春秋大刀以後又演變為一種大刀的套路名稱。一些門派的武術中有春秋大刀的套路，均結合自己門派的理論形成練法。

趙堡太極春秋大刀是以趙堡太極拳的理論為指導，經過前輩趙堡太極拳傳人改造整理而流傳下來，是趙堡太極拳一派的著名長兵器之一。

二、趙堡太極春秋大刀的刀法

趙堡太極春秋大刀體用兼備，技擊性強。主要刀法有劈、砍、刺、撩、掛、截、挑、撥、雲、壓、切、格、推、點、抹、鑽、崩、背、拖等法。

劈：刀由後向上、向前、向下圓轉擊出；

砍：刀由下往上、往正或斜方向擊出；

刺：以刀尖向前擊去；

撩：以刀刃由下向上擊；

掛：以刀背由上向下、向身一側擊；

截：以刀刃由上向下、向身一側擊；

撥：以刀背由下向上、向身側擊去；

雲：以刀全身在左、右、上、下、前、
　　後圓轉；

壓：以刀面由上向下用力；

切：以刀刃由上而下發寸勁、短勁；

格：以刀梢段向左右側由下往上攔截；

推：以刀把向前擊出；

點：以刀鑽由前往後擊；

抹：以刀刃平向左右圓轉。

這些主要刀法是就本春秋大刀套路的演練使用而言的，了解了這些主要的刀法，對練好春秋大刀會有幫助。

三、趙堡太極春秋大刀的製作

趙堡春秋大刀的製作十分講究，原則上要與演練者的身手相匹配。一般刀的全長 2 公尺左右。現將春秋大刀的各部分名稱和製作要求說明如下：

全刀長 2 公尺

刀刃長 0.5 公尺

刀把（柄）長 1.35 公尺

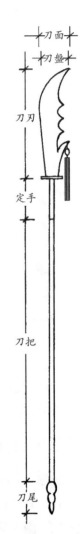

趙堡太極拳詮真

刀尾（鑽）長 0.15 公尺
刀面寬 0.15 公尺
刀盤寬 0.1 公尺
定手 0.2 公尺
以上見圖說明。

第二節　趙堡太極春秋大刀動作名稱

說明：運行線路左為實線，右為虛線，刀尖運行線為實線。

第三節　趙堡太極春秋 大刀動作圖解

第一式　預備勢

動作一

面向南站立，成立正姿勢；右手握把，手在右胸旁，刀梢向上，刀刃向前，刀鑽置右腳外側，距小腳趾2寸左右；左手置左胯旁，指尖自然下垂。眼向南平視（圖1）。

動作二

左腳向左踏出半步，兩腳相距約與肩同寬（圖2）。

【注意事項】

此式要求與趙堡太極拳預備勢同。重點是頭要自然正直，立身中正，氣沉丹田，全身放鬆，摒除雜念，意會著練刀開始。

圖1

圖2

第二式　關聖提刀上灞橋

動作一

重心移到左腿，右腳向右、向上以腳外側踢刀鑽向上；右手用力向東南方向壓刀把，至胸前停住，刀刃向下；左手由下向上、向右、向胸前畫弧，與右手相合，左手在右手前，指

圖3　　　　　　　　　　　　圖4

掌貼刀把；同時，左腳用力一撐，右腳跳起，原地落下，腳
尖向西南；左腳收至右腳前，腳尖點地，成左虛步；刀尖斜
向東南上方。眼向東南方向看去（圖3）。

動作二

　　右手壓刀把，左手配合右手往下送力至右腹前，刀刃向
下、向身前截至右小腿後，刀刃朝西北，刀把貼左後背部；
左手變刀掌（拇指彎曲，四指自然伸直為刀掌），由右腹前
向上、向東畫圓弧打出，與頭同高；同時，左腳向東踏出一
步，腳尖向東偏南，成左弓蹬步；左手與左腳上下相合，左
手心方向與左腳尖方向相同。身向東南，眼先關顧刀刃向
下，後轉向東南方向平視（圖4）。

【注意事項】

　　練春秋大刀時，手、眼、身、法、步、刀要合一。這一
總的要求體現到整個套路的每一刀動作中去。同時，要用趙
堡太極拳的基本理論作為每一刀的具體動作的指南。如此式
在外形上要做到手與腳合。如動作一，兩手要與左虛腳相

合，動作二，左手要與左腳相合，不能貪或欠，要無過，也不能不及。

刀與刀掌的動作要走圓弧，個別特殊動作有方、直的情況，這是因具體的刀勢而定。

刀動，身、手、腳、眼要相隨，一般是手刀先動，身體各部配合，有時腳步先動，刀和身各部分要配合，上與下相隨，這是一個重要的法門，對練好刀特別重要，因為它不易做到。

趙堡太極拳的基本理論對練春秋大刀的指導要求，不能每一式都詳述，由學者練習時舉一反三地體悟，日久自然明白。

【用法】

此式含有格、劈、截等刀法。設對方從我正面用長兵械槍或棍先向我咽喉部擊來，我以大刀往東南方一格，對方的兵器落空，瞬間又抽兵器向我下部擊來，我以刀向前劈並順勢下截防住下部，則對方兵器再次落空。此刀攻防兼備，並取順勢。

此套春秋大刀的用法千變萬化，一切攻防因實際搏擊而變化使用，不能拘泥於成法。但作為演練套路的每一招式的用法，是有明顯攻防意義的，並且招與招之間是連貫的，不能孤立看待。

演練套路是一種訓練，是一種假設敵的練習，先假設對敵練習，達到「著熟」，對敵時才能「因敵變化」。所以練習時須有依規矩的意識，不要輕視這些規矩，在依規矩的基礎上做到化規矩而又不脫離規矩。在以後敘述每式用法時，也貫徹這一思想，不再詳敘。

第三式　白雲蓋頂逞英豪

動作一

右手握把外旋，使刀刃向南，接著向南、向東抹轉至刀尖向東、刃朝北，與腰同高；左手在刀抹至南時向右畫弧，至右肋前接後把，手心向上，與右手成陰陽握把（兩手握把，一手手心向下，一手手心向上為陰陽握把）。身左轉向東，眼向東平視（圖5）。

圖5

動作二

左腳掌轉向北偏東；右腳向東邁一步，腳尖向北偏西；左腳尖接著轉向西偏北；雙手握刀，隨身向左抹轉至向西，刀尖向西，刀刃朝南。眼向西平視（圖6）。

動作三

雙手握刀，配合用力在身前雲刀，刀稍向南上雲，至東偏北至頭右側，與頭同高；接著

圖6

左腳向東撤一步，腳尖向南；右腳尖轉向西偏南；身左轉向東南；右手握把內旋，使刀刃向南。眼關顧刀刃轉動，兩腳的虛實在轉換之中（圖7）。

圖7

動作四

雙手握刀，配合用力，使刀向西南以刀面壓下；右腿屈膝，身蹲下成左仆步；左腳尖向南；眼向東南方向看去，關注到刀面；刀面與胯同高，身轉向南（圖8）。

動作五

左腳尖轉向東偏南，身長起，重心移到左腿成左弓蹬步；同時，雙手握刀，向東南上方砍去。身轉向東南，眼向刀刃砍出的方向看去（圖9）。

圖8

【注意事項】

此式抹刀、雲刀、壓刀、往上砍刀等動作均圓轉相連，不宜有斷續和呆直的動作。配圖只是讓動作的過程顯出節奏，容易理解動作的方向和動作的過程，實際演練時是要一氣呵成。成式時右手與左腳上下相合，右膀與左胯遙合。所謂遙合是指右肩找自己的左胯。

趙堡太極拳詮真

【用法】

此式含有抹、雲、壓、砍等刀法。接上式，我截開對方兵器後，轉刀向對方的腰部抹去，接著以雲刀、壓刀防住對方的進攻，舉刀向對方的咽、頭部砍去。剛練時，往上砍要用上全身的爆發力。勁由腳而腿、而腰、而手

圖9

透至刀刃。柔練時到成式時有一停即緊接下式。無論是剛練還是柔練，心中要有刀法意識，外形神、意要合一。

第四式　上三刀嚇殺許褚

動作一

雙手配合用力，右手握把略外旋，使刀背由東南方向下、向右掛向右腳外側，重心移到右腿；右腳尖轉向西偏南；左腳尖轉向南，身右轉向南偏西。眼看刀刃（圖10）。

圖10

動作二

右手握把外旋，使刀刃轉向上；雙手配合用力，使刀由下向上、向東、再向下截至左腳外側，刀刃朝西；左手握把在右腋下；同時，左腳尖轉向東偏北，右腳尖轉向東南，兩腳虛實在轉換中；此時，身左轉向東，頭側向東北方向。眼看刀刃（圖11）。

圖 11

動作三

右腳向東踏出一步，腳尖向北偏西；左腳尖轉向西偏北；同

圖 12

時，右手握把外旋，使刀刃向上；兩手配合用力，使刀由下向上、向西撩起，刀刃略高於腰，左手仍在右腋下。身左轉向西，眼向西看去（圖12）。

動作四

右手握把內旋，使刀刃反時針方向轉 180°；雙手雲刀（右手握把向上、向右，左手握把向下、向左），當刀雲至頭前時，右手鬆腕，左手握把外旋，使刀刃繼續反時針方向轉 180°，刀刃向前、向東、向下掄劈至與胯同高；同時，左腳往右腿後退一步，與右腳成交叉步，身右轉向北偏西。眼看刀（圖13）。

圖13

圖14

動作五

兩手配合用力，使刀向下截至腳前，再向上、向西撩起，刀刃向上，與胸同高；同時，身左轉向南偏西；右腳尖轉向西偏南，左腳尖轉向南偏西，兩腿虛實在轉換中。眼看刀刃（圖14）。

動作六

兩手配合用力，使刀向上、向東下劈截至左腳外側；身左轉向東；左腳尖轉向東偏北；右腳尖轉向東南，兩腿虛實在轉換之中，頭側向東北。眼看刀（圖15）。

圖15

動作七

右腳向東踏出一步，腳尖向東偏北；左腳尖轉向北偏東；身左轉向北偏東；同時，兩手配合用力，使刀向上、向西撩起，刀刃與腰同高時，右手握把，

圖16

邊內旋邊上提，刀刃反時針轉動180°後鬆腕；左手握把外旋，使刀刃繼續反時針轉動180°，至刀刃向東；雙手繼續配合用力，使刀向東、向前、向下劈至胯高，重心移到右腿。眼看刀刃（圖16）。

動作八

左腳向右腳後（向東）邁一步，身左轉向南偏西；右腳尖轉向西偏南，左腳尖轉向南偏西，兩腿虛實在轉換中；同時，兩手配合用力，使刀向下劈截至右腳前，再向上、向西撩起，刀刃與胸同高。眼看刀刃（圖17）。

圖 17

動作九

兩手配合用力，使刀向上、向東、向下劈截至左腳外側；身左轉向東，左腳尖轉向東偏北；右腳尖轉向東南，兩腿虛實在轉換中，頭側向東北。眼看刀（圖18）。

圖 18

動作十

右腳向東踏出一步，腳尖向西北；左腳尖轉向西偏北，

身左轉向西；同時，右手握把外旋，使刀刃向上，兩手配合用力，使刀由下向上、向西撩起，刀刃與胸同高。眼向西看去（圖19）。

圖 19

動作十一

右手握把內旋，使刀反時針方向轉動180°；雙手雲刀（右手握把向上、向右，左手握把向下、向左），當刀雲至頭前時，右手鬆腕，左手握把外旋，使刀刃繼續反時針方向轉180°，至刀刃向東、向前、向下掄劈與胯同高；同

圖 20

時，身右轉向北偏東，右腳尖轉向東偏北；左腳尖轉向北偏東，重心移到右腿。眼看刀（圖20）。

【注意事項】

此式多次轉換刀的方向，複雜多變，轉換時，須身、手、腳、眼密切配合，做到刀、身合一。同時虛實要分清，

重點落在三次向正東方向掄劈上。

由於用文字表達複雜的動作很難完整，比如刀的運轉要靠兩手互相提、壓、拉、推、送等動作來完成，在文字上只得用「兩手配合用力」來概括，兩手的提、壓、拉、推、送有時實際表現是兩個力偶的作用。比如雲刀，兩手用的力形成力偶的作用，使刀尖與刀鑽在運轉中形成各種正、斜的圈，這些靠配圖與文字相互配合理解體會，可以理解到動作的運轉過程。在動作運轉過程和定勢時，前手與前腳相合。

【用法】

此式含有掛、截、劈、撩、雲、切等刀法。接上式，對方以兵器向我下部刺來，我以刀背掛開，或劈、或截、或撩，靈活運用。

此式的雲刀法，是大刀用得最多的一種刀法，以兵器在身前後、左右上下雲轉來防護自己，同時以兵器的兩頭近身擊人。古人說「水潑不進」，功夫高的人用此雲法，水潑而不濕身。古書中記載有這樣的事，從四面八方射來的箭，被這種雲法紛紛打落，自己身體絲毫不傷。隨著火器的發明和在戰爭上的使用，這種功夫近代以來已罕見。

此式連續的防、進，向前連劈三刀，剛練第一刀發寸勁，用切法，第二、三刀用掄劈法，發勁要剛猛有力。柔練時每刀要有一頓，使勁路分清。

第五式　下三刀驚退曹操

動作一

右腳向西退一步；右手握把外旋，使刀順時針方向轉至刀背向下，兩手配合用力，使刀背向下掛至左腳前，再掛至右腳前；身右轉向南偏西；同時，右腳尖轉至西偏南，重心

圖 21　　　　　　　　　圖 22

在右腿；左腳尖轉向南偏西。眼看刀（圖21）。

動作二

右手腕外旋，使刀刃向上，兩手配合用力，使刀向上、向東、向下截至左腳前；左手在右腋下。眼隨刀轉，身稍左轉向南（圖22）。

動作三

右腳尖轉向北偏西；左腳向西邁一步，腳尖向西偏北，身右轉向西北；同時，兩手配合用力，使刀向西撩起至胸高。眼看刀，兩腳虛實在轉換中（圖23）。

圖 23

圖24

圖25

動作四

右腳尖轉向東偏北，重心移到右腿；左腳尖轉向北偏東，身右轉向北偏東；同時，兩手配合用力，使刀向上、向東掄劈至腰高。眼看刀（圖24）。

動作五

同動作一（圖25）。

圖 26　　　　　　　　　　圖 27

圖 28

動作六

同動作二（圖26）。

動作七

同動作三（圖27）。

動作八

同動作四（圖28）。

動作九

同動作一（圖29）。

動作十

右手外旋，使刀轉至刀刃向上；兩手配合用力，使刀向西、向上、向東南方向掄劈至頭高；左手握把置右腋下；同時，身左轉向東南，右腳尖轉向西南；左腳收回右腳旁，腳

圖 29　　　　　　　圖 30

尖點地。眼看東南方向（圖30）。

動作十一

右手壓把，刀刃向下、向身前截至右小腿後，刀刃朝西北，把貼左背部；左手變刀掌，由右腋下向上、向東畫圓弧推出，與頭同高；同時，左腳向東踏出一步，腳尖向東偏南，成左弓蹬步。眼先關顧刀刃向下，後轉向東南方向平視（圖31）。

【注意事項】

此式變換方向多，動作複雜，要做到身動刀動，刀動身隨，刀身合一，動作協調。細微處有演練時刀與腳尖的轉動要配合；刀的掛、截，腳尖要配合轉動。

圖 31

刀刃的順逆轉動主要是右手握把的內旋或外旋使刀刃轉到恰當的位置。刀刃是隨轉隨提、隨壓等，不是轉到位才動，不隨轉隨動叫撇，撇了，就會有斷續，不圓滿。

定勢時。注意內外、外三合。

【用法】

此式含有掛、截、撩、劈、雲、格等刀法。此式雖為退刀法，但退中有進。對方從右前方用長兵器向我下部刺來，我即速退步，先掛後劈截，在掛截中有劈砍有撩，連續退步，退中有攻、有防，讓對方無隙可擊。

第六式　白猿拖刀往下砍

動作一
同第三式動作一（圖32）。

動作二
同第三式動作二（圖33）。

動作三
右手握把內旋，使刀刃轉向上，兩手配合用力，使刀向上、向東掄劈至刀刃與胯同高；同時，身右轉向北偏東；左腳向東、向右腳後進一步，與右腳成交叉步；身體下坐成歇步。眼向東看

圖32

王海洲

（圖34）。

動作四

　　兩腳用力撐地，身長起；左手上提刀把，右手壓把，刀鑽提至胸高，兩手用力使刀鑽向後刺；身左轉向西北。眼看刀鑽（圖35）。

動作五

　　兩手配合用力，使刀向下截至右腳外側；左腳先離地，右腳用力一撐地，身體向上躍，懸空翻身至面向東，兩腳落地成左弓蹬步；左腳尖向北偏東；右腳尖向東偏北；兩腳在南北一條直線上；同時，刀由下向西、向上、向東掄劈，刀刃

圖33

圖34

圖35

圖 36　　　　　　　　圖 37

與腰同高。眼向東看去（圖 36、圖 37）。

【注意事項】

此式是一個有一定難度的動作，難在跳躍、翻身的動作。演練時拖刀、跳躍、騰空、翻身、砍刀的動作既要迅速、果斷、連貫，一氣呵成，又要層次清楚。拖刀與砍刀的方位要準確。

成勢時，右膀要與左胯遙合。

【用法】

此式含有抹、截、掄劈、點刺、砍等刀法。接上勢，我以刀攔腰抹轉，對方避過，我再進步劈砍，對方再躲避，抽出兵器向我下部刺擊，我以拖刀擊截，借勢大翻身下劈，對方來不及防禦而被劈倒。此式特點是拖刀砍刀快，以迅雷不及掩耳之勢將敵擊倒。

圖38　　　　　　　　圖39

第七式　一搧虎就地飛來

動作一

右手握把外旋，使刀刃順時針方向轉動至刀刃斜向北，兩手配合用力，使刀刃向上、向東北方向砍去；身配合手的用力轉向東北，刀刃與頭同高。眼看刀（圖38）。

動作二

右手內旋，使刀轉至刀面向地，兩手配合用力，壓刀面至腰高；右腳向西方退一步，腳尖向西偏南；左腳尖轉向南偏西；同時身右轉向南偏西；右手握把外旋，兩手配合用力，使刀背向下掛至左腳前，再掛至右腳前。眼看刀（圖39）。

動作三

右手握把外旋，使刀刃轉向上，重心移到右腿；右腳尖轉向東南；左腳收置右腳前成左虛步；同時兩手配合用力，使刀尖轉向上，刀鑽向下，以刀把向前（東）推出，刀刃向

東。身轉向東。眼向東看去（圖40）。

【注意事項】

此式的砍刀、壓刀均要右手與左腳相合。掛刀時，刀、腳要同時動轉。不使有撤與停。成勢時，手、刀與左腳上下相合，刀手不能超出左腳尖。

【用法】

此式含有砍、壓、掛、推等刀法。接上式，我以刀向對方的咽頭部砍去，對方閃避或以兵器來格或刺我中下部，我即以刀面下壓並掛開對方兵器。我與對方身體已是近距離，隨即以刀把直立擊向對方，發的是短促勁，通過把擊到對方身上，震撼對方的身心，使對方致傷。最後成勢，含有把的用法。

圖 40

第八式　分鬃刀難遮難擋

動作一

左腳向東偏北方向邁半步踏實，腳尖向東偏北；右腳向東南方向跨一步，腳尖向東南偏東，成右弓蹬步；同時，兩手配合用力，使刀面向右、向西南方向壓下，隨即轉刀刃向上，向上、向東南方向撩起，刀刃與胸同高；身朝東偏北。眼向東南方向看去（圖41）。

動作二

兩手配合用力，使刀向上、向後、向西北、向下掄劈後

圖41　　　　　　　　　　圖42

截至左腳前，左手在右
腋下；身轉向東北。眼
看刀（圖42）。

動作三

　左腳向東北方向踏
出一步，腳尖向東北偏
東，成左弓蹬步；右腳
尖轉向東偏南；同時，
右手握把內旋，使刀刃
向上，兩手配合用力，

圖43

使刀向東北方向撩起，
刀刃與胸同高，身轉向東偏南。眼看刀（圖43）。

動作四

　兩手配合用力，使刀刃向上、向後、向西南、向下掄劈
後截至右腳前；身轉向東南。眼看刀（圖44）。

圖 44　　　　　　　　　　　圖 45

動作五

右腳向東南方向邁一步，腳尖向東南偏東，成右弓蹬步；左腳尖轉向東偏北；同時，右手握把外旋，使刀刃向上，兩手配合用力，使刀向東南方向撩起，刀與胸同高；身轉向東偏北。眼看東南方向（圖45）。

【注意事項】

此式刀的運轉方向發生了變化。前面的式子中刀大都在四正方向上運轉，此式主要是在四個隅角上來回運轉。先由東轉至西南再轉至東南，由東南轉至西北再轉至東北，這與用法上有關連。在運轉過程中刀、身、手、腳要注意相合，成式的三個撩刀右手與前腳相合。

【用法】

此式含有劈、截、撩等刀法。接上式，設對方向我的兩側後退跳避，我即以刀撩其下部或左右肩、腋部。

第九式　十字刀劈砍胸懷

動作一

雙手配合用力，使刀刃向上、向左、向後、向西北、向下掄劈並截至左腳外側；重心移到左腿上，提起右腳，腳尖下垂，成左獨立步；身轉向東。眼看刀（圖46）。

動作二

左腳以腳跟為軸右轉向南，身右轉向南；右手握把內旋，兩手配合用力，使刀向東北方向撩起；雙手握把，立在身前，刀鑽向下，刀尖朝上，刃朝南；右腳懸空隨身轉，腳掌與地平行。眼看刀（圖47）。

動作三

右手握把外旋，使刀背朝下，兩手配合用力，以刀背向下掛至右腳外側；同時左腳一撐地，右腳往北橫跨一步，腳尖向西偏南；左腳隨即提起，腳掌與地面平行；身右轉向西。眼看刀刃（圖48）。

圖46

圖47

圖 48　　　　　　　　　　圖 49

趙堡太極拳詮真

動作四

左腳向南踏出一步，腳尖向南偏西；右手外旋，使刀刃向上，雙手配合用力，使刀向上、向前（西）掄劈，刀與胯同高；身轉向西南。眼看刀（圖49）。

【注意事項】

此式有難度動作，主要是單腿轉身換步。獨立步轉動時，要借刀勢，立身宜中正平穩，避免前俯後仰。

刀的運轉方向上下左右前後變化較多，完成動作要一氣呵成，同時到位準確。

成勢時右膀與左胯遙合。

【用法】

此式含有截、撩、掛、砍等刀法。接上式，我左側有人以兵器向我下部刺來，身後又有人以兵器向我中下部刺來，我先以截、撩刀法應付左側之敵，後翻身以刀背掛開敵械，向對方頭肩部砍去。這是四方應敵刀法，應用時攻防變化迅

圖 50

圖 51

速，令敵不測。

第十式　翻身一刀往上砍

動作一

右手握把內旋，使刀刃向北；重心移到右腿，兩腳尖同時向右轉，右腳尖轉向北偏西，左腳尖轉至西北；同時，身向右轉至西北，兩手配合用力，使刀向右抹轉至北偏東。眼看刀（圖50）。

動作二

右手握把外旋，使刀刃向上；重心移到左腿，身轉向西偏南；左腳尖轉向南偏西，右腳尖轉向西偏南；同時，雙手配合用力，使刀向上、向前（西）、向下劈至胸高，兩手握把在身右側，左手在右腋下；右腿與身、頭成一條斜線。眼看刀（圖51）。

動作三

重心移到左腿，右腳提起，腳掌與地面平行；同時，右

圖52   圖53

手握把外旋，雙手配合用力，使刀向下截至左腳外側；身左
轉向南。眼看刀（圖52）。

動作四

兩手配合用力，使刀向東撩起後上舉，右手腕內旋，刀
刃向東，刀在身前成立刀式。眼向東看（圖53）。

動作五

左腳撐地，右腳
向西南方向踏一步，
腳尖朝西南；身下坐
成左仆步，左腳尖轉
向南；同時，兩手配
合用力，使刀面向西
南壓下至膝高。眼向
東看（圖54）。

圖54

動作六

重心移到左腿，腳尖向東偏南；右腳尖轉向南偏東；同時身長起；兩手握把用力，刀向東南方向砍去，刀與頭同高。眼看刀，身轉向東南（圖55）。

圖55

【注意事項】

此式方向多變，東西南北前後上下都要管到，每一個方向都有虛實的具體內容。理解這些內容，才能使動作到位和顯出氣勢來。

此式有難度動作，表現在單腿獨立跳換腳步上，在身、步多變的情況下，刀的轉換和出刀路線宜清晰、連貫、圓活。

【用法】

此式含有抹、劈、截、撩、撥、砍等刀法。接上式，我的劈刀被對方閃過，我以抹刀追擊。對方再以兵器刺我下部，我以把下部格開，再以刀劈對方，隨即再以截法攔截對方刺向我下部的兵器並順勢以撩法擊敵。再設對方從右後側用兵器刺來，我以跳換步閃過前面敵人的攻擊，以刀壓右側之敵的兵器，再向前面之敵砍去，砍擊敵人肩、頭部。使用上刀刀是實招，千變萬化而又落到實處，刀與把並用，刀與鑽並用，充分體現出長兵器在使用上的長處。

第十一式　磨腰刀回頭盤根

動作一

雙手配合用力，右手腕略外旋，使刀背由東南向下、向右掛向右腳外側；重心移到右腿，右腳尖轉向西偏南；左腳尖轉向西南；身右轉向南偏西。眼看刀（圖56）。

圖 56

動作二

右手腕外旋，使刀刃向上，兩手配合用力，使刀向上、向東、向下截至左腳前；左手在右腋下。眼隨刀轉，身稍左轉向南（圖57）。

圖 57

圖 58

趙堡太極拳詮真

動作三

右腳尖轉向北偏西；左腳向西邁一步，腳尖向西偏北；身右轉向西北；同時，兩手配合用力，使刀向西撩起至胸高。眼看刀，兩腳虛實在轉換中（圖58）。

動作四

右腳尖轉向東偏北，重心移到右腳；左腳尖轉向北偏東，身右轉向北偏東；同時，兩手配合用力，使刀向上、向東掄劈至腰高。眼看刀（圖59）。

圖 59

圖 60

動作五

兩手配合用力，右手腕略外旋，使刀背向下、向右掛至右腳外側；同時，身右轉向南偏西，右腳向西退一步，重心移到右腿，右腳尖轉向西偏南；右腳尖轉向西南。眼看刀（圖60）。

動作六

右手腕外旋，使刀刃向上；重心移到左腿，左腳尖轉向

東偏南；右腳尖轉向南偏東，成左弓蹬步；同時，兩手配合用力，使刀向上、向東、向下劈至腰高；左手在右腋下，身轉向東偏南。眼向東看去（圖61）。

圖 61

動作七

雙手配合用力，使刀向下截至左腳前，再截至右腳前後向西撩起；左手在刀向西撩出時，由右腋下經胸前向東弧形打出，高與肩平；同時左腳向右腳後向西

圖 62

邁一步成交叉步，身下蹲成歇步。眼看刀。成勢時，上半身與地面平行（圖62）。

【注意事項】

此式成勢歇步造型獨特，注意下蹲壓低身體，這與技擊有關。

成勢時，刀把要壓在背上，以背作刀的支撐點，使刀刃

趙堡太極拳詮真

圖 63　　　　　　　　　圖 64

上撩有力。

【用法】

此式含有掛、劈、截、撩等刀法，身法上有閃、躲、避
等。接上式，設對方以長兵器擊打我上、中部，我卸步低身
躲過，以刀出其不意地由下而上撩對方，對方來不及應付而
被我撩中。

第十二式　左插花往上急砍

動作一

身長起；左腳向東邁一步，腳尖向東偏南；右手握把外
旋，使刀刃轉向上，雙手配合用力，使刀向上、向東、向下
截至左腳外側；身左轉向東。眼看刀刃（圖63）。

動作二

左腳尖左轉向東北方向；右腳向東邁一步，腳尖向北偏
西；左腳尖再轉向西偏北；雙手配合用力，使刀向上、向西
撩起至胸高，身轉向西北。眼看刀（圖64）。

動作三

雙手握刀，配合用力，在身前雲刀，刀梢向南、向上雲至東偏北至頭右側，與頭同高；接著左腳向東撤一步，腳尖向南；右腳尖轉向西南，身左轉向南；右手握把內旋，使刀刃向南。眼關顧刀刃轉動，兩腳虛實在轉換中（圖65）。

圖 65

動作四

雙手配合用力，使刀向西南以刀面壓下；右腳屈膝下蹲成左仆步；左腳尖向南。眼向東南方向看去，關注到刀面，刀面與胸同高，身向南（圖66）。

圖 66

動作五

左腳尖轉向東偏南；身長起，重心移到左腿，成左弓蹬步；同時，雙手配合用力，使刀向東南方向砍去，身轉向東南。眼看刀刃（圖67）。

【注意事項】

此式轉換方向較多，先由西向東向下截，向西撩，雲刀，再向西南方向壓刀，向東南方向砍刀，正、隅、前、後、上、下均有刀到，演練時節奏宜清楚。

成勢時，右手與左腳要相合。

【用法】

此式含有截、撩、雲、壓、砍等刀法。可參照第三式「白雲蓋頂逞英豪」的用法。兩式用法上開始有些差別，成勢用法相同。本式開始用截撩法，第三式開始用抹刀法。

圖 67

圖 68

第十三式　舞花散手往下砍

動作一

同第四式動作一（圖68）。

圖 69　　　　　　　　　　圖 70

動作二

同第四式動作
二（圖 69）。

動作三

同第四式動作
三（圖 70）。

動作四

右手握把內
旋，使刀刃反時針
方向轉動 180°（右
手握把向上、向

圖 71

右，左手握把向下、向左），當刀雲至頭前時，右手鬆腕，
左手握把外旋，使刀刃繼續反時針方向轉 180°至刀刃向東、
向前、向下劈至胯高；同時，身右轉向北偏東；右腳尖轉向
東偏北；左腳尖轉向北偏東。重心移到右腿。眼看刀（圖
71）。

動作五

右腳向西退一步；右手握把外旋，使刀順時針方向轉至刀背向下，兩手配合用力，使刀背向下掛至左腳前，再掛至右腳前；身右轉向南偏西；同時，右腳尖轉至西偏南，重心

圖 72

在右腿；左腳尖轉向南偏西。眼看刀（圖72）。

動作六

右手握把外旋，使刀刃向上，兩手配合用力，使刀向上、向東掄劈並下截至左腳前；同時提起右腳，腳尖朝下，成左獨立步，身斜向西南。眼看刀（圖73）。

動作七

以左腳跟為軸，身右轉至向北；左腳尖轉至北偏西；同時，雙手配合用力，將刀雲至刀尖向上，刀刃向北，鑽向下，立把至身前；右腳隨身懸轉，腳掌與地面平行。眼向北看去（圖74）。

圖 73

圖 74　　　　　　　　　　圖 75

動作八

左腳用力一撐，右腳向西南方向跳一步落地，腳尖向東南，左腳懸空；同時，右手握把外旋，使刀背向下、向右腳前掛去，刀鑽向上斜向東北，刀尖向下斜向西南，刀刃向東南方向；身轉向東南。眼看刀（圖 75）。

動作九

左腳向東北方向踏出一步，腳尖向東北偏東；右腳尖轉向東南偏東，成左弓蹬步；同時，右手握把外旋，使刀刃向上，雙手配合用力，使刀向上、向東偏南、向下掄劈至腰高；身轉向東。眼看刀（圖 76）。

【注意事項】

此式前半部分轉換動作與「上三刀」「下三刀」的動作相同，要求同前。後半部分動作是單腿轉身跳換步，較難掌握。轉身跳換步身體要旋轉 360°左右，加上刀、手腳運轉，

圖 76　　　　　　　圖 77

動作變化多，轉換快，整體上宜連貫，一氣呵成。

此式身形上有斜有正，要斜中有正，斜中不失蓄有攻防的氣勢。

【用法】

此式含有掛、截、撩、雲、劈等刀法。接上式，設對方從右側以長兵器連續擊來，我以掛法掛開對方兵器，再用截法截開對方的兵器，伺機劈擊對方。提腿轉身均有閃避的作用。

第十四式　舉刀摩旗懷抱月

動作一

右手握把外旋，使刀刃向上，雙手握把，用力向東北方向托架；身轉向東北。眼向把的方向看去（圖77）。

動作二

雙手握把，用力使刀面壓至腰高；右手握把外旋，使刀背朝下，掛至左腳前再掛至右腳前；同時，雙腳以腳跟為

軸，轉至右腳尖向西南、左腳尖向南偏東；身右轉向西南（圖78）。

動作三

右手握把外旋，使刀刃朝上。雙手配合用力，使刀向上、向東轉至身前成立把（刀）再向東推把；同時，右腳尖轉向東南；左腳收回身前，點地成虛步。眼向東看去（圖79）。

圖78

趙堡太極拳詮真

【注意事項】

此式出現架托的動作。此式的第一個動作是托法，左手握後把，略低於右手握的前把。

此式可與第七式「一捆虎就地飛來」對比其異同，定勢是相同的，運轉過程有不同之處，不同之處是此式有架托動作和壓刀動作，同時方向上也有差別。

【用法】

此式含有架托、壓、掛、推等刀法。接上式，對方防過我的劈刀，以兵器由上而下向我擊來，我以把托格。倘若對方抽回兵器再向我下部刺來，我即以壓、掛刀防開對方兵器

圖79

| 圖 80 | 圖 81 |

以立把推擊對方。以把擊對方須發寸勁，通過把將自己的勁透到對方的身上或兵器上，震撼對方的身體，使之受創傷。

第十五式　翻身一刀往上砍

動作一

左腳向前跨出一步，腳尖向東北；雙手配合用力，使刀向下截至左腳外側；提起右腳，腳尖向下；身左轉向西北。眼看刀（圖80）。

動作二

左腳以腳跟為軸，身左轉向西，左腳尖轉向西北偏西；同時，雙手配合用力，使刀雲至身前成立把，刀尖向上，刀刃向西北，刀鑽向下；右腳隨身懸轉。眼向西方向看去（圖81）。

圖 82　　　　　　　　　　　　　圖 83

動作三

　　左腳撐地，右腳向東北方向跳一步落下，腳尖向西北；左腳收至右腳旁，腳尖點地；同時，雙手配合用力，以刀面向東北方向壓下至胯高。眼向西看去（圖82）。

動作四

　　左腳向西南方向踏出一步，腳尖向西南偏西成左弓蹬步；同時，雙手配合用力，使刀向上、向西南方向砍去；身轉向西南偏西。眼看刀（圖83）。

【注意事項】

　　此式與第十式大同小異。不同之處是方向不同，第十式是由西翻轉身向東南，此式是相反，由東翻轉身向西南。開始動作也不同，掌握了異同的動作，就會更好地掌握這兩個動作的練法。其他注意事項參照第十式。

【用法】

　　參照第十式。

第十六式　落在懷中又抱月

動作一

右手握把微外旋，雙手配合用力，以刀面往西南方向下壓，以刀背掛至左腳前再掛至右腳前；同時重心移到右腳；左腳收回成左虛步，腳尖向西；身轉向西偏北。眼向刀頭看去（圖84）。

動作二

右手握把外旋，使刀刃轉向上，雙手雲刀，使刀尖向上、刀鑽向下在身前成立把，刀刃向西，雙手握把用力向前（西）推出。眼向西看去（圖85）。

【注意事項】

此式的定勢動作與第七式「一捫虎就地飛來」和第十四式「舉刀摩旗懷抱月」相同，不同的地方是運刀的過程有差別，可參照研習。

【用法】

參照第七式和第十四式。

圖84

圖85

第十七式　刺回一舉嚇人魂

動作一

左腳向前（西）踏出一步，腳尖向前；左手推刀把，雙手配合用力，使刀鑽在左腳尖前著地。眼看刀鑽（圖86）。

動作二

雙手緊握刀把，以刀鑽為支撐點；右腳先蹬地，左腳接著蹬地，使身體騰空向上、向前完成一個側身翻的動作，兩腳和身體在刀把南面一側凌空而過，在身體懸空的一瞬間，右腿在前，左腿在後，分別在把的兩側；此時身體倒立，刀刃朝北。眼看刀鑽（圖87）。

動作三

右腳著地，腳尖朝東偏北；左腳著地，腳尖朝北偏東，身長起；同時，刀隨雙腳著地

圖 86

圖 87

趙堡太極拳詮真

王海洲

時，刀面向西壓
下，接著右手握
把內旋，使刀刃
向上，雙手配合
用力，使刀刃隨
身翻轉由下向
東、向上撩起至
腰高；重心移到
右腿成右弓蹬
步；身向東北。
眼向東看去（圖
88）。

圖88

【注意事項】

此式也稱「栽刀」，是本套路中的高難動作。以下幾點
須注意：

一、凌空翻騰的身體在刀的一側，否則身體凌空後會出
現刀、人摔倒的情況。

二、掌握好腳的蹬力，把握好以刀鑽為支撐點來支撐凌
空的身體的平衡力量，使腳、身、手在一半圓上轉動，不使
身體重量偏向左右兩側，身體重量偏向左側，則人、刀摔
倒，偏向右側則不能完成動作。

三、身體翻騰懸空的一瞬間，兩腿在把、刀前後，形成
美觀的造型。此式適合青少年練習，練習前諳熟要領後，一
般不要別人輔助，做翻騰動作時大膽、果斷，不能猶豫膽
怯。

【用法】

此式含有點、刺、壓、撩等刀法，身法上有閃避的作

用。接上式，設我前後受敵攻擊，我以刀鑽點擊前方之敵，隨即翻騰到前面，避過身後的攻擊，以刀撩擊，從險中求勝。

第十八式　舞花向左定下勢

動作一

身左轉向西；雙手配合用力，使刀由東向上、向西掄劈再下截至左腳外側，頭稍側向西南；左腳尖轉向西，右腳尖轉向北偏西。眼看刀（圖89）。

圖 89

動作二

身左轉向東偏南；右腳向西邁一步，腳尖向南偏東；左腳尖轉向東偏南；同時兩手配合用力，使刀由下向上、向東撩至胸高。眼看刀（圖90）。

動作三

右手握把內

圖 90

旋，使刀反時針
方向轉動 180°，
雙手配合用力，
使刀向上、向西
掄劈至腰高；身
右轉向南；右腳
尖轉向西偏南；
左腳尖轉向南偏
西。眼看刀（圖
91）。

圖 91

動作四

左腳向西前
進一步，腳尖向
北偏東；右腳尖
轉向東偏北；同
時，身右轉向北
偏東；雙手配合
用力，使刀由下
向上、向東撩起
至胸高。眼看刀
（圖 92）。

動作五

右腳尖轉向
北偏西；左腳收

圖 92

回成虛步，腳尖點地；同時，身轉向西北；雙手配合用力，
使刀由東向上、向西北方向劈格，刀與頭同高。眼向西北方
向看去（圖 93）。

圖 93　　　　　　　　　圖 94

動作六

右手壓刀把，使刀向下截至右小腿後，刀刃向東南，刀把貼左背部；同時左刀掌向前（西）弧形推出，高與頭平；左腳向西邁一步成左弓蹬步。眼先關顧刀的轉動後轉向西北方向看去（圖94）。

【注意事項】

此式先後兩次來回轉換出刀的方向，先由東至西，後由西至東。然後由西北隅角入刀，下截至東南下方。方向虛實變換多，演練時注意分清層次。後部分動作與第二式「關聖提刀上灞橋」相同，方向相反，注意事項可參看第二式。

【用法】

此式含有截、撩、劈、格等刀法。接上式，我依然前後受敵攻擊，我轉身劈截後面之敵攻來的兵器，隨即回身撩擊前面之敵。身後之敵的兵器再擊來，我轉身以刀劈截再轉身撩正面之敵。再設敵從我左側以兵器向我上部擊來，我轉身以刀格劈，輔以左手拍擊對方身體。在來回的轉換攻防中充

分發揮長兵器的優勢。定勢動作的用法可參照第二式。

第十九式　白雲蓋頂又轉回

動作一

右手握把外旋，使刀刃向北，接著向北、向西抹轉至刀尖向西，刃朝南，與腰同高；同時，左手在刀抹至北時收回右肋下接握刀把；身左轉向西。眼向西看去（圖95）。

動作二

雙手握把不變；右腳向西踏一步，腳尖向南偏東；左腳尖轉向東偏南；身左轉向東；雙手握刀向東抹去。眼向東看去（圖96）。

動作三

雙手配合用力，使刀在身前雲至刀梢向東偏北，右手內旋使刀刃朝北，刀梢與頭同

圖 95

圖 96

圖 97　　　　　　　　圖 98

高；同時身左轉向西北；左腳向西跨一步，兩腳虛實在轉換中。眼關顧刀轉動（圖 97）。

動作四

雙手配合用力，使刀向東北方向圓轉，以刀面壓下；右腿屈膝下蹲，成左仆步；左腳尖轉向北；眼向東北看去，刀與胯同高。眼看刀（圖 98）。

動作五

身上長；左腳尖轉向西偏北；右腳尖轉向北偏西；同時重心移到左腳，雙手配合用力，使刀向西北方向砍去，刀與頭同高。眼向西北方向看去（圖 99）。

【注意事項】

此式與第三式「白

圖 99

雲蓋頂逞英豪」動作相同，方向相反。要點參看第三式。

【用法】

同第三式。

第二十式　左插花翻身往上砍

動作一

右手握把外旋，使刀背轉向下，雙手配合用力，使刀背掛至右腳前；同時身右轉向北。眼看刀（圖100）。

圖100

動作二

右手握把外旋，轉刀刃向上；身左轉向西南；同時左腳尖轉向西南，重心移到左腿；雙手配合用力，使刀刃向上、向前、向左腳外側截去；右腳提起，腳尖朝下。眼看刀（圖101）。

圖101

動作三

左腳撐地，右腳往西南方向踏一步，腳尖向西南，身下蹲成左仆步；左腳尖轉向南；同時，雙手用力，使刀向東北、向上、向西南、向下壓刀與胯平，刀刃向東南，身轉向東南。眼看刀（圖102）。

圖 102

動作四

身長起；左腳尖轉向東偏南；右腳尖轉向南偏東；雙手配合用力，使刀向上、向東砍去，刀尖向東偏南；身轉向東。眼看刀（圖103）。

圖 103

【注意事項和用法】

同第十五式「翻身一刀往上砍」。本式與第十五式動作相同，方向相反。

圖 104　　　　　　　　　　圖 105

第二十一式　再舉青銅砍死人

動作一

雙手配合用力，以刀面向東北方向壓下，再以刀背掛至左腳前，後掛至右腳前；同時重心移到右腿，左腳收回右腳前成左虛步，腳尖點地，身向南偏東。眼看刀（圖 104）。

動作二

右手腕外旋，使刀刃向上，雙手配合用力（右手握把向上提，左手向下、向右推把），使刀在身前成立把握刀，刀尖朝上，刀刃朝前；接著雙手握把，用力向前推出，成勢時刀與左虛腳相合，身轉向東。眼向東看去（圖 105）。

【注意事項和用法】

與第十六式「落在懷中又抱月」同，但動作方向相反。本式成勢面向東，第十六式面向西。

第二十二式　插花向左定下勢

動作一

左腳向東邁一步，腳尖向東偏南；雙手配合用力，使刀由上往下、往左腳外側截去，頭稍側向東北。眼看刀（圖106）。

動作二

右腳向東踏出一步，腳尖向西北；左腳尖轉向西偏北；同時，右手握把外旋，使刀刃向上，兩手配合用力，使刀由下向上、向西撩起，刀刃略高於腰；身左轉向西。眼向西看去（圖107）。

動作三

右手握把內旋，使刀反時針方向轉動180°，雙手雲刀（右手握把向上、向右，左手握把向下、向

圖 106

圖 107

趙堡太極拳詮真

左）；當刀雲至頭前時，右手鬆腕，左手握把外旋，使刀刃繼續反時針方向轉180°至刀刃向東、向前下劈至胯高；同時，身右轉向北偏東；右腳尖轉向東偏北；左腳尖轉向北偏東，重心移到右腿。眼看刀（圖108）。

圖108

動作四

兩手配合用力，使刀向下截至左腳前，再向上、向西撩起至腰高；同時，身左轉向南偏西；左腳向東從右腳後踏一步；右腳尖轉向西偏南，左腳尖轉向南偏西，兩腿虛實在轉換中。眼看刀（圖109）。

圖109

動作五

身左轉向南偏東；右腳尖轉向西南；左腳收回右腳前，腳尖點地成虛步；同時，雙手配合用力，使刀向上、向東南方向劈格，刀與頭同高。眼看刀（圖110）。

圖 110   圖 111

動作六

右手壓刀把，使刀向下截至右小腿後，刀刃朝西北，把貼左背部；同時，左腳向東邁出一步成左弓蹬步；左刀掌向東弧形推出，與左腳相合，身向東南。眼向東南看去（圖111）。

【注意事項】

本式可參照第十八式「舞花向左定下勢」。本式截刀時不轉身，成勢時與第十八式方向相反。注意事項相同。

【用法】

參照第十八式。

第二十三式　白雲蓋頂又轉回

動作一

同第三式動作一（圖112）。

動作二

同第三式動作二（圖113）。

趙堡太極拳詮真

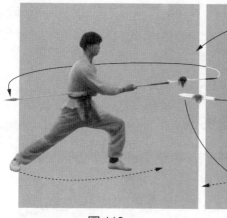 

圖 112　　　　　　　　圖 113

圖 114　　　　　　　　圖 115

動作三
同第三式動作三（圖 114）。

動作四
同第三式動作四（圖 115）。

動作五

同第三式動作五（圖116）。

【注意事項和用法】

同第三式「白雲蓋頂逞英豪」。

第二十四式　接酒挑袍

動作一

右腳向東邁一步，腳尖向東偏北；左腳尖轉向北偏東；同時，身轉向東北；雙手配合用力，以刀面向前（東）下壓至胯高。眼看刀（圖117）。

圖116

動作二

左腳尖轉向西北，左腿下蹲成右仆步；右腳尖轉向北；同時，身轉向北；左手滑把靠近刀鑽，雙手舉刀，向上從頭前經過頭頂，刀把中段落在兩肩上。眼向東看去（圖118）。

圖117

圖 118

圖 119

動作三

身長起；重心移到右腿；左腳蹬地提膝至右腿旁，腳尖
向下；同時，左手用力向前推送刀把；右手滑把，使刀尖向
前（東）直刺去，與肩同高。眼看刀（圖 119）。

【注意事項】

此式造形獨特，層次分明。單腿獨立扛刀直刺時，氣向
下沉，使下盤穩固，不前傾。蹬左腿，送刀在同一時間完
成。

【用法】

此式含有壓、黏、刺等刀法。接上式,我砍出的刀讓對方以長兵器格阻,我即換勁上步黏壓對方兵器,同時後引使對

圖 120

方失勢,然後以滑把法突然伸長刀前往刺擊對方咽、頭部。此刀發勁特殊,腳蹬力,身長起向前送力,肩扛刀前送力,手送刀力,合成一股整勁,即產生威力。

第二十五式　翻身猛回頭

動作一

左腳向後(西)退一步,腳尖朝北;右腿下蹲成左仆步,右腳尖向東偏北;同時雙手舉刀,刀把由頭後經頭頂至身前,兩手繼續用力,以刀面向東壓下,與胸同高。眼看刀(圖 120)。

動作二

左腳尖轉向北偏西,重心移到左腿成右仆步;右腳尖轉向北;雙手配合用力,使刀鑽向上,刀面壓下離地三四寸左右。眼看刀(圖 121)。

動作三

左腳掌離地,以腳跟為軸,右腳一蹬隨即離地,身借腳的蹬力向左旋轉 235°至身向東北;同時,兩手配合用力,使

刀和腳隨身同時掃轉，右腳掃至南停住，兩腳在南北一條線上，右腳尖向東偏北；左腳尖向東北方向；刀掃至左腳前，刀尖向東北方向，

圖 121

重心在左腿。眼看刀（圖 122）。

動作四

重心移到右腿，右腳尖轉向南偏東；左腳尖轉向東偏南；同時右手握把內旋，雙手配合用力，以刀背向上、向右挑至南偏西，刀與頭同高，刀刃朝東偏南；身轉向東偏南。眼向東看去（圖 123）。

圖 122

圖 123

【注意事項】

此式屬高難動作之一。須注意以下幾點：

一、身體的大幅度旋轉是靠右腳在一瞬間的蹬力，左腳配合。

二、轉動時刀、腿是一致的，但刀實際轉動超過 360°，右腿掃轉 270°。右腿和刀掃轉至正南方時，腿停刀繼續轉至東北方向。

三、由於要利用身體的慣性運動，整個動作中腿的虛實轉換是短暫的。

四、右腳定位後，刀轉至東北，右手是與左腳相合的，而挑刀定勢時，右手是與右膝相合的。這是外三合的靈活運用。

五、本式的掃腿動作是正掃腿，掃到位要穩住，不能過與不及，兩腳定位在一條南北直線上。

六、全部動作運轉連貫、到位，特別是掃轉要迅速，稍一遲滯就無法準確到位做完。

【用法】

此刀含有壓、掃、挑等刀法，是四面八方應敵之法。接上式，設我周圍均有敵人上下攻擊，我蹲閃過從上部攻來的兵器，以滑把法，伸長刀，雙手握後把，手臂加上刀把、刀梢可在 1 丈開外以刀刃掃擊敵人的下部，充分發揮春秋大刀長、重的作用。在掃擊一圈後，以挑刀法挑開敵人復從上部擊來的兵器。實用時，要快速、狠猛、乾脆、盤穩，兵刃的掃轉如狂飆掃落葉，令人不測。

圖 124　　　　　　　圖 125

第二十六式　分鬃一刀直刺去

動作一

重心移到左腿，右腳向東南方向邁一步，腳尖向東南偏東；左腳尖轉向東北偏東；同時，兩手配合用力，使刀先向西南方向壓下，接著右手外旋，使刀刃向上、向東南方向撩起至肩高，右手與右腳相合；身向東偏北。眼看刀刃（圖124）。

動作二

右腳向左腳後（西）退一步，腳尖向南偏東；雙手配合用力，使刀向上、向身左側、向西北、向下劈截至左腳前；左腳尖轉向南，身轉向東南；胸稍涵，左手在右腋下。眼看刀（圖125）。

動作三

左腳收回右腳前成左虛步，腳尖點地；同時，雙手配合用力，提刀與腰平，刀尖向東，刃向南。眼向東看（圖

126）。

動作四

左腳向東邁一步成左弓蹬步，腳尖向東偏南；右腳尖轉向南偏東；同時，雙手配合用力，以刀向前（東）、向上直刺，刀與胸平；身轉向東偏南。眼看刀（圖127）。

圖126

【注意事項】

此式有隅有正，有進有退，有虛步有弓蹬步，變化轉換路線宜清楚。

動作中要注意手與腳合。

【用法】

此刀含有壓、

圖127

撩、截、蓄、刺等刀法。接上式，我挑開對方兵器後，即轉刀撩對方的腋、臂。設有敵在身後左側以兵器擊來，我回刀劈截後，稍縮身蓄勁，即向前方之敵刺去。從隅、正兩角變換用刀，攻防緊密連接，招不虛發。

趙堡太極拳詮真

王海洲

第二十七式　花刀轉下鐵門栓

動作一

右手腕外旋，使刀刃朝下，雙手配合用力，使刀向左、向下截至左腳外側；左腳尖轉向東偏南，身向東，頭稍側向東北。眼看刀（圖128）。

動作二

右腳向東踏出一步，腳尖向東偏北；左腳尖轉向北偏東，身左轉向北偏東；同時，兩手配合用力，使刀向上、向西撩起，刀刃與腰同高時，右手握把邊內旋邊上提，刀刃反時針轉動180°；後鬆腕，左手握把內旋，使刀刃繼續反時針轉動 180° 至刀刃向東，雙手繼續配合用力，使刀向東、向前劈至胯高；重心移到右腿。眼看刀（圖129）。

圖 128

圖 129

圖 130

圖 131

動作三

同第五式動作一（圖 130）。

動作四

同第五式動作二（圖 131）。

圖 132

圖 133

動作五

同第五式動作三（圖132）。

動作六

同第五式動作四（圖133）。

動作七

同第五式動作五（圖134）。

動作八

右手握把外旋，使刀刃向上，兩手配合用力，使刀由下向上、向北雲轉；當刀尖雲至北上時，右手腕內旋，使刀面向下，刀刃朝東，雙手壓把橫在身前，與腰同高；雙手成交叉手，右手在上，左手在下；同時，左腳收回右腳前成虛步，腳尖點地；右腳尖轉向南偏東；身轉向東。眼向東看去（圖135）。

圖134

動作九

左腳向前跨一步成左弓蹬步，腳尖向東偏南；同時，雙手握把，向上、向前推出，刀把與肩同高，橫把不超過左腳尖。眼向東看去（圖136）。

圖135

【注意事項】

此式線路複雜多變，內含前後左右上下多方位刀法。從套路發展上看，刀法由簡單到複雜，這是套路自身發展的結果。本套路前面數式是打基礎，後面的動作在轉換中包含有

圖 136   圖 137

前面式子的部分動作。本式前面的動作包括「上三刀」「下
三刀」的部分動作，這種包含不是形式上簡單和重複，而是
綜合訓練和使用上的需要。這充分顯示出祖先創編這套刀法
時所具有的創造力和匠心設計。後學者在練習中會慢慢體會
到先人的智慧所在。

【用法】

此式含有截、撩、劈、砍、掛、推等刀法。此式在以上
下三刀刀法應敵的基礎上，成勢是以我刀背掛開敵人從我右
側擊來的兵器，並黏住對方的兵器，以把擊打對方。這是帶
刃長兵器的把擊法。

第二十八式　舞花散手定下勢

動作一

頭身稍向後仰，重心移到右腿；雙手雲刀，刀向上雲至
東南上方時，右手腕微內旋，以刀面壓下至腰高，身向東。
眼看刀（圖 137）。

動作二

同第四式動作一（圖138）。

動作三

同第四式動作二（圖139）。

動作四

同第四式動作三（圖140）。

圖138

動作五

右手握把內旋，使刀反時針方向轉動180°，雙手雲刀（右手握把向上、向右，左手握把向下、向左）；當刀雲至頭前時，右手鬆腕，左手握把外旋，使刀刃繼續反時針方向轉動180°至刀刃向東、向前、向下劈至胯高；同時，身右轉向北偏東；右腳尖轉向東偏北；左腳尖轉向北偏東，重心移到右腿。眼看刀

圖139　　　　　　　圖140

圖141   圖142

（圖141）。

動作六

右腳向西退一步；右手握把外旋，使刀順時針方向轉刀背向下；兩手配合用力，使刀背向下掛至左腳前，再掛至右腳前；身右轉向南偏西；同時右腳尖轉至西偏南，重心在右腿；左腳尖轉向南偏西。眼看刀（圖142）。

圖143

動作七

右手握把外旋，使刀轉至刀刃向上，雙手配合用力，使刀向西、向上、向東南方向掄劈至頭高；左手握把置右腋下；同時，身左轉向東南；右腳尖轉向西南；左腳收回右腳前成虛步，腳尖點地。眼看東南方向（圖143）。

動作八

右手壓把，刀刃向身前、向下截至右小腿後，刃朝西北，把貼左背部；左刀掌由右腋下向上、向東畫圓弧打出；同時，左腳向東邁一步，腳尖向東偏南，成左弓蹬步。眼先關顧刀向下，後轉看東南方向（圖144）。

圖144

【注意事項】

此式兼容上三刀和下三刀的動作，注意事項可參照第四、第五式。

【用法】

可參照第四、第五式。

第二十九式　花刀轉下銅旗竿

動作一

右手握把外旋，使刀刃向南，接著刀向南、向東抹轉至刀尖向東，刃朝北，與腰同高；左手在刀抹至南時，畫弧收至右肋前接握後把；身左轉向東。眼向東平視（圖145）。

動作二

右手握把內旋，使刀背向上，雙手配合用力，以刀背向上挑至西南上方；接著右手鬆把，左手內旋，雙手配合用力，壓刀面至腰高；重心移到右腿，身轉向東南。眼向東看

王海洲

498

趙堡太極拳詮真

圖 145　　　　　　圖 146

（圖 146）。

動作三

　　右手握把內旋，使
刀刃朝下；左腳尖轉向
東北，重心移到左腿；
右腳一蹬地提膝成左獨
立步，右腳尖向下；同
時，雙手配合用力，使
刀截至左腳前；身體轉
向東北偏東。眼看刀
（圖 147）。

圖 147

動作四

　　右手握把外旋，使刀刃向上，雙手配合用力，使刀把在
身右側豎起，刀尖朝上，刀鑽向下；同時身左轉向西偏南；
右腳向北踏出一步，腳尖向西；左腳尖轉向西偏南；雙手配
合用力，使刀刃由上向西劈下至腰高；重心移到左腿，頭、

身體、右腳成一條向
南斜線。眼看刀（圖
148）。

圖148

動作五

右手握把外旋，
使刀刃斜向左；右腿
一撐，提膝成左獨立
步，腳掌與地面平
行；同時，雙手配合
用力，使刀截至左腳前，左手在
右腋下，身轉向南。眼看刀（圖
149）。

圖149

動作六

雙手配合用力，使刀向東撩
起至頭高時，右手握把內旋，使
刀刃向東，雙手收把至身前立
把，刀尖向上，刀鑽向下；同時
左腳一撐，右腳向西跳一步，腳
尖向南偏東；左腳收回右腳前成
虛步，腳尖點地；身轉向東南。
眼向東看去（圖150）。

動作七

左腳向東邁一步，腳尖向東偏南，重心移到左腿成左弓
蹬步；雙手握把向前推，刀鑽在左腳內側，與左腳尖平；身
轉向東偏南。眼向東看去（圖151）。

【注意事項】

此式是身、步、刀變化、轉換最多的一式，內含兩個獨

趙堡太極拳詮真

圖150　　　　　　　圖151

立步、兩個弓蹬步、一個虛步。刀的運轉由西至東、由東到西南，由西南向上、再向下，接著向西，再向下、向東、向上等，正、隅各方向都運轉到，上下也關顧到。在轉換中靠身、步、刀配合，才能連貫、緊湊完整地完成全部動作。弓蹬步，豎把立刀均要求手與腳合。

【用法】

此式含有抹、挑、截、壓、劈、撩、推等刀法，是典型的四面八方應敵法。刃、背、把、鑽全部在攻防中使用。接上式，設對方在前面以長兵器擊來，我以刀抹向對方腰部並以挑法接應。在我挑開對方兵器時，對方抽回兵器向我下部擊來，我提膝閃避並以刀下截防開。設背後和左後側均有敵攻來，我以刀鑽和後把向右格開左後側的兵器，轉身向背後之敵劈去。此時南面又有敵向我下部擊來，我以截法擊格，對方抽回兵器，由前面攔腰向我掃擊，我以豎把黏防後以把

擊向對方。對方多人從各方接二連三擊來，我充分發揮長兵
器的優勢——化解並伺機還擊。

第三十式　捲簾倒退難遮避

動作一

右手握把外旋，使刀刃向西北，雙手配合用力，使刀由上向後、向下、向左腳外側截去，接著向東撩起至胸高；左腳收回右腳前成虛步，腳尖點地。眼看刀（圖152）。

圖 152

動作二

左腳向西北方向退一步，腳尖向東北；右腳收回左腳前成虛步，腳尖點地；同時，身左轉向東北；雙手配合用力，使刀向上、向後、向西、向下、向上、向東南圓轉撩起至胸高。眼看刀（圖153）。

圖 153

動作三

右腳向西南方向退一步，腳尖向東南；左腳收至右腳前成虛步，腳尖點地；身轉向東偏北；同時，雙手配合用力，使刀由東南向上、向西北、向下截至左腳外側，右手握把內

圖 154

旋，使刀刃向上，再向東北方向撩起至胸高。眼看刀（圖154）。

【注意事項】

此式為三個虛步配合三個撩刀，有正有隅，注意刀動腳隨，刀與腳合，身法也要密切配合，避免遲滯、呆板。

【用法】

此式含有截、撩等刀法，也是以退為進法。接上式，設對方在我正面和左右斜角先後以兵器擊來，我回身轉刀下截後，撩擊對方的下部或肩、腋部。退步有閃避的作用，退中有避、避中有攻。

第三十一式　舞花散手往下砍

動作一

右手握把外旋，使刀刃向下，雙手配合用力，使刀由上向下截至左腳外側；同時左虛腳向東偏北踏半步，重心移到左腿，左腳尖轉向東偏南，身向東。眼看刀（圖155）。

動作二

右腳向東踏出一步，腳尖向東偏北；左腳尖轉向北偏東；同時，身轉向北偏東；雙手配合用力，使刀向上、向西撩起至腰高，右手腕內旋使刀反時針方向轉動；雙手繼續配合用力，使刀向上、向前（東）掄劈至胯高，重心移到右腿。眼看刀（圖156）。

圖 155

動作三

右腳向西退一步；右手握把外旋，使刀順時針方向轉至刀背

圖 156

向下，雙手配合用力，使刀背向下掛至左腳前，再掛至右腳；同時，身右轉向南偏西；右腳尖轉至西偏南，重心在右腿；左腳尖轉向南偏西。眼看刀（圖157）。

趙堡太極拳詮真

圖 157　　　　　　　圖 158

動作四

右手握把外旋，使刀刃向上，兩手配合用力，使刀向上掄劈並下截至左腳前；同時，提起右腳，腳尖朝下，成左獨立步，身向西南。眼看刀（圖 158）。

動作五

以左腳跟為軸，腳尖轉向西；雙手配合用力，使刀向西南上方撩起，雙手握把立在身前，刀鑽向下，刀尖向上，刃朝西；身右轉向西；右腳懸空隨身旋轉，腳掌與地平行。眼向西看去（圖 159）。

圖 159

動作六

右手握把外旋，使刀背朝下，兩手配合用力，以刀背掛至右腳外；同時左腳用力撐地，右腳向北橫跨一步，腳尖向

西偏南；左腳隨即提起，腳掌與地平行。眼看刀（圖160）。

動作七

左腳向南踏出一步，腳尖向南偏西；右手腕外旋，使刀刃向上，雙手配合用力，使刀向上、向前（西）掄劈，刀與胯同高；身轉向西南。眼看刀（圖161）。

【注意事項】

此式與第十三式同名，但運轉的方向不同。此式由東向西，身轉180°出刀，第十三式是由東轉360°向東出刀。轉換時，左腳單腿轉換的角度能區別開來，方向就可以掌握，就能夠將這兩式區別開來。

【用法】

參照第十三式。

圖160

圖161

第三十二式　十字一刀忙舉起

動作

右手腕外旋，使刀刃向左上，雙手配合用力，舉刀向西南方向上方架去，刀與頭同高。眼看刀（圖162）。

趙堡太極拳詮真

圖 162　　　　　　圖 163

【注意事項】

此式只有一個動作，完成時右手與左腳相合。

【用法】

此式含有架格法。接上式，我劈刀後，左側方有敵以兵器由上而下擊來，我舉刀架格。

第三十三式　翻身再舉龍探水

動作一

右手握把內旋，使刀刃向北，雙手配合用力，以刀面壓下至腰高。眼看刀（圖163）。

動作二

身右轉至身向南偏西；左腳掌盡量內扣，並以腳跟為軸右轉；右腳一撐地提起，轉身向身後（右）、向東、向南掃轉至正西停住，腳尖向西偏南；左腳尖轉向南偏西；同時，兩手配合用力，使刀隨身轉，與右腳一起掃轉至正西，刀刃朝北。眼看刀（圖164）。

圖 164　　　　　　　圖 165

動作三

　　右手腕外旋，使刀背向上，右手單手舉把高於頭，刀刃朝東，刀尖向下與胯同高；左手配合右手舉把向右送後把，隨即收回胸前變刀掌；接著左腳收回右腳旁成虛步，腳尖點地。眼看刀（圖165）。

動作四

　　左腳向東踏出一步，腳尖向東偏南，成左弓蹬步；右腳尖轉向南偏東；同時，右手握把，向前（東）推刀；左刀掌向東弧形推出，身略向東傾斜。眼看刀，刀刃與頭同高（圖166）。

【注意事項】

　　此式運轉的方向和出刀均與前面刀法不同。

　　一、腿的掃轉是反掃腿法。前面的「翻身猛回頭」一式右腿的掃轉為正掃腿法。反掃腿是向自己的身後掃轉，往往

令人意想不到。反掃
腿法扣左腳掌、轉
身，右腳蹬力要互相
配合一致，右腿掃轉
270°時要穩住。

　　二、身轉是樞
紐。身轉約 320°，以
身動帶動刀、腳的掃
轉，而刀、腳的掃轉
也反過來推動身的轉
動，這是互相配合
的。

圖 166

　　三、刀的轉動是
360°，以往刀的抹轉都是向身前轉，本式是向身後抹轉。這
是本式的獨特之處。

　　四、右腳、抹刀和身三者在抹轉時分別在同一時間轉
動，式中的節奏宜掌握好。

　　五、成勢是單手舉刀，在單手握把點上，要在上舉前右
手適當滑把靠近刀梢，掌握好握把點前後兩頭重量的平衡，
如果握把點不合適，刀會下掉或上揚。

　　六、定勢時，身、腳、手、刀都向同一個方向用勁，外
形上要表現出來。

　　【用法】

　　此式含有壓、抹、推、刺等刀法。後掃刀是刀腿並用，
成式是刀、手並用。接前式，設身後有敵用兵器擊來，我以
刀向後、向對方的腰部抹去，右腳也向對方下部掃去，隨即
單手舉刀向對方上部刺去，左手配合向前擊敵的中上部。

第三十四式　收　勢

動作

回身轉向南；左腳收回，與右腳成立正姿勢；同時，右手收刀，至身右側成立把，刀尖向上，刀鑽在右腳外側；左手收回左胯旁。眼向南看去（圖167）。

圖 167

趙堡太極拳詮真

第十六章
趙堡太極拳內功秘練法

在趙堡流傳的太極拳內功法有三套，對練太極拳有輔助作用。現將練功法文字介紹如下：

第一套　面向圖説

一　式

面向東立，首微仰，目微向上視；兩足與肩同寬，腳站平，不可前後參差；兩肩垂下，肘微屈；兩掌朝下，十指朝前，點數四十九字，十指尖想往上蹺，兩掌想往下按；數四十九字，即四十九蹺與按也，一二三四五……數到四十九也。

二　式

前式數字畢，即將八指疊為拳，手背朝前，兩拇指朝身，兩肘微彎；每數一字，拳加一緊，大拇指一蹺，數四十九字，即四十九緊。

三　式

前式畢，將大拇指疊在中指中節為拳，趁勢往下擰一擰，肘之微屈至此伸直，虎口朝前；每數一字拳加一緊。數

四十九下。

四 式

前式畢，兩臂抬起伸向前，拳相離尺餘，拳與肩平，肘微屈；數四十九字，拳加四十九緊。

五 式

前式畢，將兩臂抬起。兩拳虎口相對，頭朝後，向後仰，兩臂拳頭不可貼近，亦不可離外遠；數四十九字，拳加四十九緊。

六 式

前式畢，將兩拳下對兩耳，離寸許，肘與肩平，虎口朝肩，拳心朝前；每數一字，肘尖想往後用力，拳加一緊，到四十九字。

七 式

前式畢，全身後仰，以腳尖離地為度，趁仰勢，兩臂伸直與肩平，虎口朝上，每數一想，兩拳往上、往後用力，胸微向前；每數一字，拳加一緊，到四十九字。

八 式

前式畢，兩臂轉向前，與第四式同，但此兩拳略近些；每數一字，拳加一緊，到四十九字。

九 式

前式畢，將兩拳收回，拳置胸前兩乳之上，一抬即翻上

對鼻尖，拳拇指梢節離鼻尖一二分，頭往後仰；每數一字，拳加一緊，到四十九字。

十　式

前式畢，將兩拳分開，肘與肩平，肘尖往後用力，兩手直豎起拳向前，虎口遙對兩耳。兩肘想往後用力；每數一字，拳加一緊，想往上舉，到四十九字。

十一式

前式畢，將兩拳翻轉下至肚臍，兩大拇指，食指大節與臍相離一二分；默數四十九字，拳加四十九緊。畢，吞氣一口，隨咽津送至丹田，如此吞三口氣，三咽。

十二式

吞氣三口不用數字時，兩拳鬆開，兩手垂下，直與肩齊，手心向前，往上一端與肩平；腳跟微起，以助兩手上端之力。如此三端俱如手端重物之用力也。再將左右足抬起一蹬，先左後右，各蹬三蹬，仍向東靜坐片時，以齊其氣。如行第二套吞氣後按行之，不須捽頭蹬足也。

第二套　面向圖說

一　式

接前吞氣三口畢，將拳伸開，手心翻上，端至乳上離寸許，十指尖相離二三寸；每數一字，想手心翻平，想氣貫十指尖。

二 式

前式畢，將手分開，胸微向前合；手掌、手指每數一字，想往上、往後端。

三 式

前式畢，將兩臂平轉向前；每數一字（想氣往十指尖上貫）手掌朝上微端。

四 式

前式畢，兩手為拳，拳心朝上，拳背朝兩肘尖夾過身後；每數一字，拳加一緊；臂不可貼身，亦不可離遠。

五 式

前式畢，兩拳伸開，指尖朝上，手朝前，如以手推物之狀，以伸兩臂將直為度；每數一字，手掌往前推，指尖往後用力；數字畢，吞氣等行之。

第三套　面向圖說

一 式

接前吞氣後，將拳伸開，手心朝下，兩手提起在胸前乳上，趁勢往下一蹲，腳尖略分開些，腳跟離地二三分，兩手指尖相離二三寸；每數一字，兩肘尖想往後用力，十指想往上貫氣。

二 式

前式畢，將身一起，趁勢右手在內，左手在外，右掌向左推，指尖想向右用力，左掌向右推，指尖想向左用力。右掌向左用力，指尖向左用力。左掌向右用力，指尖向左用力；每數一字，指尖用力。

三 式

前式畢，兩手分開，兩臂與肩平，手心朝上，胸往前合；每數一字，兩手往上、往後用力。

四 式

前式畢，左臂在上，右臂在下，左臂朝右，右臂朝左，兩臂皆屈回；每數一字，想氣貫十指尖，兩臂不可貼近手、身。

五 式

前式畢，兩臂垂下，翻轉手心向後，肘屈，十指尖亦屈；每數一字，想氣貫十指，俱照一套尾式行之。

四十九字畢，吞氣四十九口，每照前尾式數字吞氣，手端摔四十九字，足蹬畢，向東靜坐片時，不可說話用力。如要上頂著力，氣歸丹田，於五十日後做到第三套一蹲式，眼往上瞪，牙咬緊，將頭左右各一搖三扭，以氣貫頂，其力上頂關，於六十日後，以氣貫下部，則下部自有力矣。

王海洲

趙堡太極拳詮真

第十七章
趙堡太極拳點穴法及重要穴位

趙堡太極拳有秘傳點穴技法。點穴，是一項有危險性的技法，趙堡太極拳傳人傳授非常嚴格，不輕易授人，以致至今知道此法的人已很少。

趙堡太極拳點穴秘法首先要求自己在與人較手中時時刻刻留心保護好自己的穴位。與別人相黏連中，使用轉動、滾動身體的有關部分的方法隨時移動身上的穴位，使對方無法觸及這些穴位，以保證自己的安全。在與對方黏連中，處處留意對方的重要穴位，需要點擊穴位時即隨手而出。遇到壞人歹徒，需仗義為民，或保護自己，即認準對方重要穴位出手，使對方喪失反抗能力，從而制服對方。

趙堡太極拳秘傳的重要穴位有 14 個，其他穴位從略。這 14 個穴位的位置和作用如下：

1. **聽宮穴**　在耳洞前壓凹陷處，擊之令人耳聾。
2. **太陽穴**　在日月角邊，打中腦出血而死。
3. **分水穴**　在困門下飲食分路處，重打飲食不下，日久則死。
4. **耳門穴**　即耳，輕打則迷，重打則死。
5. **斗門穴**　在乳盤上，重打即吸氣作痛，凶不可言，不致死。
6. **肺門穴**　打中輕則傷，重則死。
7. **玉關穴**　在腦後，打破三月即死。
8. **肺底穴**　在脊心與前心相對處，被打則笑，咳嗽吐

血，三年而死。

9. **腎莖穴** 左右小腹處，被打笑而死。

10. **困門穴** 喉下，被打，一時而死。

11. **前後心穴、正位穴** 在胸骨之中，打傷則死。

12. **上海穴** 在腋下生毛處，重打則死。

13. **下海穴** 在肩、頸交界處，被打日久發黃而死。

14. **前氣眼** 在斗門穴下，打之不死見凶。

掌握好趙堡太極拳的點穴技法，必須懂得人體氣血流注和經絡運行的規律，這些，本書從略。

點穴法，易傷人，初學者慎用。

趙堡太極拳點穴法圖解

第一式　點玉關穴

圖中甲方為王海洲先生。

乙方緊貼甲方，從中部要將甲方推出或發勁擊打甲方，甲方右手伸至乙方腦後，以手掌貼住其頸部，左手黏住其右肩或腋下（圖1）。

甲方右手中指按住乙方玉關穴向上勾按，以手指內力點進穴位，身體右轉，胯稍坐，

圖 1

左手順勢向右側按乙方肩膀，乙方往甲方右側跌出。重點此穴，可致人死亡（圖2）。

點擊玉關穴特寫圖（圖3）。

圖2

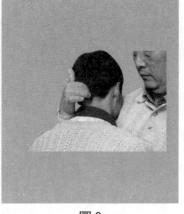
圖3

圖4   圖5

第二式　點上海穴

　　乙方右拳向甲方迎面打來，甲方往左側身閃過，以右食指內力在下向乙方腋下上海穴位點擊（圖4）。

　　乙方被點擊中後後跌，重點此穴，可致人死亡（圖5）。

圖6　　　　　　　　　　　　圖7

點擊上海穴位特寫圖（圖6）。

第三式　點困門穴

乙方右拳迎面向甲方打來，甲方以左勾手叼住乙方左手腕往下、往左捋，以右拳向乙方胸前打去，乙方以左手上掤（圖7）。

甲方乘勢上左步，右拳變為以右食指上點乙方困門穴，乙方被點中而倒地，點重則致命（圖8）。

圖8

圖9

點擊困門穴特寫圖（圖9）。

第四式　點腎莖穴

乙方以左手抓住甲方衣領，以右拳擊甲方左太陽穴（圖10）。

甲方向前踏半步，右食指、中指以內力點擊乙方腎莖穴。點擊重者長笑而亡（圖11）。

圖10

圖11

圖 12

圖 13

點擊腎莖穴特寫圖（圖12）。

第五式　點聽宮穴

乙方右腳在前，右拳向甲方迎面打來，甲方向右側身進左步，以左手黏住乙方手腕（圖13）。

圖 14

甲方以右手助左手，將乙方右手外旋，以左肘下壓乙方右手腕；乙方以左手托甲方右肘，甲方速以右食指乘勢點擊乙方右聽宮穴，點中可致人耳聾（圖14）。

點擊聽宮穴特寫圖（圖15）。

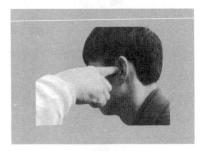

圖 15

圖 16

圖 17

第六式　點斗門穴

甲方上右步，以右拳擊打乙方胸部，乙方以右手叼住甲方右拳，左手黏住甲方右肘，反甲方的腕、肘關節（圖16）。

圖 18

甲方順乙方擰腕托肘之力，內旋右拳以右食指、中指點乙方斗門穴。點中後，吸氣胸痛，不及時醫治會危及生命（圖17）。

點擊斗門穴特寫圖（圖18）。

以上六個動作都是用手指內力點擊達到點穴目的。點穴不單用手指，也可用身體的其他部位，如用拳點，用肘點，用腳尖點，用腳跟點等。下面介紹點穴法中的拳點和腳點兩

圖 19

圖 20

種。

第七式　點耳門穴

甲方進右步，以右拳擊打
對方的咽喉，乙方雙手抓住甲
方右腕（圖 19）。

乙方稍向右卸身，隨即向
上、向左外旋，折甲方右手
腕，甲方乘機上右腳插進乙方

圖 21

襠部，左手推乙方右肘，右拳順勢往上，以拳峰連擊乙方左
耳門穴。擊輕則昏迷，擊重則死（圖 20）。

點擊耳門穴特寫圖（圖 21）。

第八式　點後心穴

乙方雙手擰住甲方右腕、肘，以右腳套封甲前腳，向前
按甲方（圖 22）。

圖 22

圖 23

甲方順乙方前按力，後仰身，以右手黏住乙方右肘，提右腳以腳跟點擊乙方後心穴，點擊重則致人死亡（圖23）。

點擊後心穴特寫圖（圖24）。

圖 24

趙堡太極拳全真

第十八章
趙堡太極拳古典拳論選登

太極拳勢　　王宗岳

太極拳者，始而長乃大海之水滔滔不絕也。

太極勢者，掤捋擠按採挒肘靠進退顧盼定也。

掤捋擠按，即坎離震兌四正方也；採挒肘靠，即乾坤艮巽四斜角也。進退顧盼定，即金木水火土也。合之則為十三勢也。

先師張三丰祖師遺論，欲天下豪傑延年益壽，不徒作技藝之末也。

太極拳論

太極者，無極而生，動靜之機，陰陽之母也。動之則分，靜之則合。

無過不及，隨曲就伸。人剛我柔謂之走，我順人背謂之黏。動急則急應，動緩則緩隨。雖變化萬端，而理唯一貫。

由著熟而漸悟懂勁，由懂勁而階及神明。然非用力之久，不能豁然貫通焉。

虛領頂勁，氣沉丹田，不偏不倚，忽隱忽現。左重則左虛，右重則右杳。仰之則彌高，俯之則彌深。進之則愈長，退之則愈促。一羽不能加，蠅蟲不能落。人不知我，我獨知人。英雄所向無敵，蓋皆由此而及也。

斯技旁門甚多，雖勢有區別，概不外壯欺弱、慢讓快耳。有力打無力，手慢讓手快，是皆先天……

太極拳功

太極拳訣

太極拳道

太極拳說

之消長無端體像有常者可知變化無窮者莫測大之而包天地小之而惡秋毫太極之理無乎不在陰無陽不生陽無陰不成陰陽之氣脩身之基上陽神而下陰海合之者而元炁生左陽腎而右陰腎合之者而元精產背外陽而懷內陰皆合者而元神定陰中有陽陽中有陰本乎陽者親上本乎陰者親下是則手以陽論腳以陰名相合者而身自靈虛實分而陰陽判動靜分而陰陽變縱者橫之剛者柔之乘者去之閉者闢之無非陰陽之妙理焉

然陰陽欲合斯理孰持勝負兩途斯驗孰主一判陰陽兩極分聚合陰陽逢在中是以知其妙者一也其竅者中也夫太極拳者性命雙脩之學也性者天上潛於頂頂乃性之根命者海下潛於臍臍乃命之蒂故知雙脩之道在天根海蒂之合也真意為其中使而有所驗動之始則陽生靜之始則柔生動之極則陰生靜之極則剛生陰陽剛柔太極拳法四肢義通且陰陽之中複有陰陽剛柔之中復有剛柔故有太陰太陽少陰少陽太剛太柔少剛少柔太極拳手之八法備焉曰掤捋擠按採挒肘靠一以中分而陰陽齣陰陽復而四時成中為生化之始合時成用五氣行焉東有麾木之蒼龍西有屬金之白虎北陸玄龜得水性而潛地南方赤鳥得火氣而飛昇中土孕化坐成而明德五行生克太極拳腳之五步齣焉曰進退顧盼定

夫太極拳者涬吸二五之中氣手運八法之靈技腳踩五行之妙
方上下內外與意合節節貫串於一身因而萬什之變無乎不
應此所以根齣於一而化則無窮太極拳之所寓焉俾使學者默
識心通故爲說之而已哉

太極拳秘傳　張楚臣

太極拳功有濟世之法技有運身之術示外者足矣而脩行
之秘須實而重之不得輕授僅傳匪人則遺禍爲害寧不惕哉
訣曰沉氣於腹以意定之不得妄提聚而鼓蕩狀若璇璣意
活而運氣如輪轉其要不離腹中此所以刻刻留意者耳
神領全身以手爲先腳隨手動身隨腳轉意與神通氣隨
意走觔脈自隨氣行此所以舉動用意者耳
夫太極拳者內氣之鼓蕩運動須與外形之勢同九舉動神
意互懸神領手訣而意令氣運由手而肘而肩由腳而膝而腰自
可達以衆歸一之道此既上下內外合爲太極之妙術也
手有八法而一神虛領氣有百環皆隨意而定神主陽而行外勢
也形也意主陰而守內精也氣也手爲陽而動於上腳爲陰而移
於下妙在俱合靈在俱鬆勢未動而意已動神意俱在形之先勢
不可執以神意爲機變無須以成架爲侷焉

太極丹功義詮　　　　王柏青

陰陽媾合龍虎吟意癡神醉戀魄魂心腎交合水火濟田炁海温好浴身
紫氣炎燄冲玄門肌爽安樂人倫甘露透天池滿餌津潤臟滌身心
潛龍勿用築基因見龍在田產靈根飛龍在天運武火亢龍有悔行退陰
祖氣復入閉齣門腹胎意轉運輪法能分十息緩緩吐三十息上可調神
精生靈根氣護神神定身中息息沉內息氣運精神固此真之外更無真
神行氣行元海運一竅始終胎息勻善養生者在守息欲善者勤養根
太極一氣延年藥含命神性雙修門天地合育續命之但知求我不求人
肢鬆心沉入臍輪太極六分是真陰一陽動處天意視神令手運移昆崙
軌迹光圓轉乾坤氣滾意馳腹中尋龍翔九天要併起虎嘯幽谷風摧林
借勢循向在心神貼從璿璣妙進身須力渾然跌不覺勿用氣力返傷根
腹虛若海藏萬均能運沉浮善曲伸神形意氣能一處移山倒海翻乾坤
陰催陽轉陽催陰可知玄奧在腹心丹田一送璿璣活舒合恬逸動無塵
熟曉腹氣圓活真調瞬理臟順經斂若待壽高神體健不枉當初勤練身

太極丹功要術

天地人靈道存唯此欲脩丹功象天法地參自然而合人身奪造化
在悟玄機人內三寶精氣神也脩者寅時合道須擇幽靜之處背北面
南氣收地靈直立兩肩之中安定子午之位氣沉腹臍意導守合心靜而
息寂呼吸綿綿長至若無脈流而氣催神意俱會似如失意導氣運腹輪

趙堡太極拳詮真

太極拳九要論

第一要論

從來散之必有其統一也，分之必有其合也。以故天壤間者，四面八方紛紛者，各有所屬。千頭萬緒攘攘者各有其源。蓋一本可散為萬殊，而萬殊咸歸於一本。且武事之論者甚繁也。而要之，千變萬化，無往非勁，而無往非氣勢，雖非類而氣歸於一。夫所謂一者，上至足底，內有五臟筋骨，外有肌肉皮膚，五官百骸相連，而為一貫者也，破之不開，撞而不散。上欲動而下自隨之，下欲動而上自攻之，中帶動上下而和之。內外相連，前後相續，所謂一貫之者，其事之謂歟而要非勉強，以致之襲也。而為當時而靜寂然，甚然居其所而穩如山岳，當時而動如雷如塌，出乎而疾如閃電。且靜無不靜，表裡上下全無參差牽掛之意，動無不動，左右前後，並無抽扯游移之形。洵乎者若水之下，沛然而莫之御。若火機之內攻，發之而不及掩耳，不假思索，不煩擬疑，誠不其然而已然，莫之致而致是其無所致，而云而爾乎。蓋氣以月極而有，並功以久練乃成。觀聖門一貫之學，必俟多聞強識之後豁然之境，不賁格物致知之功，始知事無難矣。功聞自進不躐等，不須氣急，按部就班，次當先後，官骸肢節，自由貫通，運動有恆，百節不難聯絡。庶乎散者統之，分者合也，四肢百骸終歸於一氣而已矣。

第二要論

天地間未有一往而不返者矣，亦未嘗有直而無曲也。蓋

物有對待，勢有回還，今古不易之理也。嘗有世之論捶者，而將論氣者也。夫氣主於一，何分為二，所謂二者，即呼吸也。呼吸即陰陽也。捶不能無動靜，氣不能無呼吸。吸者為陰，呼者為陽，主於靜者為陰，動者為陽；上升為陽，下降為陰。陰氣上行而為陽，陽氣下行而為陰；陰氣上行即為陽，陽氣下行而為陰。此陰陽所以分也。何為清濁，升而上者為清，降而下者為濁。清氣上升，濁氣下降。清者為陽，濁者為陰。而要元陽滋陰，渾而言之為勁為氣。分而言之，為陰為陽。氣不能無出入，而無陰陽。捶不能無動靜，口不能無出入，鼻不能無呼吸。而所謂對待循環不易之理也。然則氣分為二，而實則為一，有志於事者，甚勿以是為拘泥也。

第三要論

氣本諸身，而身之節無定數，可分為三，三節者云：上中下是也。以一身言之：頭為上節，身為中節，腿為下節；以頭面言之：天度為上節，鼻為中節，海底為下節；以中節言之：胸為梢節，腹為中節，丹田為根節；以下節言之：足為梢節，膝為中節，胯為根節；以肱言之：手為梢節，肘為中節，肩為根節；以手言之：指為梢節，掌為中節，掌根為根節。節觀於此，而足不必論。然則自頂至足，莫不各有三節。要之即無非三節之所謂，即無非著意之處。蓋上節不明，無依無宗；中節不明，渾身自空；下節不明，自家自跌。顧不可忽哉。至於氣之發動，要之皆由上節起，中節隨之，根節催之而矣。然此猶是節節而分之。若夫合而言之，則上至頭頂，下至足底，四肢百骸總為一節，夫何三節之有哉！又三節中有三節云乎哉。

第四要論

試於論身論氣之外，而進乎梢節。夫梢節者身之餘者也，言身者初不及此，言氣者亦所罕聞。論拳以由內而發外，氣以本諸身而達於梢，故氣之為用，不本諸身則虛而不實；不行諸梢則實而仍虛；梢亦焉可弗講哉。然此持身之梢，而猶未及乎梢之梢也。四梢為何？發其一也，夫發之所繫，不列於五行，無關乎四體，似無足論也。然發為血之餘，血為氣之海，縱不必本論發，以論氣，要不能離乎血而生氣，不離乎血，及不得不兼乎發，果能如此，欲沖冠血梢自然足也。又舌為肉之梢，而肉為氣之囊，氣不能行諸肉之梢即無以沖其氣之量，故必舌欲催齒，而後肉梢方可足矣。至於骨梢者齒也，筋梢者指甲也，氣生於骨，而聯於筋，不及乎齒，而未及乎骨之梢，而要欲血梢足矣，要合齒於筋甲欲透骨而不能也。果能如此，則四梢而足也，而氣亦足矣，其後有虛而不實而仍虛者耶！

第五要論

夫拳以言勢，勢以言氣。人得五臟以成形，即有五臟以生氣，五臟實為性命之源，生氣之本，而明心肝脾肺腎者也。心為火而有炎上之象；肝為木而有曲直之形；脾為土而有敦厚之勢；肺為金而有從革之能；腎為水而有潤下之功。此乃五臟之義。而有準之於氣者，皆各有所配合也。所以論武事者要不外於斯也。其在於內胸閣，為肺經方位，而為諸臟之華蓋，故肺經動，而諸臟不能靜。兩乳之中為心，而肺保護之。肺之下，胃之上心經之位也。心為君，心火動而相從，無不奉命也。而肘之下右為肝，左為脾，脊背十四節為

腎，此故五臟之位也。然五臟之繫，皆繫於背，背故為腎。至於腰，則兩腎之本，而為先天之第一，尤為諸臟之根源，故腎水足，而金木水火土莫不各顯機焉。此乃五臟之門繫部位也。且夫五臟之存乎內者各有其定位，而見於身，身者亦有其長，屬頂腦骨皆腎也。兩耳亦為腎，兩唇兩腮皆為脾，兩鬢則為肺，天庭為六陽之首，而萃五臟精華，實為頭面之主腦，不管一架之思矣。印堂者陽名胃氣之衝，天庭欲起，肌肉此達生發之氣，由腎達於六陽，實為天庭之樞機也。兩目為肝，而究之上包為脾，下包為胃，大角為心經，小角為腸，白則為肺，黑則為肝，瞳人為腎，實亦為五臟之精所聚，而不得轉為肝也；鼻孔為肺，兩觀為腎，耳門之前為膽精，耳後之高骨亦為腎也。鼻生中央之地而為土，萬物資生之源，實為中氣之主也。人中為氣血之會，上沖印堂達於天庭，亦至要之所謂也。兩唇之下為承漿，承漿之下為地閣，上於天庭相應，亦腎經位也。頦下為頸項者，五臟之通途也，氣之總會，前為飲食出入之道，後為腎氣升降之途，肝氣由之而右旋，脾氣由之而左旋，其繫更重，實為周身之要領。兩乳為肝，兩肩為肺，兩肘為腎，四肢屬脾，兩臂背膊皆為脾，而十指皆為心肝脾肺腎也。膝與腰皆為腎也，兩足根為腎之要，湧泉為腎穴也。大約身之所繫，中者為心，窩者為肺，骨之露處皆為腎，筋之聯處皆為肝，肉之厚處皆為脾，象其意心如猛虎肝似箭，脾之大力最無窮，肝經之位最靈變，腎氣一動快如風，其為用也。用其經舉，凡身屬於某經者，終不能無意焉。是在當局者，自身體驗，而非筆墨之所能盡述者也。至於生剋治化，雖有另論，而挈其要領自然統會，究之五行百骸總數為一圓，四體三心合為一氣，奚必沾沾於某統一經絡節而為之哉。

第六要論

心與意合，氣與力合，筋與骨合，內三合也。手與足合，肘與膝合，肩與胯合，外三合也。此為六合，左手與右足相合，左肘與右膝相合，左肩與右胯相合，右之與左者亦然。以及頭與手合、手與身合、身與步合，孰非外合。心與目合，肝與筋合，脾與肉合，肺與身合，腎與骨合，孰非內合。豈惟六合而已哉，然此分而言之。總之一動無有不動，一合無有不合，五形百骸悉在其中也。

第七要論

頭為六陽之首，而為周身之主，五官百骸莫不本此為向背，故頭不可不進也。手為先行，根基在膊。膊不進，則手足不可前矣。氣聚諸腕，機關在腰，腰不進則氣餒而不實矣。此所以腰貴於進也。意貫周身，運動在步，步不進則意索然無能為也。此所以步必取其進也。以及上右必須要進左，上左必須要進右，共為七進。孰非所以著力之地，而要之其進合周身，而毫無關動之意，言其進則全體俱無抽扯之形也。

第八要論

身法維何？縱橫高低，進退反側而矣。縱則放其勢。一往而不返；橫則裹其力，開拓而莫阻；高則揚其身，而身若有增長之意；低則抑其身，而身若有攢促之行。當進則進，殫其力而勇往直前（沖）；當退則退，凌其氣而回轉扶勢。至於返身顧後，後及前也；側顧左右，左右惡敢當我哉。而要非拘泥焉，察乎人之強弱，運乎己之機關，有忽縱而盛

退，縱橫因勢為變遷。亦不可一概而推論，有忽高而或低，高低隨時而轉移，不可執格而論，時而宜進，故不可退也。退以餒其氣。時而宜退，即以退而鼓其進，是進故進也，而退實以助其進。若返顧後，而後亦不覺其後也。側顧左右，而左右亦不覺其左右。總之觀在眼，變通在心，而握其要者則本諸身，身向前則四肢不令而行也。身而怯則百骸亦莫冪然不而處也，身法固可置而不論乎。

第九要論

夫五官百骸主於動，而實運於步。步乃一身之根基，運動之樞紐也，以故應戰對敵，本諸身。而所以為身之砥柱者，莫非步，隨機變化在於手。而所以為手轉移者，一則在步之進退反側，非步何以鼓蕩之機，抑揚伸縮，非步無以宗變化之妙。所以觀者眼，變化者心，而所以轉彎抹角，千變萬化而不至於窘迫者何？莫非步為司命，而要非勉強以致之也。動作出於無心，鼓舞出於不覺，身欲動而步已為周旋，手將動而步早為之迫催，不其然而已然莫之驅而若驅，所謂上欲動，而下自隨之，其斯之謂歟。且步分前後，有定位者步也。然而無定位者亦為步，為前步進之後步隨之，前後自定位也。若前步作後步，後步作前步，更以前步作後步之前步，後步作前步之後步，則前後亦自定位矣。總之，拳以論勢，而握要者步。活與不活在於步；負與不負在於步，步之為用大矣哉。

太極拳注釋

此捶一名心意。蓋心意者，意自心出，拳隨意發，總要

知己知彼，隨機應變。心氣一發，四肢皆動。足起有地，膝腰無懈，動轉有位，合膊望胯，三尖對照。心意內三合。拳與足合、肘與膝合、肩與胯合，外三相合。手心、足心、本心，三心一氣相合。遠不發手。捶打五尺以內，三尺以外。不論前後左右，一步一捶。發手以得人為準，以不見形為妙。發手快似風箭，響如雨炮。出沒遇眾圍，若如生鳥入籠之狀。逢單敵似巨炮推薄壁之勢，骨節代勢勇躍直吞。未曾交手，一氣當先，既入其手，靈動為妙妙。見空不打，見橫打。見空不立，見橫立。上、中、下總氣把定；身、手、足規矩繩束。手不望空起，亦不望空落。精明乖巧，全在於活。能去就去，能剛能柔，能進能退。不動如山岳，難知如陰陽，無窮如天地，充實如太倉，浩渺如四海，眩曜如三光。察來勢之機會，揣敵人之短長。靜以待動，動以處靜。借法容易上法難，還是上法最為先。向容者，不可思悟。思悟者寸步難行。起入箭攢，落如風棲。催烹絕於摟手。岱合閭遂中義路。如閃電，兩邊提防，左右反背，如虎搜山。斬梢迎面取中堂。搶上搶下勢如虎，好似鷹鷂下雞場。翻江攪海不須忙，丹鳳朝陽總為強。雲背日月天地交，武藝相爭見高低。步路寸開把尺，劈面就去，上右腿進左步，此法前行。進人要進身，身手齊到是為真。發中有絕何以用，解開其意妙如神。鷂子攢林麻雀翅，鷹揚四平足存身。取勝四梢要聚齊，不勝呼因含射心。計謀施運化，霹靂是精神。心毒稱上策，手眼方勝人。何為閃，何為進，進即閃，閃即進，不必遠求。何為打，何為護，護即打，打即護，發手便是。心如火藥，手是彈，靈機一動鳥難飛。身是弓弦，手是箭，弦響鳥落顯神奇。起手如閃電，閃電不及合眸。左腮手過右腮去。右腮手過左腮來，兩手拘脅迎面出，五關之關防的

嚴。拳從內心發，落向鼻尖落。力從足下起，足起心火炸。五行金木水火土，火炎上而水就下。我有心肝脾肺腎，五行相推無差錯。

論　　法

上右進左，上左進右。發步時腳跟先著地，腳以十趾抓地，步要穩當，身要莊重，捶要沉實而有骨力。去是撒手，著人成拳。用拳拳要緊，用把把要氣。上下氣要均停，一拳出入以心窩為主宰，眼手足隨法，不貪不欠，不即不離；肘落肘窩，手落手窩；右腳當先，膊尖向前，此是換步拳。從心發以身力催手，手以心把，進人進身，一步一捶。一枝動百枝相隨，發中有絕。一屈渾身皆屈，一伸渾身皆伸，伸要伸得盡，屈要屈得狠，如卷炮卷得緊，崩得有力。不拘提打、探打、擊打、烘打、旋打、斬打、沖打、奔打、膊打、肘打、胯打、掌打、頭打、進步打、退步打、順步打、橫步打，以及前後左右上下百般打法，皆要一氣相隨。出手先占正門，此是巧地。骨節要對，不對則無力。手要靈，不靈則生變。發手要快，不快則遲誤。舉手要火，不火則不快。打手要狠，不狠則不濟。存心要毒，不毒則不準。腳手要活，不活則擔險。存心要精，不精則受愚。發作要鷹揚勇猛，潑皮膽大，機智連環，勿畏懼遲疑。心小膽大，面善心惡。靜是書生動是電發。人之來勢亦當審察，腳踢頭歪，拳打膀乍，窄身進步，伏身起發，針行換步，攔打、趨步、趨身，占腿伸蹬腳，指東頭，須防西殺。上虛下必實著，詭蔽指不勝屈。靈機貴自揣摸，手快打手慢，俗言極是。先下手為強，其真的確。起望落，落望起，起落相隨。身手齊到是為

真，剪之股，望眉斬，加上反前如虎搜山。三尺羅衣掛在無影樹上，起手如閃電，打下如迅雷，如風行雨，鷹抓兔，鷂鑽林，雞撲鵝，摸塌地。起手三心相對。不動如書生，動之如虎龍。遠不發手，雙手雙心打。

捷要論

右來右迎，此為捷取。遠了便上手，近了便加肘。遠了使腳踢，近了便加膝。遠近宜知：拳打膀乍，足踢頭歪。把勢審人，能叫一思進。有意莫帶形，帶形必不贏。捷取人法，審顧地形。拳打上風手要急，足要輕，把勢走動如貓行。心要整，目聚精，手足齊到定然贏。若是手到腳不到，打人不得妙。手到腳也到，打人如蒿草。是以善拳者，先看地形，後下手勢。上打咽喉，下打陰，左右兩脅中在心。前打一丈不為遠，近者只在一寸間，意深自揣也。

天遠機論

身動時如崩牆倒，腳落時如樹栽根。手起如炮直沖。身動如活蛇，擊首則尾應，擊尾則首應，餘皆然。打前要護後，知進知退。心動快似馬，腎動速如風。操演時面前如有人，交手時有人如無人。前手起後手跟。催起前腳，後腳緊隨。面前有手不見手，胸前有肘不見肘。見空不打，見空不上。拳不望空打，打起亦不望空落。手起腳要落，足落手要起。心要占先，意要勝人，身要攻人，步要過人。前腿似弓，後腿似杰，首要仰起，胸要現起，腰要長起，丹田要運起，自頂至足，一氣相貫。膽戰心寒者，必不能取勝。不能

察顏觀色者，不能防人，必不能先動。先動為師，後動為弟。能叫一思進，莫教一思退。三節要停，三心要實，三尖要照，四梢要齊。明瞭三心多一妙，明瞭三節多一方，明瞭四梢多一精，明瞭五行多一氣。明瞭三節不貪不欠，起落進退多變。三面九轉是一勢，總要一氣為主，以心統乎五行，運乎二氣。時時操演思悟，時時運化，朝朝盤打，始而勉強，久而自然。

（以上五篇拳論為張鴻道傳給王海洲藏存，其中《九要論》署名王宗岳著）

高手武技論（和敬芝）

手以高名，百發百中矣。手所在即高所在也，百發有不百中者乎？且拳勇之勢，固貴乎身靈也。尤貴乎手敏，蓋身不靈則無以為措手之地。而手不敏，亦無以為動身之處。惟身與手合，手與身應，夫而後雖不能為領兵排陣，亦可為交手莫敵矣。今世之論武技者，動曰某為快手、某為慢手、某為能手、某為拙手，知慢手不如快手，拙手不如能手……他人不能送出者，彼則從而送出之，夫不是低手，而為高手也。故吾思之，高者人人所造也。當比高之會，此以一高，彼以一高，均於使高焉。而自有此高，直以一人之高，敵千人之高，而眾人之高不見高也，夫惟有真高而已矣。抑又思之，手者人人所有也，值交手之際，此以一手，彼以一手，均不讓手焉。而自有此手，又以獨具之手，當前後之手，當左右之手，而眾人之手如無手也。夫惟有束手而已矣。吾於是為是高手也，幸夫一推見倒、推推見倒，其以引淨落空者，直不啻天上將軍也，安有不制勝也哉！且於是為是手慰

也。慰夫神妙莫測，靈動手知，其逐勢進退者，又不啻於人間神仙也！安有不爭雄也哉！呼引入勝，高手一同神手，一動驚人。高手宛妙手，人亦法高手焉可已！

比　手

　　天地之道，陰陽而已。陽屬剛，陰屬柔。二人比手亦然。比手亦說擠手，即左派所謂推手是也。然二人交手之會千變萬化，要之以掤、捋、擠、按為大題，以身靈手敏為應變。進退轉側，剛柔相濟，捨己從人，相機進攻。彼以剛來，我以柔應，柔中寓剛，人所難防，悉心揣摩，臨敵致勝，不難立見也。

　　何為掤？

　　吾一雙胳膊掤他人雙手也。如敵人雙手按我右胳膊（或左或右），我必須用如封似閉之勢敵人剛勁引空，乘彼之勢，宜按則按之，宜捋則捋之，宜卸（我半身退下為之卸）則卸，使彼自己落空，方為上策。

　　何為捋？

　　敵人以兩手按我右胳膊之時，彼用勁太大，手足齊進。我用如封似閉勢將彼勁引空後，我乘勢將右半身下卸，即用我左手，搭在彼之大胳膊之上，吾兩手往右邊引之，使彼落空，彼勢不便前進，必須半身下卸。

　　何為擠？

　　在敵半身下卸之時，我以小胳膊擊之是也。

　　何為按？

　　我以小胳膊擊敵人之時，彼將我胳膊引空，我不能前進，勢須半身下卸。值此之際，彼亦能乘勢按我，吾亦能於

機按彼。

以上所言，係右面大概而已，左方面亦然。總之掤與捋是應敵之方。擠與按皆擊敵之用。彼掤我，吾捋之。彼按我，反按之。彼擠吾，我捋之。吾若反而用之，彼亦反而用之。藕斷絲不斷，變化莫測，循環不已。總之，傳授高，功夫足，敵人雖強，不足為慮矣。

順來橫擋順著進，

橫來順擋順著進。

手法五要及步法

二人初次見面未交手前，要注意對方外貌。審視敵人五行之虛實、精神體格，注意對方之動靜。站在對方身旁，站左進右，站右進左，進步、進身快速靈活。勢如蛟龍翻浪，發拳要卷緊，拳緊氣力增。發掌指扣心，掌扣氣力加。

三尖、四梢要相齊，心要虛空，穩、狠、準。常言說：「人無傷虎心，虎有食人意。」氣要上、中、下三田聯絡，往返精氣能貫注四梢。以心為主宰，眼為元帥，手足為先鋒，不貪不欠，不即不離。膽要大，心要細，靜如不動之山岳，動似迅雷不及掩耳。

審查來人之形勢，彼剛我柔，彼柔我則，剛柔相濟。進步發拳先占中門，肘不離肋，手不離心，出洞入洞緊隨身。

束身而起，長身而落，隨高就高，隨低就低。遠發手足，近發肘膝，上打咽喉下撩陰，左右兩脅夾中心。發手莫有形，有形必不能；發手莫帶勢，帶勢必不精。練習時面前似有人，交手時面前似無人。

打法先上法，手足齊到方為真。身似遊龍，拳如烈炮。

遇敵好似火燒身，起無形，落無蹤，手似毒箭，身如返弓，消息全憑後腳蹬。進退旋轉要靈活，五行一動如雷聲，風吹浮雲散，雨打灰塵淨，五行合一體，放膽即成功。

七　疾

七疾指：眼疾、手疾、腳疾、意疾、出勢疾、進退疾、身法疾。習拳較技者，具此七疾才能完全制勝。所謂縱橫往來，目不暇接，猶如生龍活虎，令人不可捉摸者惟持此耳。

眼要疾：眼為心之苗目。察敵人情勢達於心，然後才能應敵取勝。心之主宰實賴眼之遲疾而轉移也。

手要疾：手為人之羽翼。防守進攻無不靠手，但交手之時全憑迅速。常言說：「眼明手快，有勝無敗。」「手起如剪落如風，追風趕月不放鬆」。不怕敵人身大力猛，我能出手如風即能取勝也。

腳要疾：腳是身體的基礎。腳立穩則身穩，腳前進則身隨之。太極拳中，周身一家無一處滯泄。腳打踩意莫容情，消息全憑後腳蹬，腳踏中門搶地位，就是神仙也難防。

意要疾：意者體之元帥也。即眼有監察之精，手有撥轉之能，腳有行程之能，然其遲速緊慢，均惟意支配。所以意不可不疾也。

出勢要疾：存於內者為意，形與外者為勢。意既疾，出勢更不可不急也。勢隨意生，隨機應變，令敵人迅雷不及掩耳，張惶失措無對待之策，方能制勝。如意變迅速，勢不能隨之，則己必敗矣。所以意勢要相合才能成功，習技擊者務必注意。

進退要疾：此論乃縱橫往來，進退反側之法。當進則竭

其力直進，當退則領其氣而回轉。進退要看清敵人之強弱，強者宜避之，以智勝敵；弱者要攻之，可以力敵。進退要迅速，使敵人無機可乘。

身法要疾：任何拳術都以身法為本。拳輕云：「身如弩弓，拳如箭」「上法需要先上身，手腳齊到方為真」。

搖膀活胯，周身輾轉，側身而進，不可前俯後仰，左歪右斜。進者直出，退者直落，內外相合，使周身上下如一，雖進退亦不破散。我獨知敵，敵不知我，使敵不能得逞。

八字訣

三頂：頭向上頂，有沖天之雄。頭為周身之主，上頂則後三關易通，內氣自海底升起，從後經命門直上夾脊，經玉枕達百會。手向外頂，有推山之功，則氣可自胳膊外側下來，直貫掌心和指尖。舌向上頂，有吼獅吞象之容。舌頂上腭用鼻呼吸，可以使任督二脈相通。氣自百會而下，入口經舌後下於丹田。自腰椎以下將骨節鬆開，尾閭上翻，提肛，使任督二脈在下部接通。

三扣：肩扣則氣力到肘，掌扣則氣力到手，手、足指扣則周身力厚。兩肩相扣，肩胛骨亦自然放鬆，使脊背成圓形。手背弓扣，則五指如虎爪，氣貫指梢。腳背弓扣，則五趾抓地，樁步穩定。明瞭三扣多一精。

三圓：脊背要圓，胸脯要圓，虎口要圓。脊背圓則力催身，尾閭中正精神貫頂。前胸要圓，兩膊力全，心窩微收，呼吸通順。虎口要圓，坐腕撐掌，有裹抱之力。明瞭三圓多一妙。

三毒：心要毒如怒狸捕鼠，則能隨機應變。眼要毒，如

餓鷹捉兔，則能預察機宜。手要毒，如捕羊之餓虎，則能先發制人。明瞭三毒多一力。

三抱：丹田抱、心氣抱、胳膊抱為三抱。丹田要抱氣為根，氣不外散，擊敵必準。心氣要抱，遇敵有主，臨變不敵。胳膊要抱，出入不散，遇敵無險。明瞭三抱多一妙。

三垂：氣垂、肩垂、肘垂為三垂。氣要垂，則氣降丹田，身穩如山。兩肩下垂，則臂長力活，肩催肘前。兩肘下垂，則兩膊自圓，能固兩肋。明瞭三垂多一靈。

三月：胳膊似弓如月圓，手腕外頂如月牙，腿膝連彎如月牙。三月亦叫三曲。有曲而後有直，有蓄而後有發。三月便是曲中求直，蓄而後發的意思。兩膊彎曲如半圓則力實，兩膝連彎則力厚，手腕月牙則力湊。明瞭三月多一巧。

三挺：頸項挺，頭部正直精貫頂。身法挺起分四方，脊骨腰挺，則力達四梢，氣鼓全身。腿膝下挺，如樹生根。明瞭三挺多一法。

以上八字二十四法是一個整體，沒有先後主次之分。在練習中，任何一動都要合於法則，不能有所偏重。每一勢要反覆練習，才能形成正確的動力定型。要有耐心、恆心，一步一步練下去，不能求快，須知欲速則不達也。

十　法

三節：

人之一身而言，手、肘為梢節，腰、腹為中節，足、腿為根節。分而言之，三節之中亦各有三節，手為梢節之梢節，肘為梢節之中節，肩為梢節之根節；胸為中節之梢節，心為中節之中節，丹田為中節之根節；足為根節之梢節，膝

為根節之中節，胯為根節之根節。總不外乎梢起、中隨、根追之理。庶不至有長短、曲直、參差、俯仰之病，此三節所要貴明也。

四梢：

髮為血梢、甲為筋梢、牙為骨梢、舌為肉梢。四梢齊，則內勁出矣。至於起至之法，必須髮欲衝冠，甲欲透骨，牙欲斷金，舌欲摧齒。心一動而四梢皆至丹田，而從氣出，如虎之狠，如龍之警，氣發而為聲，聲隨手發，手隨聲落。故一枝動，百枝搖，四梢齊，內勁從此出矣。

五行：

五行者，金、木、水、火、土也。內對人之五臟，外對人之五官。心屬火，心動勇力生。脾屬土，脾動大力攻。肝屬木，木動火焰沖。肺屬金，肺動沉雷驚。腎屬水，腎動快如風。此是五行存於內者。目通於肝，鼻通於肺，耳通於腎，舌通於心，人中能於脾。此五行著於外者。五行本是五通關，無人把守自遮攔，真乃確論也。天地交合，武藝相爭，先閉五行，四兩可撥千斤。己為天，人為地，手為雲，目為日月，閉己之五行，以克人之五行。

身法：

身法有八要，起、落、進、退、反、側、收、縱。起為橫，落為順，進步低，退步高，反身顧後，側顧左右。斂如伏貓，放似縱虎。以中平為宜，為正直為妙，與三節相宜。

步法：

步法有寸步、墊步、縱步、快步、剪步。如離敵0.6～1公尺，可以用寸步。寸步者，一步可以到也。如距敵1.3～1.8公尺，可以用縱步（墊步後，仍上前步）。至於身大力勇者，即進前步，急過後步，也必墊一步。若距敵3.3公

尺，可用快步，後腳也必墊一步，但不露形。快步者，起前腳帶後腳，平飛而去。但不是跳躍進步，此是馬奔，虎剪之急，氣不成者不可輕用。如遇人多，或有器械，即連腿帶腳並剪而上，亦稱飛腳。學者隨便用之。總之，法不可執，習之純熟，用之無心，方盡其妙。進前腳，急過後腳，如鷂子鑽林，燕子抄水，是折腳而起，即總論所謂鷹抓四平，足下身存是也。

手、足法：

手法者，出手、領手、起手、截手也。出手者筋梢發，有起有落，曲而非曲，直而非直，謂之起手。筋梢不發，而未落者，謂之領手。順起順落。參以領搓者，謂之截手。起前手如鷂子鑽林，束翅而起，摧後手，如燕子抄水往上翻，長身而落，此單手之法也。兩手交錯，互併落起。如拳升落，如分磚，此兩手之法也。總之，肘護心，手撩陰，其起如同虎撲人，其落如同鷹抓物也。

足法者，起翻落鑽，忌踢宜折也。腿起懷，腳打膝，斜上翻，如同手之撩陰也。落則猶如石鑽物，如手拂眉。忌踢者，腳踢渾身是空。宜折者，即手足之落，如鷹捉物是也。手足之法本相同，而足以為用，也必如虎行之無聲，龍行之莫測。

上法、進法：

上法以手為妙，進法以步為奇，而總以身法為要。起手如丹鳳朝陽，進前步，搶上搶下，隨後步折打是也。三節明，四梢齊，五行閉，身法活，手足之法連，視其遠近，隨其老嫩，一動而即是也。此外還有順、勇、疾、狠、真、盡六方。順者自然也，勇者果斷也，疾者急速也，狠者不容情也，真者發必中也，盡者內勁出，彼難變化也。

顧法：

顧法分開法、截法、追法、單顧、雙顧、上下顧、前後顧、左右顧也。

開法者，左開右開、勁開柔開也。右開如外括，左開如內括。勁開如炮拳之明勁，柔開如元龍之暗勁。

截法者，截手、身、言、面、心也。截手者，彼先動而截之也。截身者，彼未動而截之也。截言者，彼言露其意而截之也。截面者，彼面露其色而截之也。截心者，彼喜上眉梢，我防其有心而截之也。

追法與上法、進法一氣貫注，即所謂隨身緊趨，追風趕月不放鬆也。彼雖欲走，而不能走矣，何怕其有邪術乎？

顧法者，單顧用截拳，雙顧用橫拳，顧上用沖天炮，顧下用臥地炮。顧前後用前後梢拳，顧左右用擴邊炮、護身炮。所以隨機而動，非若他人之鉤連拳架也。

三性法：

三性調養法，眼為見性，耳為靈性，心為勇性，此三性者，術中之妙用也。故眼中不時常循環，耳中不時常報應，心中不時常警惕，而精靈之意在我，庶不至為人所誤矣。

內勁法：

內勁寓於之無形之中，接於有形之表，而難以言傳。然思其理，亦可知也。志者氣之帥也，氣者體之勻也。心動而氣隨之，氣動而力赴之。此自然之理也，即提勁、崩勁亦非殆，惟黏勁也，創勁太直，而難為起落。攻勁太死，而難為變化。崩勁太促，而難為展拓。惟黏勁出沒甚捷，可使日月無光而不見其形，天地交合而不見費其力。總之，於三心之中，發於一戰之傾。如虎之伸爪不見爪，而物難逃；龍之不見力，而山不能阻，如合以上九法為一，克人寧有不乎？

交手法

與人交手，存心要謹慎，要知己識彼，不可驕矜。站左進右，站右進左，發步時足跟先著地，足尖十趾抓地，要穩重。拳要沉實而有骨力，去是掌，著人成拳。用拳要卷緊，用掌要有氣，上下要均衡，出入以心為主宰，眼手足隨之，不貪不欠，不即不離，肘落肘窩，手落手窩。以意運氣，以氣催身，以身催手，蓄勁如挽弓，發勁如放箭，力由脊發，曲中求直，後發先至。手以心把，心以手把，進人進步，一肢動，百肢隨。一握渾身皆握，一伸渾身皆伸，不拘按打、烘打、旋打、炮崩、斬打、沖打、奔打、肘打、胯扛、肩打、掌打、進步打、退步打、橫步打、以及上下、左右、前後百般打法，皆要一起相隨。出手先占中門，骨節要相對，不對則無力。手把要靈，不靈則生變。發手要快，不快則遲誤。拳手要活，不活則不快。打手要跟，不跟則不濟。存心要狠，不狠則不準。腳手要活，不活則擔險。心要精，不精則受欺。發作如鷹捉物之勇猛，切勿畏懼遲疑。心小膽大，面善心惡，靜似山岳，動似雷發。人之來勢，亦當審查，腳踢頭捶，拳打肩撞，側身而進，長身而起，上虛下實，靈機自揣摩。手快打手慢。起望落，落望起，身手齊到是為真。剪子股望斬眉，加上反背如虎搜山。起手如閃電，打下如迅雷。起手肘三心相對，雙肘在肋旁，雙手把心護，右來右迎，左來左接，遠上手腳，近上膝拳。審勢地形，拳打上風。手要急、足要輕、把勢走動如貓行。心要正，目聚精，手足齊到定要勝。手到足不到，打上不為妙。手到足也到，打人如拔草。動時如崩牆倒，腳落時著地生根。手起如炮直

沖，身如活蛇，腰如反弓。擊首則尾應，擊尾則首應，擊中節首尾俱應。打前要顧後，知進須識退，心動快似馬，臂動速如風。練習時面前似有敵，交手時面前似無人。起前手後手緊摧，起前腳後腳緊跟。彼剛我柔，彼柔我剛。彼高我低，彼低我高，彼長我短，彼短我長，彼開我合，彼合我開；或我忽開忽合，忽剛忽柔，忽短忽長，忽來忽去，不拘使成法，隨敵而變，順敵情形而擊之。總要以心為主宰，統帥五行，運我神氣，時時操練勿誤，朝夕盤打，日久自然有所得耳。

撼山容易撼丹難，只為提防我者先。

猛虎施威頭早抱，其心合意仔細看。

（以上七篇拳論在趙堡和各地趙堡太極拳傳人中秘傳）

王海洲

趙堡太極拳詮真

中國溫縣趙堡太極拳傳承表

主幹傳承：

- 王宗岳
  - 蔣愛
    - 邢喜懷
      - 張楚臣
        - 陳敬柏　王柏青
          - 張宗禹
            - 張彥
              - 張應昌　（右支）
              - 陳清平　（左支）

張應昌一支：

- 崔東
- 張汶
  - 張敬芝 — 張金梅 — 侯春秀 — 張利泰 — 張鐸 — 張樹德
- 武禹襄
  - 劉振坤　劉振乾
- 任長春
  - 任應吉 — 陳應銘 — 王林清 — 王清喜 — 劉清華 — 李靖武　茹天才
- 牛發虎
  - 杜元化 — 杜元化
- 陳漢陽
  - 劉金鳳　王虎臣 — 陳乃文 — 王澤善 — 李靖武　茹天才
- 陳景陽
  - 陳空　陳鈞 — 李俊秀 — 陳學忠
- 和兆元
  - 和慶喜
    - 和學信　和學敏
    - 鄭悟清 — 鄭鈞 — 宋溫華　劉瑞　原寶山
    - 鄭伯英 — 柴學文　范鴻烈　張鴻道 — 王海洲　王佩華　趙增福　郭士魁　王德華
    - 郝玉朝
    - 劉世英

陳清平一支：

- 李景顔
  - 楊虎 — 謝公謹　陳銘標 — 杜瑜澤
- 李火焱
  - 陳應德　楊紹順
- 張國棟
  - 張寶成 — 張錫玉 — 王晉讓　楊柱 — 陳家蔵　蕭治傳
  - 劉修道 — 吳金增　劉耀森 — 洪湘彬　陳逸民 — 郭東寶
- 李作智
  - 李鎬 — 張文成
  - 周瑞祥　周文祥　郭炳元　王明懷　王玉中 — 李在榮　李景花　李景春　劉雲

王海洲
各地分會主要成員及弟子

李長洪　郭江　袁浩深　張國洪　趙長松　劉啓光　盧茂森　段跟上　房超斌　王翠霞　吳一多　趙藝新　吳漢榮　陳建芳

釋永斌　易友清　湯國寶　封斌　袁其林　李明　周火林　謝賢柱　葉綠華　徐牛松　蕭而立　甘遠香　張峰蓮　葉銀利　歐運萍

慕軍　吳小軍　鄭凱明　劉星惠　劉元光　鄭國發　馮崇堂　宋聚堂　沈萬清　甘義崇　梁永新　魏愛玲　徐玉梅　李建英　周娟

王長青　李煥洲　秦愛軍　吳新榮　劉星強　李懷龍　李樹珊　朱修勝　趙華根　孫亦東　黃文輝　宋筱萍　張寶珠　李修惠　張金霞

李國英　郭西寧　趙偉春　莫建明　何木旺　蕭軍榮　熊智軍　彭世文　許恆良　郝一　劉大海　嚴遠婧　李瑞玲　潘芳　陳四香

釋永旭　張家和　李業辛　江榮秋　孫偉軍　薛春將　李小國　饒揚志　金曉榮　王占魁　甘偉銘　王珊霞　英燕　黃淑華　王厚瑋　李長鳳

跋

　　我們面對張貼在牆壁上的太極圖，我們在太極狀態。我們彷彿看見了古代聖人伏羲，他在古老的黃河邊徘徊，最後停在一懸崖峭壁上，看著奔騰的波濤捲起一個旋渦又一個旋渦，他豁然悟出了天地、社會變化的一個影響萬古的規律，這就是《易經》所顯示的太極、兩儀、四象、八卦的思想。太極之前是無極，太極之後無窮盡。陽變陰合，兩儀相摩，變異無窮。而另一個古聖人老子在咸陽古道的煙塵迷離中面對蒼穹，思索著自然世界，口中念道：「道生一、一生二，二生三，三生萬物……」這些現實而又神秘的文化源頭派生了中國的各種文化。太極拳文化也由此而萌生、發展、成熟而流傳。

　　在這個漫長的歷史過程中，有幾顆耀眼的巨星至今還在閃爍，他們是張三豐、王宗岳、蔣發、陳長興、楊露禪、武禹襄等。雖然他們的生命已經像流星那樣遠逝了，但是，他們的太極拳道是永存的。他們對人類歷史文化的貢獻在飛速運轉的時空中的一剎那間已凝固在天地之間，他們在多彩繽紛的太極世界中還伴隨著千千萬萬的太極拳愛好者繼續去獲得太極的樂趣。我們兩人也受到先賢的鼓舞和鞭策，艱難地也快樂地在旋轉的太極中探尋其中的奧秘已有經年。我們在太極、陰陽中邁步，有時進，有時也退，在左顧右盼，但是始終是站在中定的位置，弧形地前進。望著遙遠的似乎是太極的盡頭不知疲倦地跋涉，身後是一溜五行的腳印。我們知道，我們永遠不能走到那太極的盡頭，但是，走的過程充滿

了意義。在這個過程中，我們也慢慢部分地認識了太極、太極圖，認識了陰陽，認識了八卦，認識了自己旋轉的手腳與身形，同時，也深刻地認識了太極拳文化對人類生命的影響，認識了太極拳的社會價值……

趙堡太極拳先師蔣發的第二代傳人張楚臣，有一位弟子叫王柏青，他說太極拳「修之不易，猶如深海尋珠循寶光而不舍，歷艱辛而不頹，始得而更知道珍貴，雖萬金而不售……」我們自己有點兒不自量力地判斷自己，似乎已經進入了太極之門，看到了大海深處太極的寶光，我們要一往無前地去接近太極，哪怕是前面還有千重阻隔，萬重迷霧，也阻攔不住我們的五行步伐。

在中國從民國開始，太極拳已經突破了少數人練習的藩籬，逐步走進了中國的千家萬戶。經過 100 年的推進，現在太極拳已經進入了世界。最近，一批諾貝爾獎金獲得者預言，21 世紀中國的太極拳將是世界人民最喜歡的體育武術項目。太極拳「萬金不售」的時代也在嬗變，平民化、國際化，這是太極拳未來的輝煌前途。

太極在旋轉，從中國的古代旋轉到現代，從中國的天安門廣場旋轉到聯合國大廈，從亞洲旋轉到美洲、歐洲、非洲……我們也將繼續順著太極旋轉之勢而推波助瀾，把我們對太極拳的有限研究、發現貢獻給太極拳事業。

最後用我們兩人在 5 年前擬的一副對聯作結束：「一圈之中窺大道，兩儀相摩悟畢生。」

王海洲
嚴翰秀
於嚴翰秀拳室

國家圖書館出版品預行編目資料

趙堡太極拳詮真／王海洲、嚴翰秀　著
　　　——初版，——臺北市，大展，2004〔民93〕
　　　面；21公分，——（中國當代太極拳名家名著；5）
　　　ISBN 957-468-332-x（平裝）

1.太極拳
528.972　　　　　　　　　　　　　　　93014053

當代太極拳名家名著；5
趙堡太極拳詮真
ISBN 957-468-332-x

著　者／王海洲　嚴翰秀
責任編輯／張建林
發行人／蔡森明
出版者／大展出版社有限公司
社　　址／台北市北投區（石牌）致遠一路2段12巷1號
電　　話／（02）28236031・28236033・28233123
傳　　眞／（02）28272069
郵政劃撥／01669551
網　　址／www.dah-jaan.com.tw
E-mail／service@dah-jaan.com.tw
登記證／局版臺業字第2171號
承印者／高星印刷品行
裝　　訂／協億印製廠股份有限公司
排版者／弘益電腦排版有限公司
初版1刷／2004年（民93年）11月

定　價／500元

大展好書　好書大展
品嘗好書　冠群可期